JN074768

脱「韓国傍観論」入門

日韓の「内在文化」の発見

中川 明夫
Akio Nakagawa

現代図書

プロローグ

■ 昨今の日韓関係

　文在寅前政権（2017～2022年）時代は、日韓関係において激動の年でした。2018年、日本による韓国統治時代に韓国籍の労働者を「強制労働」させたとして、損害賠償請求を韓国の大法院（最高裁）に提出しました。その結果、韓国の最高裁判所は「新日鉄住金・三菱重工業」に対して、損害賠償金の支払いを言い渡しました。また、2019年の初めには文前政権は2015年に朴槿恵前政権と安倍前政権との間で締結された従軍慰安婦問題の「最終的かつ不可逆的な解決を確認する」合意案を破棄し、日本政府より慰安婦に保障するために設立された「和解・癒し財団」を解散させました。

　文政権の対日政策に対し、安倍前政権は2019年8月に韓国を「貿易ホワイト国（貿易規制を優遇処置する国）」より除外し、韓国に対する「輸出品の規制」を行いました。すると、韓国政府は日韓の防衛協力体制の象徴でもある「GSOMIA（軍事情報に関する包括的保全協定）の破棄を発表しました。さらに、文政権は日本政府に対して「慰安婦訴訟」を起こし、ソウル中央地裁は日本政府に賠償を要求する判決を下しました。2021年8月には韓国政府によって三菱重工が韓国の企業から受け取る予定の代金を差し押さえしていたことが発覚。これに対して日本政府は「明確な国際法違反」とした上で、「仮に現金化に至れば、日韓関係にとって深刻な状況を招く」と批判しました。

　政情悪化の影響を受け、日韓両国を往来する観光客数は減り、2020年度の韓国人観光客数は前年に比べて約60%減少しました。また、日韓両国で行われて来た交流行事や学生による修学旅行なども延期、または中止になりました。さらに、2020年初頭より「新型コロナウィルス感染症」のパンデミックによって、日韓の人的・物的な往来は大きな打撃を受けました。

■ 外政と内政の矛盾が噴出したオリンピック

　混乱は日本社会でも起きました。「多様性と調和」、「復興」をテーマに開催された2020東京オリンピック。新型コロナ感染の拡大が爆発的に広がり、

一般市民は恐怖におののいていた最中に、マスコミの集中砲火を浴びてオリンピックを指導する責任者が次々と解任・辞任しました。

多数の感染者が発生し、選手村でオリンピック・パラリンピック関係者430名が新型コロナに感染しました。感染を懸念したアメリカの女子体操チームは、政府の規則を無視し、都内のホテルに宿泊する始末でした。

「おもてなし」をアピールし、政府・財界の積極的なロビー活動で勝ち取ったオリンピック・パラリンピック。選手村の施設が不十分であれば、選手や関係者が外に出るのは誰が考えても当然のことで、選手の部屋には冷蔵庫やＴＶが備えつけられておらず、30度を超える猛暑日が続く中、エアコンのリモコンには英語表記さえされていませんでした。身長が高い海外の選手がいるのは分かっていたはずですが、ビジネスホテル並みに狭い浴室と頭がつかえるほど低い天井。世界では宗教によって食べ物に制限があるのは常識であるにもかかわらず、国内外のメディアが利用したメインプレスセンターにはイスラム教圏からの参加者のための「ハラル」料理や礼拝堂も準備されていませんでした。

大会期間中、東京都内の新型コロナ感染者数が一日5,000余名を超え、大会開催中の8月初めには東京をはじめ多くの都市で緊急事態宣言が発令されました。政府はコロナ感染による新規感染者数が2万人を超え、国民の間で「ロックダウン級の対策が必要なのではないか?」という危機感が浸透し始めた8月中旬になってはじめて具体的な対策が打ち出されました。

私たちが東京オリンピックに見たあのチグハグさは何だったのでしょうか? オリンピックは「より速く、より高く、より強く」をスローガンにしたアスリートの祭典であるはずです。しかし、今回のオリンピックはこれらの要素が消え、初めから最後までチグハグさが払拭できませんでした。

日本の「おもてなし」には、「相手のことを考慮し、できる限りの準備をしておく(相手が気を遣わずに済む状態をあらかじめ作っておく)」という概念があります。しかし、今回のオリンピックにおける対応を考えた時、本来のおもてなしとは違っていました。そこには根が深い問題があり、国内外の組織との間には想像以上に深い溝ができていたと言わざるを得ません。この原因を知ることなしに本書のテーマである日韓間の諸問題を論じることは

「絵に描いた餅」になります。

▌歴史から見た日韓交流

　歴史を遡れば、日韓の間では人的・物的な交流が緊密に行われて来ました。もちろん、全ての交流が友好的・自主的であったわけではありません。しかし、距離的に最も近い日本と韓国では、紆余曲折を経ながらも相互交流は維持されて来ました。

　それにもかかわらず、両国で政権が変わる度に歴史問題・外交問題が発生し「近くて遠い国」になり続けています。事実、「国益のため」という飾り文句を掲げて、日韓の和合と葛藤を促進または批判して来た政治家や経済人、言論人がいたことは確かです。両国で見られた「NO Japan」運動や「嫌韓論」、「韓國無用論」を掲げては日韓関係の断絶を標榜する団体や言論人がマスコミを騒がせています。そして、それをただ受け止めるだけの国民がいるのも事実です。

　このような葛藤構造の中で被害を受けるのは両国に住む市民や観光業・貿易業などに従事する経済人と利用者、日韓両国の友好関係を願う人たち、そして日本と韓国に居住するそれぞれの国民です。

▌内在文化への気づきを！

　概して、日本を語る場合に隣国の韓半島（韓国、北朝鮮）を引き合いに出すケースが一般化しています。韓国も同様です。これは歴史・政治的に関係が深い国同士という理由に加え、隣国の文化について表面的にしか知らない・見ようとしない「見物人」根性が原因です。

　本書は、韓国の歴史・政治・経済・外交などの問題を解釈し、分析しようとするものではありません。「日韓で葛藤が生じる原因は何なのか？」「どうして誤解が生じるのか？」「理解し合うにはどうしたらいいのか？…」など、日本と韓国に存在する考え方や価値観などを探ることをメインテーマとしました。

　本書では、個人・企業・国家には目に見える顕在的な文化がある反面、見えにくい隠れた文化があると仮定し、これを「内在文化」と呼ぶことにしま

す。この内在文化は海面下にある氷山に当たり、日韓両社会に独特の文化を形成する基となっています。目に見える現象だけを見ていると暗礁にぶつかる船のように思考と感情が座礁してしまいます。内在文化を理解することなしに現象だけを見て政治・外交などの国際関係を論じることは、「仏作って魂入れず」の結果に終わる虚しさをはらんでいます。

■ 脱・見物人のすすめ

　自分の見方だけに捉われ、相手を無視したり批判したりする人は「見物人」でしかありません。見物人は見て見ぬふりをする「傍観者」と、ただ面白そうにはやし立てる「観衆」に分かれます。傍観者は関心がある点まだましなのですが、問題の核心に入り込もうとはしない点で観衆と共通しています。この見物人の姿勢は、個人～社会～国家に至るあらゆる所で見受けられ、政治家・マスコミ・評論家と呼ばれる有識者たちも見物人になっている場合があります。その意味で、日韓両地域に住む私たちにとっての最大の課題は、脱・見物人になることだと言えます。

　日韓の内在文化を探求する本書のキーワードは、「人と環境」です。韓国と日本にはどのような環境的な違いがあり、それが両国に暮らす私たちの内在文化とどのように関連しているのかを紐解くことで韓国の政治・経済・外交・文化を見つめ直し、お互いに少しでも理解できる基盤が作れたら幸いだと思っています。そして、この一連の考察は日本とそこに暮らす我々自身を見つめなおす視点をもたらしてくれるはずです。

　本書の内容は、私が大学で担当した「韓国社会文化論」の講義録と、私の20年余りの韓国生活、さらに韓国と関係しながら生活する中で経験した内容が軸になっています。理論と実証的な面では可能な限り、客観的に論じたつもりですが、私個人の経験・思い・願いを反映させた点で研究ノート的な性格を帯びていることは否定できません。この点をご理解いただき、本書が共に日韓両社会を考える材料にしていただければ幸いです。

令和5年5月

中川　明夫

目　次

第 1 章
2 つの地域が持つ環境的な特徴

1.1. 先天的な環境・後天的な環境

　私たちは「人、事物、時間、空間」にかかわる環境の中で生きています。私たちには心と身体があるように、環境にも目に見える環境と目に見えない環境があります。五感で接することができる物・人は前者で、考えや価値観、それらに影響を与える思想や宗教・風習などは後者です。人は内外両面の環境から影響を受けながら、環境に働きかけます。重要なことは同じ環境にいてもそれに対する態度が異なることです。

　環境には「先天的な環境」と「後天的な環境」があります（資料 1-1）。非人為的な環境が「先天的な環境」です。私たちが属する地域や国家が備えている「地理的な環境」と「自然環境」がそれです。日本と韓国は、それぞれ島国、半島という地理的な環境を持っています。日本に住む私たちは、もの心ついてみると、地震・台風・火山の噴火などの自然災害に見舞われる島国に住んでいたのです。

　後天的な環境とは、「家庭や地域社会、国家を構成する人々が持つ（持つようになった）、また人が働きかけて生じた」言語、政治・経済・教育システム、主義・思想・民俗、宗教・価値観など、人為的な環境です。

　後天的な環境は「個人的な環境」と「集団的な環境」

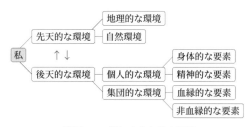

資料 1-1　「私」を取り巻く環境

1

で構成されています。個人的な環境には「生年月日、性別、容姿、血液型」などの身体的な要素と「気質」という精神的な要素があります。集団的な環境とは「家族・親戚」という血縁的な要素と、「居住地、学校・職場、サークル・クラブ」などの非血縁的な要素で形成された集団・組織で構成されています。私たちは、これらの環境の結実体なのです。

■ 地形が違う

　隣国同士である日本と韓半島（韓国・北朝鮮）が持つ環境には共通点と相違点があります。日本は島国であり、韓半島は半島です（資料 1-2）。さらに、韓半島は分断国家として大韓民国（韓国）と北朝鮮に分かれています（表1-1）。飛行機を使えば 1 日で往復できる近距離に住んでいる私たちですが、このような環境の違いを日常生活で実感する機会はほとんどありません。

　島国である日本は四方が海であるため、外勢との接触に時間的・空間的な余裕と限界がありました。また、外的には外国に侵略され、支配され続けたことはありません。かえって、日本における脅威は「地震・台風」などの自然災害でした。

　一方、半島である韓国・北朝鮮は他の国と陸続きで、人力のみで往来

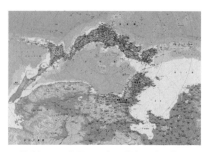

資料 1-2　島国・日本と半島国家・韓国

出典：富山県が作成した『環日本海諸国図』

表 1-1　現在の日本と韓半島が持つ環境の特徴

	北朝鮮	韓国	日本
地形	半島		島国
国家形態	＋分断		±分断
政治体制	中央集権的		地方分権的
	首領制	大統領制	内閣制
国家思想	全体主義	自由民主主義	
経済体制	社会主義	資本主義	

※ 日本が「±分断」となっているのは、北方領土をカウントしたからです。しかし、ほとんどの日本人はこのことを意識していません。

表 1-2　韓半島における激動を生きた世代

	幼年期〜晩年
ワースト 1	1220 年生まれ：モンゴルの侵入と略奪
ワースト 2	1660 年生まれ：庚申大飢饉、乙丙大飢饉
ワースト 3	1580 年生まれ：朝鮮の役、丁卯の乱、丙子の乱、サルフの乱への派兵

が可能でした。そのため中国などの大陸の国と頻繁に接触せざるを得ませんでした。同時に、外部からの侵略を直に受けました。地続きであるので、突然、敵が目の前に現れた！ という歴史が多かったのです。

　生きるのが最も大変だったと韓国で評価されている世代があります（表1-2）。ワースト3は1580年生まれで、幼少期から人生の大部分を日本・後金・清など、外勢の侵略に苦しみました。ワースト2は1660年生まれで、相次ぐ飢饉と伝染病で250万人が死亡するなど、人生の大部分を飢餓に苦しみました。ワースト1は1220年生まれで、モンゴルの侵入により大勢の男性が死に、数十万に及ぶ女性が奴隷として連行された上、自国の貴族からも略奪されました。これらの事件のうち2つは外勢の侵略によるものです。これ以外に、40年間の日本による統治（1905〜1945年）および韓国動乱（1950〜1953年）を経験した1900年生まれも非常に苦労した世代だと言えます。

　韓半島に対する外勢の侵略として「朝鮮出兵」と40年におよぶ「日本による統治時代」がクローズアップされがちですが、その他にも韓半島は半島国家として数多くの侵略を受けて来たのです。

　また、島国と半島という先天的な環境の下にある国だからこそ、自然に対する態度に違いが生じました。日本では自然環境を畏敬する態度が顕著です。ある意味、日本人にとって自然とは運命です。日本の伝統文化である「俳句」のルール「有季定型（5、7、5の律格と季節を表す季語を持つ）」には、日本の地理的な要素が色濃く影響しています。人や時代が変わっても山河は変わりません。自然の持つ普遍性に日本人は畏敬と慰労の情を感じて来ました。豊かな自然に恵まれた日本では、「持続性を持つ環境（自然）」と「変化する環境（人間社会）」のコントラストによって織りなされた人生観・価値観が

形成されています。

　一方、韓国は半島国家として異民族と国境を挟んで対立して来ました。外勢からいつ攻められるか分からない危機感、また実際に国境を越えた侵略を経験した緊迫感を持って生きざるを得ませんでした。この緊迫感・危機感の中で、民族としての団結力が強化され、外勢の動向に敏感にならざるを得ない国民性が形成されました。つまり、韓半島の人々における脅威は「人間」だったのです。数多くの侵略と内部闘争によって人が生まれては去り、多くの自然が失われました。その中で継続性を持つものとは「家族（血統）」と「理想（夢・思想）」でした。このような環境下では、「人間」を中心とする価値観が強固になります。

▌地形と自然環境が国民性に影響を与える？

　国境を挟んで中国、ロシア、その他の民族が存在して来た韓半島では、古代よりそれらの国々との間で大小様々な葛藤と和合が繰り返されました。特に、中世の韓半島では隣接する中国の影響を受けることで、中国に対する「事大主義」（勢力の強いものに従うという考え方）が浸透しました。同時に、大陸進出を試みた日本、日本進出を目論んだモンゴル・中国、その他の民族から侵攻と侵略を受けました。ここにも半島国家としての宿命であったと言えます。

　外勢との葛藤が継続した韓半島の住民は、国王を仰ぎながらも最後は自分と家族を守るために自ら状況判断しつつ外勢の侵略に対処する必要がありました。また、言語を通じて状況を明確に伝達する必要に迫られたため、「ことば（口語）」によるコミュニケーション力が強化されました。

　政治学者・デイビッド姜氏は、「韓半島は日本、中国、ロシアと地理的に近いので圧迫を受ける位置にあるため外交に困難さを伴うが、世界情勢に殊のほか敏感だ。数多くの侵略を受け、国家形態には変化が見られたが、韓国民族としてのアイデンティティーを維持している忍耐力と自負心は特殊である」と指摘しています。

　一方、四方を海に囲まれた日本では、封建時代になると農耕社会であった大部分の地域で移動が制限されました。また、どこに移っても（方言はあっ

ても）「ことば」による意思疎通が全くできない場所はほぼありませんでした。さらに、鎖国時代になってからは、海外との行き来は制限され、自分が生まれた場所で一生を過ごすことがほとんどでした。このような環境では、ことば（口語）よりも目や態度による意思疎通が重要視されます。外国にルーツを持つ人たちにとって習得が難しい「察し」の文化も島国ならではの文化だと言えます。日本社会では自分の属する環境と相手の環境を観察し、お互いに環境の共用に努めることが大事なのです。

　「私たちの願いは統一 …」という歌が韓半島にはあります。これは分断されている祖国（韓半島）を統一しようという歌です。韓国と北朝鮮の人たちは、70年以上、南北統一を謳って来ました。韓国動乱（1950〜1953年）によって祖国が分断され、家族や親戚に会えない離散家族は数多くいるのです。しかし、一部の日本人を除くほとんどの日本人には韓半島の統一は「関係ない」のです。国土の分断を一般の日本人は経験していないため、韓半島の分断とその統一が自分の生活にどのように関連しているのか、真剣に考える人はごく少数でしょう。ここにも日韓両国が置かれた環境的な違いが影響しています。

可視的な分断国・韓国、非可視的な分断国・日本
　現在、韓半島は「大韓民国（韓国）」と「北朝鮮民主主義人民共和国（北朝鮮、韓国では「北韓」と呼ぶ）に分断されています。民族の分断という状況は、日本に住む私たちには理解しにくい特殊な環境です。日本も海外へ行く場合には、船舶や航空機を利用しない限り移動はできませんが、親戚に会うために「国境線を越える」または「車で1時間ほどで行けるのにもかかわらず70年間も行くことが叶わない」という環境はありません。

　しかし、実は日本も分断されています。そこは「北方領土」と呼ばれる「択捉島・国後島・色丹島・歯舞群島」の島々です。

　1855年2月7日、日本とロシアの間で締結された「下田条約（日魯通交条約）」では、歴史的にロシア領である「ウルップ島」を日本との国境と定められました。しかし、旧ソ連（ロシア）は「日ソ中立条約」（1941年に締結。有効期間は1946年4月）を無視し、1945年8月9日に対日戦争への参戦を宣

布し、8月18日より北方4島に進攻し、占領しました。戦後（1956年）、「日ソ共同宣言」が締結されましたが、日ロ間の領土問題は解決策を見出せないまま現在にいたっています。

　当時、これらの島々には日本籍を有する約2万人の住民が住んでいましたが、ソ連領宣布（1946年）によって国外退去させられました。同時に、逃げ遅れたりして当地に居住せざるを得ない住民が生じました。当時の様子は、映画『氷雪の門』（1974年）や『ジョバンニの島』（2014年）などに描かれています。

　2月7日は「北方領土の日」ですが、ほとんどの国民はこのことを意識していません。1999年からはビザなしで居住していた故郷を自由に訪問できる交流が始まりましたが、2022年9月にロシアはこれらの交流事業を破棄しました。分断が可視的な韓国と不可視的な日本。ここにおいても日韓の環境は大きく違っています。

1.2. 自然と人間

　日韓両社会において自然とは畏敬の対象です。人々は自然と調和しつつ生きることに幸せを感じます。韓国の定型詩である「時調」には、自然とともに生きる喜びを詠った詩が多いのです。

> 無言なる青山　定形なき流水
> 価値もなき清風　主人なき明月
> 山水風月の中で病も知らず暮らすこの身　悩むことなく老いたきことよ
>
> 　　　　　　　　　　　　　　　　　　　　　　　成渾（ソンホン）

　儒教は人間を森羅万象の中心に置きます。この考えは、キリスト教やユダヤ教などヨーロッパを発祥の地とする「一神教」の宗教観と共通します。『旧約聖書』では、神は宇宙を創造し、最後に人間（アダム・イブ）を創造したと記録してあります。完璧な人間は自然界をコントロールできると説くのです。

　私が韓国に住んでいた80年代末から90年代のソウル繁華街の路上に紙くずやゴミが溢れていました。道を歩くと、ガムの包み紙や使い終えたチケットなどを平気で捨てる光景が見られました。これが2002年の日韓ワールドカップを契機にして啓蒙運動が進められ、シルバー人材を活用して清掃を充実させた結果、今では見違えるほど通りがきれいになりました。当時、私は道にゴミを捨てる韓国の風景に、日本とは違う「環境に対する考え方の違い」を感じました。それは、環境を人為的に生活環境に取り込みつつ保存しようとする日本とは違い、自然は「在って在る」ものだという考え方でした。

　この考えは韓国式庭園に顕著に現れています（資料1-3）。韓国の庭園に歩いてみると、日本の庭園とはかなり違った感覚を受けます。草花・木、庭石にまで整然と手が加えられた日本の庭園に比べて「雑」に感じられるのです。韓国庭園の作庭法は「無為自然」と言われ、自然を人の環境に引き込もうとはせず、「在って在る」存在として捉える考えで造られています。

　日本庭園には自然を私たちの生活に引き込む思想が流れています。生活に自然を引き込むと言っても、単に模倣・縮小するわけではありません。時代や創作者の個性・趣向・思想が反映されつつ、自然と調和しようとする人生哲学が反映しているのです。水を使わずに自然の風景を表現する「枯山水」はその典型です。

　枯山水の普及には思想的な要因と実質的な要因が挙げられます（資料1-4）。15世紀後期（室町時代）、京都の町は「応仁の乱」で荒廃し、戦いに疲

資料1-3　韓国庭園（秘苑、ソウル市）
出典：biumgonggan

資料1-4　日本庭園（足立美術館、島根県）
出典：足立美術館

れた貴族や武士は狭い土地に値段を抑えて作庭できる枯山水庭園で慰めを得ました。思想的な面では、中世仏教の「万物（自然物）には仏心がある」という禅宗の教えが大きく影響しています。

　日本庭園には自然と共に暮らすことを良しとし、自然と一体化した環境で平安を感じる日本の文化が息づいています。

〈コラム〉　環境とは宿命である

　日本の神道が求めるのは自然と人間の共存です。自然は、人の生活に恵みと罰を与える神の分身です。神は自然の中におり、人を戒めながら恵みを与えてくれます。よって、人は自然環境を尊重し、神が心地よく宿ることができる環境を整えなければなりません。神道は時代や風土によって形を変えながら人々の「慣習・風習・ならわし・祭り」として今でも息づいています。

　韓国を代表する評論家・李御寧（イオリョン）は、日本文化を「縮み志向」（複雑なものを簡潔化することに価値を見出すこと）と定義しました。しかし、この志向の特徴は「取り込む」という能動的な積極性よりも「自然と共に暮らしたい」という融合意識の顕れです。

　島国である日本はとにかく自然が豊かなのです。自然は広大であり、自然の恵みは計り知れません。自然は時には驚異として生活の土台を根こそぎ持って行く畏敬の対象でもあります。人力を遥かに超える自然の強大さと美しさが一体化した生き方が日本人の根本的な人生観なのです。よって、日本人は自然と共にいるという環境を整えることで安楽を感じるのです。「環境が整ってはじめて安堵感を感じる」日本人の性格はここに由来します。

　しかし、韓半島の環境ではそのような悠長なことは言っていられません。なにしろ他国がドシドシと踏み込んで来るのです。美しい自然が一瞬の間に焼け野原になった経験は数え切れません。言い換えれば、自然は民の生活を守ってはくれなかったのです。

　生きるか死ぬかの不安定な環境では、離れ離れになっても共有できる時空を超越した価値観の共有に重きが置かれます。韓半島では、それは血統であり、一族意識であり、生き残りたいという生への執着でした。同時に、国境を有する強大国との外交を通じて自ら環境を整える必要がありました。

　自然に関する日韓のとらえ方は、それぞれの国旗にも現れています。日本の国旗には自然を象徴する太陽が描かれています（資料1-5）。日本国を象徴する皇室の先祖「天照大神（あまてらすおおみのかみ）」は太陽神です。聖徳太子も隋に送った国書に「日

出ずる処の…」と著しました。

　韓国の国旗「太極旗[デーグッキ]」は自然を人為的に形象化したデザインになっています（資料1-6）。中央に描かれている「太極」は陰陽が融合した宇宙万物の姿です（赤は「太陽」を青は「月や地」を象徴）。そして、旗の四方には自然と人間との関係を表す八卦[はっけ]のうち「乾・離・坤・坎[けん・り・こん・かん]」が配置されています（左上から右回りに「乾（正義）、坎（知恵）、坤（豊穣[ほうじょう]）、離（生命力)」）。つまり、太極旗には自然と調和した理想国家が描かれているのです。

資料1-5　日本国旗

資料1-6　大韓民国国旗

第2章
日本と韓国の内在文化

2.1. より理想志向的・より状況志向的

▌表面は似ていても異なる内在文化

　私たちには「幸せに生きたい・満足したい」という欲望があります。人によって程度の違いはありますが、この欲望自体は万民共通です。心理学者・マズローによると、人間が幸福になるためには5つの欲求を成就する必要があります。それは、「生理的な欲求」（生きたい）、「安全の欲求」（安全を保障されたい）、「所属の欲求」（愛したい・愛されたい）、「承認の欲求」（自尊心を尊重してもらいたい）、「自己実現の欲求」（創造したい・自己を確立したい）の5つです。

　私たちは「人、事物、空間、時間」という環境と関係を持ちながら生きています。だから、「幸せ実現欲」を満たすための環境が必要なのです。

　私たちは幸せになるために環境となんらかの関係を持ちつつ生きています。環境に対する私たちの「環境に働きかける意識」は、大きく能動的な態度と受動的な態度として表れます。

　能動的な態度とは「自己の価値観をもって環境をコントロールする」ことで幸せを得ようとする態度です。受動的な態度とは「環境に同調することで自己の価値観を形成する」ことで幸せを得ようとする態度です。前者では「理想指向的」な価値観が、後者では「状況志向的」な価値観が顕著になります。

　環境に働きかける意識が低く、かつ状況志向的な価値観を多く持つ場合は環境に従おうとする態度が顕著になります。悪く言えば、「空気」に支配され

る傾向が強くなります。一方、環境に働きかける意識が高く、理想志向的な
価値観が顕著な場合は、環境をコントロールしつつ自己や集団の望みを叶え
ようとする態度が顕著になります。

　前者と後者をはっきり区別することは難しいですが、この 2 つを車の運転
にたとえてみましょう。制限速度 80 キロの道路を走っている車があるとし
ます。前方には車はいません。状況志向的な態度を持つドライバーは、道路
表記や周りの車との車間距離に気を配りながら制限速度を守って運転します
が、理想志向的な態度を強く持つドライバーは「目的地に早く着きたい」な
ど、自己の気持ちが強く作用して制限速度を超えて車を飛ばしてしまいがち
です。

　本書では、< 表 2-1 > に示した要素で構成された価値観・考え方を日韓両
社会に存在する内在文化と設定します。日韓両国には共通点と相違点を持つ
内在文化があり、個人差はあるものの内在文化は日韓社会の様々な現象を起
こす根本的な要素となっています。幸せになろうとする意識は共通していて
も、日本社会では状況に適応することを優先させる反面、韓国社会では理想・
望みを優先させる傾向が強いというのが本書の主張です。

　しかし、これらの傾向はバランスの問題です。どちらが「優れている・正
しい」ということではありません。重要なことは、これらの内在文化が日韓
両地域の様々な現象の基にあり、その現象の背後にこの内在文化があること
に気づき、理解することなのです。

　環境が違えば価値観や考え、習慣が違うことは自然なことです。しかし、
その違いを認め合うことは簡単なことではありません。よって、内在文化の

表 2-1　日韓両社会の内在文化

	韓半島	日本
内在文化	幸せ実現欲	
	環境に働きかける意識	
	理想志向的な価値観	状況志向的な価値観
言行の特徴	・「望み・願い」を重視 ・直接的な表現を好む ・啓蒙的な歴史観	・「立場・責任」を重視 ・婉曲的な表現を好む ・客観的な歴史観

各々の特徴を知り、気づくことは相互理解のカギになるのです。

　それでは、内在文化を理解するウォーミングアップとして、日韓社会の内在文化が表面化した実例をいくつか挙げてみます。

■ 環境の楽しみ方の違い

　韓国の人たちには「リスクを楽しむ」性格が顕著です。それがよく分かる調査結果があります。アメリカのある大学で世界各国の国民を対象にして次のような調査を行いました。

　「ボタンが2つある。1つは押すだけで無条件で1億円をもらえる。もう1つのボタンを押すと10億円がもらえるが、確率は50％。あなたはどちらを押すか」

　ほとんどの人たちは1億円をもらえるボタンを押すと答えましたが、韓国人のほとんどは10億円をもらえるボタンを選んだのです。私も授業を履修している大学生にこの質問をしてみましたが、ほとんどの学生は1億円がもらえるボタンを選びました。今度は、韓国生まれの家内に同じ質問をしてみました。家内はしばらく「う〜ん」と考えていましたが、「10億円もらえる方を選ぶわ」と答えました。読者の皆さんは、どうですか。韓国人には「現実を無視しても理想を求める」気持ちが特に強いようです。この国民性は、時に世界でも類を見ない現象を引き起こします。

　1997年。韓国は、長年にわたる政府主導の金利政策の失敗、企業の過度投資などが原因で国家的な財政難「IMF外貨危機」に陥りました。毎日、数多くの会社が倒産し、失業者が続出しました。当時、私が務めていた韓国の大学でも親の失業による経済状況の急変で退学・休学したり入隊したりする学生が急増しました。卒業生が働いていた個人経営の旅行代理店のほとんどが倒産しました。

　国家がIMF（国際通貨基金）の管理下に置かれるということは、国家が倒産したことを意味します。元の状態に戻るには、通常では20年はかかると言われます。ところが韓国はなんと3年8か月で危機から脱したのです。前代未聞のスピード回復を後押ししたのは、「国民による金の寄付運動」でした。金や金製品を自主的に寄付するため韓国の銀行には、連日、金を寄付する市

民の長蛇の列が出来ました。「金融危機を早く終わらせたい」と国民は思ったのです。

　また、「入学式」「卒業式」には日韓社会が持つ内在文化が端的に反映しています。私は日本に帰って来て、子ども達が通った学校や大学の入学式に参加してビックリしました。学校によって違いはあるでしょうが、咳ひとつできない静寂さ、式順に沿って寸秒の狂いもなく進められる式典、スピーチにも拍手をしない「シーン」とした静寂さ。

　一方、子どもが通っていたソウルの小学校の入学式と卒業式では、生徒たちはワイワイガヤガヤ。スピーチする先生の声は聞こえませんでした。しかし、「わーっ」と歓声を上げたり拍手をしたり学生たちは喜びを表現していました。高校では生徒代表が壇上に上がり、スピーチするパフォーマンスが恒例になっており、自己主張をしながら卒業の喜びと先生への感謝の気持ちを表現します。

　このような言行はどちらがいい・悪いということではなく、それぞれの内在文化が反映されていることに気づくヒントにできるのです。それは置かれた状況を重要視し、形を整えることを良しとする日本社会の内在文化と、環境に同調しつつも自己の望み・希望を表現することを良しとする韓国社会の内在文化です。

■「公私」の区別

　一般的に日本社会では「責任・立場」に焦点を当てた言動が良しとされます。よって、「場に見合った言動を取る」「立場をわきまえた言動を取る」「任されたことに責任を持つ」態度が強調されます。責任を取れること・立場をわきまえ、環境を最も的確・効果的に生かせるマインドが必要です。このような考え方は、「公私」の区別をつけることを良しとする社会概念に反映されます。

　見方を変えると、日本社会では公私の区別をつければ自分のやりたいことを自由に行ってもいいのです。つまり、「公私の区別をつける」＝「責任を果たす」＋「迷惑をかけない」というルールを守っている限り、許される傾向があります。

　この「公私」を区別する考えは、もちろん韓国社会にもあります。しかし、韓国社会では自分が置かれた状況でも自己の希望・考えを否定しません。否、できないと言った方が正しいでしょう。自分の立場・責任と自己の考え・望みは、車の両輪のような関係にあり、このバランスが保証される時、韓国の人たちは満足するのです。

　逆に、この関係がアンバランスになると我慢できなくなります。当然、自分の考えや望みを主張するようになります。ある意味、自分に正直なのですが、韓国社会のこの概念は、日本社会では「空気が読めない」「自己主張が強い」と誤解を受ける原因になります。もちろん、個人や地域、世代によって違いはありますが、自分の理想・望みを明確に持ち続け、発信する韓国社会は、環境をコントロールして自己実現しようという欲求で溢れています。だから、韓国社会はエネルギッシュに感じるのです。

2.2. 日本の「怨み」と韓半島の「恨（ハン）」

■ 怨みと恨（ハン）は違う？

　日本社会を象徴する「和」の精神とは環境との融合を意味し、韓国社会の価値観に大きな影響を与えている儒教も家族・一族を核とする環境と融合することを良しとします。

　ただ、その融合の仕方には違いがあります。韓国社会では現状に満足せず、自己の理想（目標、要求、欲望）を成就することを美徳とする反面、日本社会では環境に順応しつつ理想を実現させることを美徳とするのです。

　故に、日本社会での「怨み」とは、環境に同化しなければならない、故にどうしようもない放棄の念、せざるを得ないという義務感と、それに付随した悲しみ・虚しさとして表れます。このような意味において、日本人にとって環境・状況とは「運命」に近い存在だと言えます。

　反面、韓国社会では自分の置かれた状況と理想の状態の間にギャップが大きければ大きいほど「恨（ハン）」が深まるのです。その場合、現実に満足できず、時には現実を無視してまでも理想・望みを実現化しようとする言動が顕著になります。「恨」とは理想から離れた環境を遺憾に思う心情と、理想に憧れる心

15

情が融合した情緒なのです。

　私は、長らく韓国と文化交流をしている市民団体に所属していました。ある日、会員である詩吟の名手と韓国の「パンソリ（ソリックンと呼ばれる歌い手と鼓手と呼ばれる太鼓演奏者だけで演じる伝統芸能）」の話をしたことがあります。その方はパンソリ作品を何度も詩吟風に作り直して歌おうとしたそうですが、結局、できなかったそうです。感情をダイレクトに表現するパンソリの曲調が詩吟にマッチしなかったからです。

■ 散る「桜」、咲く「無窮花（ムクゲ）」

　日本の国民性を表す花は「桜」でしょう。韓国にも桜の木は多く、毎年、桜を愛でる花見客でごった返しますが、桜に対する愛着は日本にはかないません。特に、散る桜に美を感じる国民性は日本独特のものです。『古今和歌集』に詠まれている桜は、咲いた桜よりも「散る桜」に関心が寄せられています。和歌で「花」と言えば桜ですが、日本で関心が持たれるのはこの、散る桜の方です。

　　ひさかたの　光のどけき　春の日に　しづ心なく　花の散るらむ

　　　　　　　　　　　　　　　　　　　　　　　　　　　紀友則

　桜の花びらは薄ピンク色で小さいので、ダリヤやひまわりのように一本・一輪だけ咲くよりも複数の桜の木が集まって咲く時に「集合の美」が発揮されます（資料2-1）。また、天候も桜の淡い美しさをカバーしてくれます。桜が満開になる春は天候が変わりやすいのですが、薄曇りの空をバックにする時、桜の美が引き立つのは不思議です。特に、散る桜は雪のように美しいのです。散る時に美しさが増す花はそう多くはありません。

　桜の「サ」は「田の神、稲の神、穀物の神」を、「クラ」は「神や高貴な人が鎮座する席・場所」を表します。だから、「サ・クラ」とは「田の神・穀物の神が降臨し、鎮座する花」という意味です。日本人が花見をする背景には「桜を見て愛でることで田の神に豊作を祈願する」「桜が散らずに長くとどまってほしい」という自然の神を鎮魂する気持ちが反映されています。集団

資料 2-1　桜

出典：ウェザーニューズ

資料 2-2　ムクゲ

出典：文化体育観光部

で咲き、あっと言う間に散る桜。日本人はその「散り様＝逝き様」に美意識を感じて来たのです。

　一方、韓国の人たちは「無窮花」を非常に愛します。ムクゲは、文字通りいつでもどこでも咲き続ける花です。花びらは大きく、背丈は桜ほど高くはありませんが、一本でも十分美しいのが特徴です（資料 2-2）。桜が下を向く花なら、無窮花は空を仰ぐように咲く花です。また、花びらが散ってもまたすぐ花を咲かせます。この咲き続きける生命力に韓国の人たちは半島国家として数多くの苦難を甘受しつつ存続して来た民族の姿を見るのです。

　以上の内容は、日本と韓国の内在文化を象徴するほんの一例です。それでは、これから本格的に日韓両社会の歴史・政治・経済・人間観・宗教・思想観などを見ていきましょう。まずは、韓半島と日本の生活に内在文化が反映されていることを見てみます。

第3章
生活と内在文化

3.1. 対人関係

1. 心の距離

■ パーソナルスペース

　「パーソナルスペース」とは対人距離です。海外では「日本社会はパーソナルスペースを広く取る社会」と言われています。初対面の人に対する時には「おじぎ」をし、「握手」や「ハグ」のようなスキンシップはほとんどしません。

　一方、韓国社会に住むとパーソナルスペースが日本より狭いことに気づきます。家族や親しい仲では距離という概念さえなくなるほど近くなります。私が韓国に住んでいた頃、通りで男性同士が手をつないで歩く光景をよく見かけました。夫婦・お父さんと娘・お母さんと息子が手をつなぐのは当たり前でした。私は日本でも娘とよく手をつないで散歩していました。娘が高校生になった週末の朝、手をつないで通りを散歩していると、通りすがりの人たちに変な目つきで眺められました。その理由は理解できましたが、なぜかもの悲しい気持ちになりました。

　日本のパーソナルスペースは約30cmだと言われます。30cmほどの距離を保つのが日本社会での礼儀であり、安心する距離なのです。私はその背景に侍社会の影響があると考えます。

　侍たちは左腰に刀を差していました。刀は侍の命であり分身です。だから、すれ違いざまに刀と刀がぶつかると決闘になりました。それを防ぐために

は「間」が必要でした。距離を取っておけば相手からの攻撃も防げるからです。さらに、侍には「切り捨て御免」という特権が与えられていました。一般市民が侍に無礼を働いたからと侍から切り殺されても何も言えませんでした。江戸時代までの日本社会は、このように「死」が目の前を行き来する社会でした。このような経験により日本社会における距離感が定着したと思われます。

　一方、江戸時代とほぼ同時代である朝鮮王朝時代は、貴族である両班を軸とした文人社会でした。武人より文人の地位が高く、立身出世を左右したのは「学問」と「家門・人脈」でした。文人たちは書物を読み、理論による討論を好みました。家臣は死を覚悟してまで王に上申することが使命だとされました。しかし、身分の違いが明らかに違う場合を除いては、距離が近くて無礼だ、として殺されるということはありませんでした。

■ 心と体の距離、そして「Me Too 運動」

　私たちは環境を意識的または無意識的に「しきり」ます。内面的なしきりはパーソナルスペースに反映されます。

　国際社会では人との距離が人間関係に支障を来す原因になります。特に、「ハグ」などのスキンシップをコミュニケーションの手段とみなす西洋社会では、日本の距離感は誤解を招きがちです。相手が自分と距離を取ろうとする態度に遭遇した場合、彼らはその距離を「拒否・嫌悪」として受け取る場合があるからです。いくら外国語に長けていてもスキンシップなどの非言語的なコミュニケーションに関する知識と経験がないと、相手との心の距離を縮めることは難しくなります。そのためには日頃の生活の中で「身体の距離」と「心の距離」を推し量り、バランスを取る訓練が必要になってきます。

　現在、韓国社会では身体の距離と心の距離のアンバランスが問題となっています。それを象徴する事件が「Me too 運動」です。これは、異性によって不適切に身体に接触されたことを問題にするセクハラ撲滅運動です。

　2018年1月、韓国では現職の女性検事が8年前に上司から受けたセクハラを暴露しました。彼女は他の女性検事が受けたセクハラも暴露しました。世論は爆発し、韓国の政界、芸能会、法曹界、大学などで韓国版「Me Too 運

動」が広がりました。側近の女性にセクハラをしたとして訴えられ、辞職し
たり自殺したりした知事や市長もいます。

　韓国社会の人間関係に影響を与えている儒教は、ある意味では男性中心の
思想です。全ての男性が女性を尊重するマインドを持っていればなんら問題
はありません。しかし、現実には男性が女性を従属的に扱って来たのです。

　本来、スキンシップは親密感の表出です。それは、親が子どもに対して行
い、兄妹同士で行うごく自然な愛情表現なのです。それが自己の性的な欲望
や権威欲を充たすための行為となってしまっているのです。

　日本社会では韓国のような「Me too 運動」は波及しにくい傾向にありま
す。ここには「自己の社会的な責任を果たしていれば私生活は問わない」と
いう考えが反映しています。

■「赤信号、みんなで渡れば怖くない！」

　「赤信号みんなで渡れば怖くない」。かなり前の時代の流行語ですね。同
質性を好む日本社会は「周りと違う価値観をもって行動をすることを危惧す
る」意識が顕著です。このため、「自分自身の感覚のモノサシを価値基準とせ
ずに、人や世間の決めた任意の価値基準を絶対的に信じてしまう」「みんなと
同じ感覚でなければいけない」という考え方が常識となっています。ある意
味、思考を停止して状況に同調してしまうわけです。

　ここに面白い実験があります。大学の講義室に何人かで一緒に座れる机が
あり、先生は教壇に立っています。その時、日本の女子学生はあまり人目に
つかない席に友達と一緒に座りたがります。一方、韓国の女子大生は前の席
に座る確率が高く、ひとりで座ることにもあまり抵抗がないのです。日本の
女子大生には「目立つ」ことを避けようとする心理が強く働くようです。韓
国の女子大生は、あまり人の目を気にせず、講師とのコミュニケーションに
負担を感じないのです。

　日本社会では「同質＝平等」という価値観が顕著です。個人に対して環
境に同調させようとする「同調圧力」が働くため、自分が置かれた環境に同
調すべきだという気持ちが支配的になりがちです。しかし、協同しつつ自己
の自由意志と自由行動が保障されない社会では幸福度の充足には限界があ

ります。

2. 多種多様な「ウリ共同体」

■「ウリ」と「ナム」

　韓半島は半島国家として、内乱と隣国からの侵略を数多く受けて来ました。さらに、王をトップとする中央集権体制で弱者は力のある者に踏みつけられました。複雑な環境であったがゆえに血縁中心の強い集団意識が形成されましたが、それを象徴する言葉が「우리(ウリ)」です（資料3-1）。

　韓国語の「ウリ」とはもともと「私たち」という２人称なのですが、韓国の人たちは親しい人に愛着を込めて「ウリ〜（私の〜）」と呼びます。例えば、「ウリ両親、ウリ夫、ウリ妻、ウリ子ども、ウリ家、ウリ町、ウリ国、ウリ学校、ウリ会社、ウリ言葉…」などです。「ウリ〜」と呼ばれる対象は、「親しみ・恩恵・大切さを共有できる（したい）」存在で、かけがえのない存在なのです。「ウリ鉛筆、ウリボールペン」などが不自然に感じられるのは、対象が持つ「一過性・代替性」のためです。

　ウリ共同体では「サランヘーヨ(愛しているよ)・ソジュンヘーヨ(大切だよ)」などの感情表現がダイレクトに使われます。「ウリ〜」と呼ぶ間柄を「ウリ共同体」と呼ぶとすると、このウリ共同体には強い連帯意識が存在します（片想いもあり得ますが…）。

　一方、ウリ共同体以外の存在は「남(ナム)他人」と呼ばれ、神経を使ったり責任を負ったりする必要がなく、普段はほとんど関心を持たれません。

　ウリ共同体の核は「私」です。そして、私と最も近いウリは「家族」です。言い換えれば、ウリ共同体の人・モノは自分・家族のように絶対的に信頼できる（「信頼したい」）存在なのです。よって、「ナム」の関係の人がウリ共同体の

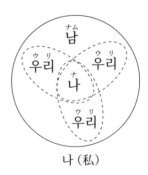

資料3-1　韓国社会の「ウリ」と「ナム」
出典：任栄哲・井出里咲子『箸とチョッカラク』

22

一員になるためには「信頼に値する存在」「頼れる・必要な存在」「長く付き合いたい存在」として認められなければなりません。

　同時に、韓国人はウリの範囲を広げることを好むので、「ナム」の間柄でもよく話かけたりコンタクトを取ったりします。韓国の人たちが親しみを感じたり関心があったりする先輩を「ヒョン/オッパ、ヌナ/オンニ」と呼ぶのは、相手をウリ共同体として認める（そのような間柄になりたい）心理が働いているからです。

　さらに、人の数だけウリ共同体があります。「出身校、出身地、会社、趣味…」など、個人を中心として多種多様なウリ共同体で成り立っているのが韓国社会なのです。よって、「韓国は…/韓国人は…」と包括的にとらえる見方には限界があります。

　「ナム」の間柄でも擬似家族として大事にされる対象があります。それは「お年寄り、子ども」です。以前に比べて見かけることが少なくなったとは言え、バスや地下鉄でお年寄りに進んで席を譲るのは「年長者を自分の家族のように敬うべきである」と考えるからです。

■ 神道と「ウチ・ソト・ヨソ」

　一方、日本社会の人間関係は「ウチ・ソト・ヨソ」で構成されています（資料3-2）。私は、この構造には神道が大きく影響していると思います。

　神道とは自然の中で神をまつり、個人々が思い思いにカミをまつる信仰です。原始日本社会では家ごとに祭りが行われましたが、縄文時代に入ると、血縁者が100〜200人ほどの血縁集落で神をまつるようになりました。弥生時代の中期頃からは、稲作を中心として「非血縁者を含んだ部落」が形成され、それがやがて小国（1000〜2000人）に発展していく中で、家・集落・国ごとに各々の神を集団でまつるようになりました（資料3-3）。

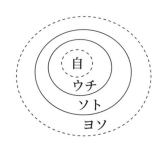

資料 3-2　日本社会の「ウチ」と「ソト」と「ヨソ」

出典：三宅和子「日本人の言語行動とウチ・ソト・ヨソの概念」

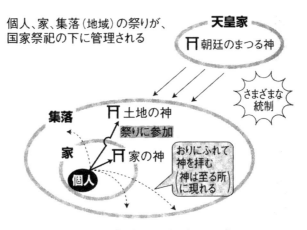

個人、家、集落（地域）の祭りが、
国家祭祀の下に管理される

天皇家
开 朝廷のまつる神

さまざまな統制

集落
开 土地の神
祭りに参加

家
开 家の神

個人

おりにふれて
神を拝む
（神は至る所
に現れる）

資料3-3 「大宝律令」後の祭りの形態
出典：武光誠、『日本人なら知っておきたい神道』

　このように神道では「①家の祭り、②集落の祭り、③国家の祭り」の３層からなる儀式が行われていましたが、これが日本社会の「ウチ（個人＋家）、ソト（集落）」とそれ以外の「ヨソ」の概念を形成したと思われます。

　ウチの間柄は「家族、親友」など、「気心の知れた気の置けない」人たちです。ソトとは「会社の同僚、上司、先生、よく行く店の店員」など、社会的な関係を共有している「知り合い」です。ヨソとは文字通り「他人」であり、自分とは直接的なかかわり合いがない人たちです。

　しかし、ヨソの間柄でも「袖すり合うも他生の縁」と言える状況になると、「世間の目を気にする」「よそ様の前で恥ずかしい」と言うように、言動を監視したり制御したりする「世間・よそ様」の機能を持つようになります。

　日本の食堂で食事をする場合を考えてみましょう。隣の席に座った人は「ヨソ」の人ですが、その人は「環境を共有する」という条件で周りを意識することがあります。これは、「同席した＝同じ空間を共有＝拘束力を持つ」というよそ様意識が発動するためです。韓国の食堂ではここまで気を使う必要はありません。ともに食事を取る「ウリ共同体」に気を使えばいいのです。それだからか韓国では「ひとりご飯」は一般的ではありません。「一緒に食事する？」が仲のいい「ウリ」意識の表出で、親しい人とは食事を共にするのが

普通です。

■ 重ね着するような人間関係

　日本文化は「恥」を強調する文化であると言われます。日本社会では「世間」という存在が行動の規範となっています。

> 「つまり変な島国で人間が住んでいて、なんとなく隣近所がせせこましくて、きょうのおかずまでわかっちゃうような社会でしょう。ですから、恥ずかしいことはできないということだけで社会の安寧秩序が保てる。その程度のことだけで国が保てる社会というのは、不思議な国です」
>
> 　　　　　　　　　（司馬遼太郎・ドナルド・キーン、『日本人と日本文化』）

　ただ、「ウチ・ソト・ヨソ」の境界には中間領域が存在します。この中間領域を河合隼雄は「中空構造」と命名し、日本人の心の深層としました。中空構造には、異質なものが入ってきた時に深刻にならない「ぬるま湯のような関係」を作る機能があります。

　何重ものしきりが自分を取り巻いているような日本社会の構造は、季節によってきものを重ね着する「きもの」と似ています。この重ね着の構造は「安堵感」を与えます。この中空構造では立場・環境に配慮すること（自他の「しきり」を乗り越えないこと）が良しとされます。そのため、日本社会ではしきりを乗り越えることに慎重になりがちです。韓国社会のように大声で話したりする行為は、しきりを乗り越える行為とされます。回りに合わせず自己の理想・生き方に拘る人は、日本社会では「空気が読めない人、自分勝手な人」としてアウトロー扱いされがちです。

　一方、韓国社会では基本的に「ウリ共同体」にだけ気を使えばいいので、「ウリ共同体」の人間関係が最も強い同調圧力を持ちます。しかし、韓国社会での「ウリ」と「ナム（他人）」の壁は日本より低く、薄いのです。韓国で周囲をあまり気にせずに大きな声で言いたい事を自然に話せるのは「ナム」の人に対して擬似家族としての言動を取りやすいためです。

■ 情とは抑えがたい衝動

　韓国で「自分は多情だ！（直訳調）」と自称する人が多いのにはビックリさせられます。「多情」とは日本では「浮気心がある」ことと解釈されますが、韓国語では「情を沢山持っている＝情が深い」というプラスの意味なのです。

　「義理人情」と言うように日本社会では「人情」がよく使われ、韓国では「心情」が使われます。国語辞典を引くと、人情とは「人として持っている自然な感情。おもいやりなど」、心情とは「心の中に秘めている思い」などとあります。人情が作用する対象は人ですが、心情は人、万物や神とも通じます。その意味で心情は人情の根に当たります。情とは人情と心情を包括したものです。

　以前、ある韓国の方が「情とは手を握りたくなる抑えがたい衝動」だと言っていました。今でも韓国では手を握られ、握り返します。これはいやらしい行為ではなく、「喜び・懐かしさ、別れの辛さ」などを正直に表現する行為なのです。

　日本でも「情が厚い・情にもろい」と言い、人情味が溢れた人を高く評価しますが、パーソナルディスタンスの違いからか、公然と手を握ることはあまりしません。

　私が教鞭を取る大学は女子大で担任制度があるのですが、就活で会っていなかった学生に久しぶりにあった時、「久しぶりだね。就活がんばっている？」と思わず握手してしまいました。その後、彼女たちが私を見る眼付きがきつくなりました。その時、「アッ、しまった」と後悔しましたが、後の祭りでした。

　韓国では理屈を超えるほど心情が深くないと「情が深い」とは言えません。ある２組の夫婦が言い争いになったと仮定しましょう。人目の多い場所で夫同士が激しく罵り合っています。韓国社会では大抵の妻は夫と共に「参戦」します。「夫に落ち度がある」「人目がある」という事情は吹っ飛び、夫の側に妻は立つのです。仲裁に入っても結局は自分の夫の肩を持つ。私はこのような情景を韓国で何度も見ました。

　韓国に暮らしていた時、詩人になったような気分を味わいました。うまく言い表せませんが、韓国社会には詩的で情的な空気が流れています。実際、

　韓国の人たちは詩が好きで、詩集はかなりの売り上げを上げています。韓国には多くの文学関連の団体がありますが、詩人の占める割合は非常に高いのです。

　日本を訪れた外国の観光客が不満に思うことの1つに「店員がコミュニケーションを取ってくれない」ということがあります。日本の店員は礼儀正しいのですが、決められた挨拶・言葉しかしてくれないというのです。そう言えば、海外のカフェや食堂、スーパーマーケット、ホテルなどでは、店員や従業員がお客と冗談を交わしたりしながらコミュニケーションを取る姿をよく目にします。このような文化に染まっている外国からの観光客は、日本の店員はそっけなく感じるのでしょう。この点、韓国は日本と西洋社会の中間だと言えます。もちろんそっけない店員もいますが、初めて会った人でもアイコンタクトをしながら、気軽に話す店員が多く、韓国語がある程度できる観光客にはこのコミュニケーションは韓国旅行の楽しみの1つです。

3. 情と機能

■ 情と機能のバランス

　日本社会の最大の長所を「和・集団性」とする人は大勢います。聖徳太子の時代から日本社会では「和」の精神が強調されて来ました。

　しかし、日本人を「人に冷たい国民だ」と言う人も少なくありません。それはなぜでしょうか。韓国人が誇る「情」の世界は日本人には薄いのでしょうか。私はそうは思いません。日本人も情が篤いのです。では、何が違うのでしょう？それは「情の出し方」が違うのです。

　韓国人は状況がどうであれ、情を「直接的に」出す傾向が強いのです。一方、日本人は事情・状況に合った情の出し方をするのを良しとするのです。日本人が冷たいと評価される原因の1つは、状況によって情の出し方を決める習慣の影響です。場所、時代、世代によって違いはあるでしょうが、状況志向的な態度がプラスに働くと「和」の環境ができますが、人目を気にする・批判や中傷、嫉妬などを避けようとしてあいまいな態度をとるとマイナスに働くこともあります。

状況志向的な内在文化が顕著な日本社会では、「環境を共有しているので分かっている」はずだと漠然と信じる場合が多々あります。反対に、理想志向的な内在文化が顕著な韓国社会では「言いすぎたために関係がおかしくなる」場合が多々あります。

　最近、韓国でも「卒婚・終婚」という日本から入った言葉が使われるようになりました。戸籍上は夫婦なのですが心の交流がない夫婦関係です。仮に、韓国人はそのような状態が我慢できたとしても、長続きはしません。情の交流がないことは韓国社会では死んでいるのと同然なのです。

　状況志向的な文化が顕著な社会では、ややもすると機能を中心として情の関係を結ぼうとします。「終婚・卒婚」も情より機能を重要視する考え方だと言えるでしょう。情は時空を超越するので現実を越えますが、機能は現実と密接な関係にあります。

　情と機能のバランスが取れる人はセンスが抜群にいい人なのです。私たちが物心ついて情と機能のセンスを身につける場所は家庭と学校です。しかし、機能的なスキルが要求される学校と職場で情の出し方を身につけるのは至難の業に近いかもしれません。

　日本社会では機能から情の世界に入ろうとし、韓国社会では情から機能に至ろうとする傾向が顕著です。だから、心情社会の韓国はいきおい人を中心とする流動性の強い社会となります。逆に環境の共有を重要視する日本社会はルールを決め、そのルールを共有することで円滑な人間関係を維持しようとする社会になります。

　この情と機能のバランスの違いは、日本人と韓国人が結婚した場合に問題

表 3-1　日本人と結婚した韓国人に対するアンケート調査の結果

質　　問	Yes	No	普通	分からない
家庭では自分の気持ちをいつも率直に話すべきか。	75%	8.3%	※16.7%	8.3%
家庭で自分の気持ちを率直に表現しているか。	54.2%	20.8%	25%	0%
配偶者はあなたの気持ちをよく受け止めてくれるか。	41.7%	8.3%	45.8%	4.2%
配偶者は自分の気持ちをあなたに率直に打ち明けるか。	45.8%	12.5%	33.3%	8.3%
日本社会では率直なコミュニケーションが取りやすいか。	4.2%	83.3%	8.3%	4.2%

※印は「場合による」

になります。日本人と結婚し、日本に住んでいる韓国人に聞いてみましたが、やはり、情の表現に関して悩んでいる夫婦がかなりいました（表 3-1）。中には「日本は孤独な社会だ」と答えた韓国人もいました。

■ 親しくなるノウハウ

　韓国人の関心のほとんどは「ウリ共同体」に集中します。そのため、韓国では、政治・経済・外交、南北統一をはじめとする全ての言動がウリ共同体にどれほどの利益がもたらすかが重要になります。日韓関係も例外ではなく、日本との関係が国民の属するウリ共同体に利益を与える場合に日韓関係は良好になります。

　端的に言えば、疑似家族の関係になればいいのです。しかし、韓国社会が日本と価値観を共有できる「ウチ」となるには相当の信頼関係を築かなければなりません。ウリもウチも「距離を置かない＝遠慮をしない・自分が思ったこと（望むこと）をはっきりと伝え、相手の話を受け止められる」「自分のことのように対応する」間柄ですが、これは国益を優先する政治の世界では不可能に近いでしょう。

　しかし、韓国が日本の「ソト」の関係になることは可能です。環境を共有しつつ、コミュニケーションが取れる経済的・文化的な関係はソトの間柄です。そのような観点で「モノ」と「文化」を共有することは非常に有効であり、現実的です。日韓両サイドで「経済活動」「文化交流」というモノと文化を共有する人間関係を作り、維持できる関係を築けば「ソト」の関係になれます。

　その場合、韓国側は一端作られた関係を維持しなければなりません。一方、日本側は内在文化が違うことを国交の維持を遮る理由としてはいけません。日韓は文化を十分共有できることは、韓流・日流で既に証明済みです。

　当たり前のことですが、「ウリ」と「ソト」の関係を築くためには、相手をよく知らなければなりません。そのためには、「違いを認める訓練」をすること、「価値観・環境が違ってもコミュニケーションを取る訓練」をすること、「誤解を解こうとする態度」が必要です。

　問題は、日韓両国の学校教育でこのようなコミュニケーションのノウハ

ウを十分に教育していないことです。どちらかと言えば、自己が属する集団のルール・規則を守るノウハウを強調した機能主義的な教育が行われています。論理的で自由な発想を可能にする教育よりも集団性・機能性に重点を置いた教育なのです。機能主義的な教育は「受け身的」な教育であり、このような教育内容では国際人としての人材の養成は「絵に描いた餅」になってしまいます。

　家族関係が心情的に崩れつつある現代。「ウリ・ウチ」の人間関係の基本である家庭内で、経済活動・進学に追われ、顔を突き合わせて喜怒哀楽を共感しつつ、問題を解決するコミュニケーションがなされない今、学校を中心とした公教育の場で情的な「ウチ・ウリ」共同体を形成するノウハウを教え、かつ、体験できるプログラムを提供する姿勢が必要とされています。

4. 環境と人間関係

■ 一生続く日本のファンクラブ

　日本に帰国してビックリしたことは、「歌手やタレントが歳を取っていたこと」「その彼らが第一線で活躍していること」です。「一発屋」と呼ばれる歌手には今でもファンがいて、コンサートを開いています。私が子どもの時に憧れていた特撮ドラマのヒーローは、根強いファンにとって想い出を蘇らせてくれる貴重な存在となっています。日本のファンは、一度ファンになったら一生ファンを続ける傾向があります。

　日本社会では、一度テリトリーを共有できると信頼関係が継続します。テリトリーの共有を大事にする日本社会では、「ファンになった＝テリトリーを共有した」歌や歌手・芸能人に対する共同体意識が明確です。「年功序列制」が日本社会でまだまだ支持されている背景には、「一度環境が整うと、その環境を継続して維持しよう」とする状況志向的な内在文化が反映しているからです。

　また、日本社会の内在文化は、環境を甘受し、現況の改善に努力する長所を生み出します。それは、使命感と責任感をもって現状の改善を図る態度として具現化します。

日本社会にも手抜き工事・不良製品はあります。しかし、韓国をはじめとする海外では「メイドインジャパン」に対する信頼は非常に高いのです。日本の物作りには「消費者の立場に立つ」「真摯に取り組んで要求以上の製品を作り上げる」という匠の精神が反映しています。

これは歴史を通じて育まれたもので、「仕事をするということは自分の役目を果たすことであり、きちんと取り組めば、必ず認められる」という考えが日本社会にはあるのです。士農工商の身分制度が敷かれた江戸時代にもこのような考えは身分に関係なく生きていました。この自負心と精神があったからこそ、資源に乏しい日本は戦後の焼け野原から世界2位の経済大国にまで成長できたのです。「私は日本人です」と胸を張れる主な根拠の1つもこの自負心にあります。

■ 空気の力 〜「抗空気罪」〜

名優・故高倉健が「ビートたけしには狂気があり、志村けんには哀愁がある」と語ったビートたけしは、「社会に流されないために、バカなことをやるんだ！」と主張しました。私は「なるほどなあ！」と思いました。環境に順応することを良しとする日本社会では、環境の壁を越えるのに大きなエネルギーが必要です。ややもすれば環境に溶け込み、抜け出せなくなります。ビートたけしは、状況第一主義の日本の内在文化を肌で感じている芸人だと思います。

日本社会は「結果決定」型の社会に属します。自分の基準よりも表面化した状況や結果によって物事を決定しやすいのです。よって、「世間がこうだ」とか「今の時代はこうなっている」という理由で方針や方向性が決定されがちです。例えば、「この頃は離婚が増えている」という社会の現状を基準として社会福祉制度を作ろうとする動きなどは、典型的な結果決定的な政策です。そこには「結婚とは何か？　家庭とは何か？」という基準の設定や論議はありません。

これは「状況論理」が強く反映した現象です。状況論理とは山本七平が名づけたもので、個人的に主張や反論ができない環境ができると何となく集団で決定がなされることを示します。「自分はそうは思わなかったけれども、

状況がそうだったから仕方なく賛成した」という状況志向的な思考の現れです。

　山本は、組織には「論理的意思決定」と「空気的意思決定」があるが、日本社会では後者の方が圧倒的に強いと主張します。空気が思考を支配するので、空気に従わない者は「罪」に問われます。2022年7月に起きた安倍元首相に対する銃撃殺人事件を発端にした某団体に対するバッシングはこの典型でした。連日、マスコミやワイドショーは「某団体イコール悪」という報道を繰り返し、その空気に屈する形で岸田政権は「関係を断絶する」という主張をしました。この空気の中で、某団体と少しでも接触したという事実が発覚した議員や団体は非難されました。空気に従わない者は無条件に「悪」というレッテルを貼り付けられるという状況が日本社会を覆いました。しかし、これは異常な現象ではなく、起こるべくして起こった現象です。日本の政治とマスコミが作りだした空気がもたらした現象なのです。

　既述しましたが、日本社会では環境を共有することが人間関係を左右します。これが外国人を疲れさせる日本社会の特徴の1つにもなっているのです。テリトリーを共有できる関係が「ウチ」の間柄なのですが、いくら家族でも環境（価値観・考えも含む）が共有できなくなると、生活を共にしていても「ソト（甚だしくはヨソ）」の人になってしまいます。親族の間柄でも「縁を切る」言動は、環境の共有が人間関係を左右する日本の内在文化を象徴しています。

　韓国社会でも「ワンタ（いじめ）」が、会社では忖度があります。しかしそれでも個人は主張するのです。「オグラダ（くやしい）」「チャールモッテッタ（間違っている）」などと思った場合には結果はどうであれ、自分の考え・気持ちを主張します。正確に言うと「自分の気持ちを抑えておくことができない」気質が韓国人にはあるのです。その典型が「チョップルシウィ（蝋燭デモ）」です。

　朴槿惠元大統領が弾劾され、文政権に交替したきっかけも朴大統領に反対する市民たちが蝋燭デモを行ったためであり、文前政権打倒を叫ぶ市民も同じように蝋燭を持ってデモをしました。しかし日本人は韓国のような大規模なデモはしません。これを韓国人は不思議に思うのです。

▌環境の共有度が人間関係を左右する

　日本社会で情の関係を保つためには、環境を共有することが大事です。以前、ある韓国人より「自分が上司だった時には挨拶をよくしてくれたのに、上司でなくなった途端、よそよそしくなる日本人が多い。挨拶もしてくれない人もいる」と聞いたことがあります。実は、他の外国人からも同じ体験談を聞いたことがあります。このような行動を経験した外国人は、「日本人は礼儀正しいと思っていたのに、おかしいな…」と首を傾げることになります。

　私の職場の近くにATMコーナーを8時からオープンする銀行がありました。出勤時間前に利用できるので、よく利用していました。その支店では、朝から職員たちが建物の内外を掃除します。そこに私を含めて顧客がATMを利用しに来るわけですが、すぐ横を顧客が通っても彼らは挨拶しないのです（もちろん、挨拶する職員も少数ではあるがいます）。ATMコーナーで会っても知らん振り。「えっ、店をオープンしてからのあの挨拶はどこに行ったの？」と驚きました。コーヒーを片手に、ゆっくり出勤する支店長らしき人に出くわしたことがありますが、彼も同じように挨拶なし。しかし、オープンした支店に入ってみると、「いらっしゃいませ」の挨拶ラッシュ。

　彼らは別に悪い人間ではなく、一所懸命、働いている人たちです。でも、なぜ？　その時、私は「働く環境が揃ってはじめて、銀行員としての言動を取る」状況志向的な考え方に気づきました。銀行としての環境が整ってはじめて、支店を訪ねて来る人と「銀行員－顧客」の関係になるのです。これから社会に出る学生には勧めたくない態度ではありますが…。

　第2次世界大戦の終戦後、命がけで戦った日本人が連合国に従順に従う姿を目にしたアメリカ人が「別人のようだ」と首を傾げたといいます。これも立場という状況を優先視する日本社会の内在文化の現れです。

▌自己の気持ちを抑えきれない

　韓国民族は、世界の国の中でもスパイ活動が下手だと言われます。それは、自己の想いを抑え続けることが出来ないためです。韓国の人たちは「誰にも言わないでね」と釘を刺されても黙っていることがなかなか難しいのです。

いいことであれば、なおさら人に知らせたくなるのが韓国人の性格です。悪く言えば、周りの環境・現実を無視しても自己の気持ちを優先させたがるのです。

2020年7月末に韓国・江原道平昌[ガンウォンドーピョンチャン]にある「韓国自生植物園」内に、慰安婦を象徴する少女像に跪[ひざまず]き謝罪する男性の像が作られましたが、それが安倍元首相に酷似しているとして国際問題になりかけました。その像を作った当園の園長は「少女らに責任を負うべきだという思いで作った。特定の人でもなく、少女の父親かもしれない」と弁解しつつ、「外交問題に発展し、非難を浴びるとは思わなかった」と語りました。真相は分かりかねますが、日本社会ではこのような像を作ることは状況から判断して避けたほうがいいと考えるでしょうが、園長は自分の想いを抑えることなく表出してしまったのです。

気持ちを抑えられないということは、よく言えば本音を出すということです。しかし、自分の気分をむやみに発言してしまう場合もあります。日本社会では「言わない」ことでストレスや誤解が生じますが、韓国社会では「言い過ぎた」ためにトラブルが生じる場合が多いのです。

韓国と日本を果物に譬えると、韓国は「トマト」タイプ、日本は「スイカ」タイプと言えるでしょう。トマトの色は中身とほぼ同じですが、スイカは違います。もちろん韓国にもスイカタイプの人がいますし、日本にもトマトタイプの人がいるので決めつけてはいけませんが、韓国がトマトタイプの人間関係を好むことは確かです。

3.2. 社会生活

1. 立場・責任が存在価値を決める

■ 仕事ができれば許される

立場・責任を重要視する日本の価値観は、「働くことで責任を果たしている」「それが家族のためである」という職場中心の考え方に重きを置く傾向があります。70～80年代の日本の高度経済成長期にはこのような考え方が支配的でした。「ワーカホリック」と呼ばれる仕事中毒症が当たり前だった時

代です。

　しかし、そのしわ寄せは家庭に来ています。一家の大黒柱は、月曜〜土曜日まで懸命に働き（官公庁や学校が週休 2 日制になったのは 1992 年から）、週末は疲れてダウン。これも「家族のため」なので家族は大目に見るべきとされ、家族での外出もままならない。そのうちに家族の情は薄れていき、挙句の果てには「熟年離婚」や「卒婚」に…という家庭が増加しています。

　同時に、日本社会には「仕事ができれば、私生活は問わない」という「暗黙の了解」があります。マスコミに登場する有名人の中には、婚姻外家族を持つ人たちがいます。自己の置かれた立場で職務を果たし、人に迷惑をかけていない以上、批判される理由はないと考えるのです。

　公のために私的なものを犠牲にすることは素晴らしいことですが、その反動で夫婦・親子の存在を無視してもよいということではないはず。本来、日本の国力は「家族力」でした。第 2 次世界大戦中に日本を研究したアメリカの学者は、日本の家族文化を高く評価し、かつ、警戒しました。その家族の力が、戦後、経済活動中心という潮流の中でないがしろにされてしまいました。

　日本の政治家は、大臣に任命される際に「人物評価をして大臣に相応しいかを追求される」ことはありません。問題が発覚した場合には辞任するのが日本政治の常です。しかし、韓国では任命する前に「公聴会」を開き、人物評価をトコトンやることになっています（これを文前政権は取りやめてしまいましたが…）。「日本で同じことをやったら大臣になれる人などいない」とコメントした日本の評論家がいましたが、韓国は「大臣としての資格＝道徳性」にこだわるのです。道徳がどれほどあるかは別として、立場（環境）と人間性（理想）に注目する日韓社会には認識の違いがあります。理想を求める韓国の内在文化は、権力者が政治を行うのに相応しい実力と倫理性を持っていてほしいと強く望みます。この望みが裏切られた時、そのリーダーは非難されることになります。韓国の歴代の大統領が任期終了後に逮捕される理由の 1 つは、国民の政治的リーダーに対する強い関心と期待に起因しています。

■ 集団活動に向いている国民性

　韓国は実力よりも年齢や血統などの「帰属的な条件」をより上に置く価値

観が根強いのです。よって、年下のリーダーに年長者が素直に従いにくいというジレンマがまだまだ存在します。このような価値観は、組織を形成して実績を出さなければならない経済活動にはマイナスになります。

　日本社会では、個人的な思いは様々でも、一旦「リーダー＆非リーダー」という環境が出来ると組織を形成・維持しやすくなります。「集団性」を日本社会の特徴とする評価は、自分が置かれた状況を重視するという価値観に起因します。

　この価値観の下、日本の経済活動は成長して来ました。責任を持とうとする業務態度は、一定以上の業績を産みます。相手の環境を配慮する考え方は、消費者を考慮した製品作りを促進し、「作ればよい、売れればよい」といった供給だけに重点を置いた経済活動ではなく、消費者の便宜を図りつつ信用し得る製品作りがなされます。言うなれば「三方よし（売り手・買い手・世間全てに利益になる商売を心すべき）」の企業理念が浸透しやすいのです。

　一方、韓国社会では長い間、ホワイトカラーのみが評価されて来ました。さらに、不安定な政情、人口が少ないが故の限界ある内需などが理由で、企業に「売り手よし」の概念のみが強調された時代がありました。

　1990年初め、私は当時の韓国で経済界をリードしていた某企業で、社員教育としての日本語教育を数か月に亘って担当したことがあります。社内テストが終わった日、息抜きを兼ねて日本語によるディスカッションをしました。集まった社員と様々なことを話すうち、1人の中堅幹部が「日本と韓国の企業で、違う点は何ですか」と質問して来ました。私は、「韓国では、顧客サービスが不足しているのではないかなあ」と答えました。すると、彼はこう言ったのです。「なんで私たちが顧客サービスまでしなければならないのでしょうか？」つまり、当時の韓国企業では、製品を供給して利益を上げることが主な目的であり、消費者は製品を提供される存在だという運営観が支配的だったのです。もちろん、財閥が絶大なパワーを持ち、ライバル社も限られていた当時の韓国社会において、消費者は国産でもブランド製品を購入することで満足したという経済事情も影響しています。その後、この企業は会長の資金不正問題で大きな社会問題を起こし、グループが解体されてしまうという惨状に見舞われました。韓国社会で「顧客サービス」の重要性が本

格的に通念化したのは 2000 年代になってのことです。

2. 結果が大事・過程が大事

■ 大事故の原因とは？

　私が韓国に住んでいた 90 年代には、手抜き工事が原因でデパートが崩壊
したり（三豊デパート倒壊事故）、橋が落ちたりするという事故（聖水大橋事
故）が相次いで起こりました。2014 年 4 月には、客船の内部を無理して改
造した韓国の客船が韓国西南部の沖合で沈没し、修学旅行中であった高校生
116 人を含む 299 人が犠牲になった「セウォル号沈没事故」が起きました（資
料 3-4）。これらは工期の短縮化、工費の節約、経費削減のために船長を含む
乗務員の半数を非正規社員にしたなど、目先の利益にこだわりすぎた結果主
義が生んだ悲劇です。

　韓国社会に顕著な理想志向的な内在文化は、概して過程より結果を重要
視しがちです。自分やウリ共同体の目的・望みを叶えたい思いが強いあまり
「理想・望みの成就＝結果を出すこと」を優先してしまうからです。

　複雑な半島の政情を反映して、韓国には軍部出身の政治家が長期政権を展
開した時代がありました。軍人は命令を実践することが使命であり、「指令
→実行」という流れが重要視されます。このような社会相も加味されて結果
主義が一般化したと思われます。

　一方、状況志向的な文化が顕著である日本社会では、一般的に自己が置か
れた環境と歩調を取りながら事を進めようとします。処理に時間がかかりが
ちですが、ミスを最大限に抑えて結
果を確実に出せる効果があります。

　この風土から日本には「匠の文化」
が生まれました。前述しましたが、江
戸時代の士農工商という制度はイン
ドのカースト制度のような上下関係・
奴隷制度ではなく、「社会的な役割」
を区別する制度でした。自分の役割

資料 3-4　セウォル号の惨事
出典：네이버 블로그

を誠実に果たしていればどんな階級でも生の充実感を味わえたのです。この価値観の下、職人たちは家業に自負心と責任をもって打ち込めました。その過程で、それぞれの立場でそれぞれの使命を果たすという価値観が定着しました。

■ ルールは変えるもの？

　結果にこだわる韓国、過程にこだわる日本を端的に表すものがスポーツ競技です。日韓両国では、勝ち方に対する価値観に違いがあります。韓国は「勝敗」にこだわり、日本は「勝ち方」にこだわる傾向が強いのです。

　欧米ではルールを「行動に関する規定で、考え方の違う人・組織間での決め事」としてとらえ、「状況に合わせてルールは変えられる」と考えるのが一般的です。これに対して、日本はプリンシプル（考え方の同じ人・組織の決め事）にこだわり、「原則に沿って戦うこと」を大切に考える傾向があります。つまり、欧米では自分に有利にするためにルールは変えられると考えますが、日本では一度決まったルールに従って競技する「勝ち方」にこだわるのです。

　日本社会には、このような勝負の「美学」があるので、ルールを変更してまで勝つことを美徳とはしないし、逆に「ずるい」と思うのです。韓国ももちろん日本と通じる点はあります。しかし、勝ち方より勝つことに重点を置く傾向が強い点で欧米に近いと言えます。その競技が国の威信をかけた戦いならば勝負にこだわる気持ちはさらに強くなります。

　ただ、日韓両国内でも結果と過程にこだわる程度には、個人の差・組織の差があります。韓国のスポーツ界にもルールに従って勝負することを良しとする価値観はありますし、某大学のアメフトの試合で見られたように、日本にも勝敗にこだわり、故意に相手チームをつぶしに行くケースもあります。

　逆に、結果を優先させる価値観の下では、結果を出すため早い処理能力が求められ、処理が早く済む効率的なシステムが構築されるという長所もあります。

■ 責任と実績が伴う「ウリ共同体」

　韓国社会で仕事をする場合、詳細な説明がなかったり適当に処理されたりする場面に遭遇します。その理由は様々でしょうが、大きく3つが考えられます。

　1つは、担当者が仕事を「ウリ任務」と思っていないこと、2つ目は担当者と自分との関係がウリの関係ではないこと、3つ目は細かく決めなくてもいくらでも補完が可能である（＝いろいろあっても最後はいい結果が出せるはず）と自負していることです。理想志向的な内在文化を持つ韓国社会では「〜べき」より「〜たい・たくない」動機が言動に出がちです。立場・責任を重視する日本社会では「〜べき・べきではない」という考え方に比重が置かれます。

　家族をベースとするウリ共同体では責任が伴います。責任には実績（期待に応える、尊重し合う、衣食住が可能な経済的な基盤を準備するなど）が伴いますが、責任と実績があるからこそ自信を持って暮らせるのです。しかも、責任と実績は主に「ウリ共同体」において求められます。

　韓国社会には「長幼の序」という儒教的な考えがまだまだ健在で、「年齢」を優先する価値観があります。差別と捉えられるかも知れませんが、これは責任と実績を伴う、心身ともにウリ共同体を維持させる縦のシステムなのです。そのため、目上の者が「ウリ共同体」のメンバーに対して、どれほど愛情と責任を持つかが重要になります。

　また、受け取る側の姿勢も問われます。与える側・受け取る側がどのように接するのか。問題は格差にあるのではなく、お互いが自分と相手が置かれている位置で責任を果たし、関係を円満に維持しようとする気持ちの共有が問われるのです。

　最近、韓国社会では家庭や社会から疎外される老人の姿が目につきます。その原因は、老人の貧困に伴う「経済力の低下」と「IT化」です。以前は、抱負な人生経験で若者世代を指導していた老人層でしたが、55〜60歳で定年した後、再就職が困難な韓国社会においては老人の経済力は著しく低下します。家族を養う経済力がなくなり、孫に小遣いもやれない立場を嘆く年配層が急増しています。さらに、韓国社会は完璧なIT社会になっていますが、老

人の多くは IT を駆使することができません。家庭では情的な関係は維持されたとしても、責任と実績を十分に担えないことに起因した不自由さを感じる老人が韓国で急増しています。

3. 組織間の壁が厚い日本社会

■ 根強いセクショナリズム

　各自が置かれた環境を重要視する日本社会では、往々にして組織主義になりがちです。組織内の団結と組織の負った責任遂行を大事にする点は世界最高レベルですが、組織内または他の組織との立場、個人そして組織の責任を重要視するあまり、仕事の処理スピードが遅くなりがちです。同時に、組織間の「壁」が厚く、組織間でのコミュニケーションがスムーズに行かないなど、統一性に欠けた「セクショナリズム」に陥りやすいのです。

　東京オリンピックの開催に際する記者会見の質問に対する応答では「担当部署で検討中である」という無責任なその場しのぎの応答が繰り返されました。

　日本社会の長所は、前面に立って責任を遂行しようとするリーダーが存在する点です。その代表は「織田信長」。『信長公記』を見ると、織田軍の運命を決した「桶狭間の戦い」（1560 年）の折には、信長が先頭を切って出陣し、城下町を駆け抜け、家臣たちが次々に合流していくというスタイルが取られました。また、織田軍の規律は非常に厳しく、進軍した地域での略奪行為を厳しく禁止したため、織田軍が駐留した京都では治安がすこぶる良くなったといいます。織田信長ほどリーダーとしての自己の思想を組織の隅々にまで行き渡わせた日本の武将もいない

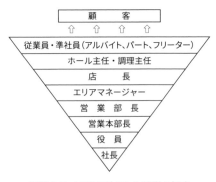

資料 3-5　顧客を軸にした経営の概念
出典：中井政嗣、『やれるやんか！』

でしょう。

2つ目の長所は、顧客を中心にした組織化を徹底する点です。「お好み焼き・千房」のオーナーであり、社会教育家でもある中井政嗣氏は、企業家・経営者の理念を〈資料3-5〉のように組織化し、「社長が先頭に立って働く」「職員と顧客を家族のように育てる」経営理念を貫いています。

無言実行であれ、有言実行であれ、リーダーが先頭に立ち、顧客を大事にする態度は、日本企業の持つ最大の長所です。日本社会のように組織間の壁が厚い社会では、行動力とビジョンを持って組織の構成員と情報と気持ちを共有しつつ組織を動かす包括的なリーダーシップが必要です。

■ カラオケボックスで読書にふける韓国のシンガー

ほとんどの韓国人は、自分の理想・望みをある程度はっきり持っています。各々の理想が一致する場合は問題ありません。しかし、もともと望む内容と満足する度合いは人によって違うのでマッチさせるのは大変です。そのため、何かを共同で行う時には、各々の意見のオンパレードになってしまいがちです。韓国社会には言いたい事を言いやすい雰囲気はあるのですが、リーダーにメンバーが認める実力や実績、またはバックボーンなど、カリスマ性が不足していると組織がまとまらなくなります。また、うまく組織化できたとしても、途中で「自分の考え・望んでいるモノとは違う」と主張し、組織が分裂してしまいます。

良く言うと、自分を隠さないのです。韓国のカラオケボックスに行くと、それがよく分かります。カラオケは日本から韓国に伝わりましたが、今やカラオケに対する情熱は本家・日本を上回ります。日本と韓国のカラオケボックスの大きな違いは、「韓国人はカラオケボックスで読書にふける」ことです。「えっ？ カラオケに行ってまで勉強するの？」と思うかもしれませんが、「他の人が歌っている時に、自分が次に歌う曲を必死になって選ぶ」姿をたとえたものです。もちろんこれは日本も似ていますが、日本のカラオケでは他の人が歌っている歌を聴こうとする態度が見受けられますが、韓国では誰かが歌っている最中でも自分が歌いたい歌を皆が懸命に探します。

また、韓国の人はリーダーに立ちたがる傾向があり、リーダーとしての理

想を宣布し、それにハマって自己陶酔に陥りやすい人が多いのです。これは思い立ったら躊躇せずに実行する、という言動となります。カラオケで踊る雰囲気になれば、老若男女問わず皆が立ち上がり踊り出します。以前は観光バスの通路でも踊っていました（現在は禁止されています）。

　リーダーが国のトップの場合は、国民の安寧を自分の理想とする方向に政策を立てて推進することになります。取り巻きが現実を踏まえて忠告している時には正常な政局が運営されますが、取り入る「Yesマン」が増えた場合、組織は傾きます。朝鮮王朝の弱体化の原因の1つも国王を補佐する幹部たちにYesマンが大勢いたことにあります。

3.3. ストレス

1. 日韓社会のストレスとは？

■「察し」が大事な日本社会

　状況志向的な社会では、周囲に気を使わなければなりません。ひどくなると自分の言動を抑えたり相手の要求に盲目的に従ったりすることが善であると思い込んでしまいます。環境に従おうとする防衛意識が強すぎると、受身の処世術を取るようになり、主従関係に似た人間関係が形成されやすくなります。さらに環境への依存度が高くなると、内面的な心情よりも「形式」に価値を置く考え方が定着します。学校教育がこの方向に傾けば、規律は守るが温かい人格に支えられた道徳心や隣人愛は育たないでしょう。

　状況を観察するためには「察し」が必要です。しかし、まるで霊能者のように身近な人たちの考えや気持ちを察していると、ストレスが溜まり、精神的に疲れて来ます。日本に住むある外国人は「海外では思っていることを比較的、自由に言える雰囲気があるので日本でのようなストレスは感じない」としみじみと話していました。

　日本の学校教育には、状況志向的な考え方が端的に反映されています。それは「周りと歩調を合わせること」「言われたことをその通りに行うこと」です。韓国でよく言われたのが「日本人はルールによく従う。言われたことを

キッチリとやる」ということでした。しかし、ここには批判の意味合いも含まれています。つまり、「指示されないと動かない（動けない）」「言われたことしかやらない」のです。周囲と融合するという環境作りが重要なのであって、その枠から飛び出ると不安を覚え、自分の意見を言えなくなりがちです。そして、大人になるにつれて「個性・創造性」からドンドン遠ざかります。

　現代社会のストレスは、身体に影響を与える場合があります。「肩・首・腰」の痛みの大部分は身体的な構造が原因ではなく、ストレス・不安・恐怖心が原因だという主張（EBM：Evidence-Based Medicine）がカナダ・アメリカでされています。アメリカとイギリスの医学会で発表され、腰痛治療の世界的な指針とされている『腰痛診療ガイドライン』には、ストレスが痛みとして出やすい部位が「肩・首・腰」で、体が「痛み」を引き起こすことで精神的な不安感・悲しみ・辛さを緩和しようとすると定義されています。

■ ナンバーワンだけが認められる

　理想志向的な内在文化は、理想・望みを追求する上昇志向の社会を作ります。ダイナミックな雰囲気が醸し出されますが、理想・望みがはっきりしていればいるほど現実とのギャップを感じるようになります。

　上昇志向的な態度は、ナンバーワン志向です。スポーツで言うとチャンピオンであり、金メダルこそ価値があるのです。

　世界的なフィギュアスケート選手・キム・ヨナ選手はバンクーバー冬季オリンピックでライバルの浅田真央選手と競い、金メダルを獲得しました。母国の期待を一身に背負って熱演しましたが、キム・ヨナ選手が受けていたプレッシャーは想像を絶するものであったはずです。韓国代表であること、ライバルが日本の選手であることに加え、必ず金メダルを取らねばならない（取りたい）というプレシャーを背負っていたことは間違いありません。

　日本社会の場合、歌謡曲『世界で一つだけの花』の歌詞にもあるように「その花を咲かせることだけに一生懸命になればいい」「ナンバーワンにならなくていい」のです。もちろん、スポーツ競技である以上、ナンバーワンになるべきなのですが、一生懸命やったことは認めるという価値観が日本社会にはあります。「一生（一所）懸命やる＝自分に与えられた環境で責任を果たし

た」と評価するからです。「日本一」とは「抜きん出ている」ことを称える言葉であり、必ずしも日本でナンバーワンであるとは限りません。

■ 失望の衝撃が大きい

　よく「なぜ韓国では芸能人がしばしば自殺をするのか？」と質問されることがあります。バイタリティーに溢れた活動をし、ファンにアピールしていた芸能人が、突然、自殺したというニュースが時々、聞かれます。

　理想志向する社会では、成功した時の効果はとてつもなく大きいのです。しかし、ある分野のナンバーワンになることは並大抵のことではありません。また、成功する人の数も限られています。成功した後はさらに大変です。ナンバーワンの位置を維持しなければなりません。

　もし、「自分の理想・望みは叶えられない」と悟り、自分の理想を切り替えられなくなった時、韓国社会で感じる絶望感はとてつもなく大きいのです。韓国はOECD加盟国35か国の中で、10万人当たりの自殺率が25.8人で最も高い国です。日本は16.6％です（2018年）。理想志向的な社会ではバイタリティーに溢れ、理想を求めるエネルギッシュである反面、理想が叶わなくなった時の挫折感は大きいのです。もちろん、理想を追求しようとする度合いは人によって違いますし、「こっちがだめならあっちがあるさ」とスイッチを切り変えられればいいのですが、別の環境に移動しにくいと感じた時のストレスは非常に大きくなります。柳の木はしなるので強い雨風には耐えられますが、硬い大木は折れてしまうのです。

■「火病」とは？
（ファビョン）

　アメリカの医学誌には「韓国人がかかりやすいストレス性の疾患」として火病が記載されています。「韓国人だけに見られる特異な現象で、不安・鬱症（ファビョン）
などが複合的に表れる疾患」で「Hwapyung」と命名されています。

　火病は「悔しい気持ちを晴らせず、肝機能に支障を来して、頭と横腹が痛み、胸が鬱屈してよく寝られない」と定義されています。主に女性に多いのも特徴です。

症状は次のとおりです。

　・圧迫感がある　・顔が紅潮する　・動悸がひどい　・喉や胸に異物感がある

　・消化不良　　　・不安感がある　・神経質になる　・不眠

　火病は、高血圧に次いで脳卒中の原因になっています。火病にかかるきっかけは、1位　経済問題（失業、倒産など）　2位　家族同士の葛藤　3位　家族の病気です。家族に関する事柄が火病の主な原因であるのは、家族関係が緊密な韓国ならではの特徴です。言い換えれば、火病とは自己の理想（望み）とする状態と現実とのギャップを嘆き、それを埋めようと必死になる内在文化が裏目に出た現象です。

　韓国の男性に特有のストレスと言えば軍隊への服役です。韓国籍を持つ健康な男性は、満19〜28歳の間に約2年間、軍隊に入らなければなりません。義務なので「行きたくなかったら行かない」というわけにはいきません。私が勤務した韓国の短大では、ほとんどの男子学生が1年生修了後に入隊しました。中には「こんなにいい加減な奴が軍隊でやっていけるのかな？」と心配になった学生もいたのですが、入隊し、休暇時に挨拶に来た彼らは、見違えるように「大人」になっていました。私は決まって彼らに食事をご馳走しましたが、本当に美味しそうに食事を頬張っていました。

　部隊によって軍隊生活がかなり異なるようです。不運にも上官からいじめられた学生もいました。彼はいじめに抗議する意味で建物から飛び降りて大怪我をしました。彼は、その事件がきっかけで別の部隊に配属になり、無事兵役を終えました。様々な出来事を経験するためか、除隊した韓国の男子学生は見違えるほど大人になります。

　軍隊生活に関する韓国男性の思いは、次の歌によく表れています。

♪『二等兵の手紙』

1　家を出て列車に乗り訓練所に向かう日　両親に最後の別れを告げて
　玄関を出るとき
　　心の底に残る名残惜しさ　道端の草や友達の顔　全てのものが真新しい
　　これから新しいスタートだ　若き日の生き様
　　……

3 短く刈った頭 初めはおかしかったが 鏡に映った姿が永遠に続きや
しないかと不安になる
裏山に登れば わが町が見えるだろうか ラッパの音が静かに夜空に響き
二等兵の手紙一通 心をこめて書いてみます
これから新しいスタートだ 若き日の夢よ

2. ストレスはごく当たり前

■ ストレス感じてテーマパーク、また楽しからずや

　アメリカのある大学で「世界の先進国の中で、ストレスを最も受ける国は
どこか？」という研究を行ったことがあります。その結果、最もストレスを
受ける国は「韓国」でした。「えっ、日本じゃないの？」と思う人もいるかも
しれません。かつての日本社会には「人生を仕事にささげる」というイメー
ジあり、日本人は「エコノミック・アニマル」とさえ呼ばれていました。

　しかし、日本社会には、一端、仕事から離れると「人に迷惑をかけない」
範囲で自分の欲することが存分にやれる雰囲気があります。つまり、「仕事
をする環境」と「そうでない環境」をスイッチしやすい社会なのです。

　一方、韓国では遊ぶ時にもストレスを受ける人が多いのです。韓国の遊び
場は「与えられた時空間を最大限に活用して遊ぶ」人たちで溢れています。
たとえ、それがストレスになったとしてもそれを当たり前だと考えます。言
いかえれば、遊びにも自分なりの理想を追求するのです（もちろん、日本社
会にもこのような人はいますが）。

　ある母親と子どもがテーマパークで遊んでいました。日ごろ、学校に塾に
と遊ぶ時間もなく過ごして来た子どもたちは飛び回って遊んでいましたが、
疲れたのか、それとも遊び飽きたのか椅子に座って休んでいました。その様
子を見た母親は「もっといっぱい遊びなさい。フリーチケットがまだ余って
いるじゃない」と叫んだのです。せっかく遊びに来たのだから、遊びは子ど
もに任せて、親もゆっくりすればいいものを。何も叱ることはないだろうと
思いがちですが、この母親は「限られた時間で与えられた機会を最大限に活
用させたい」という自分の望みを叶えたかったのです。

　また、観光スタイルにおいても韓国はちょっと変わっています。観光に来た次の日から、朝 4 時に起きて通りを徘徊し、夜の 10 時、11 時まで観光しまくる国民は韓国人だけだと言われています。与えられた時間を 100％、否 120％満喫してはじめて満足するのです。

　私もこれで失敗したことがあります。私の勤務している大学では韓国への研修旅行を行っており、学生を引率してソウルや釜山に旅行しました。ガイド役で学生に付き添った私は、「みんなが喜ぶだろう。まだ若いんだから…」と思い込み、「朝 7 時起き→ホテル 8 時出発→夜 9 時にホテル到着」というスケジュールを何の疑いもなく実行しました。次の日、「みんな起きて。行くよ」と声をかけて街を歩き回りました。ところが、次の朝からみんな起きて来ません。部屋をノックして起こしに行くと、眠たそうな顔をして「先生、せっかく研修旅行に来たんだから、ゆっくりしたいんです…」と言うではないですか。そこで、私は自分の身体に染み込んだ韓国スタイルに気づきました。ストレスを感じながら遊ぼうとする社会は世界広しと言えどもそう多くはないでしょう。

■ なぜ「ッパリッパリ　早く早く! 急いで!」を連発するのか?

　自分なりの理想をはっきり持つことは、「不安」を伴います。さらに、「結果を出さねば」という焦りも伴います。「理想＋不安・焦り」という方程式の典型が、韓国人が頻繁に使う「ッパリッパリ（急いで、早くして、しっかりやって）」という口癖となって発せられるのです。

　韓国の人たちは、何をするにしても「ッパリッパリ」を連発します。「韓国人＝短気」というイメージが定着しているようですが、韓国人の性急な言動は「理想を実現して満足できる結果を出そうとする欲望、それに伴う不安・焦りの表出」、つまり良かれ悪しかれ理想実現に伴うストレスの現われなのです。

　それでは、ストレスと不安・焦りが混合した感情を現わすときにとる日本人の典型的な言動とは何でしょうか。それは「環境を変える」ことです。個人差はあるでしょうが、日本では「黙り込む（無言・無視）」「遠まわしに言う」「急に暴力を振るう」「笑う（同情を得る）」「場を離れる」という言動がそ

の場の雰囲気を変えるストレス回避の方法としてよく使われます。最悪の場合は、相手との関係を切ってしまいます。「関係を完璧に切る＝環境を完璧にスイッチ」するのです。

　就職活動で面接を受けた会社から「連絡が来ない」という話を学生から聞きます。「不採用→連絡しない→関係を断つ」という方法は、言葉を通じて意思の疎通を試みる海外の人たちが判断しかねる文化です。

■ 整形手術

　儒教では「親からもらった身体を傷つけない」ことが親孝行とされ、整形手術は親不孝とされてきました。しかし、この考えは大きく変化しました。現在、韓国社会では女性の社会的な成功の条件は「能力→努力→容姿」の順だと言われています。

　韓国社会で整形が普及した背景には、女性像が大きく変化したことがあげられます。女性の美に対する基準が1位「性格」、2位「容姿」（1980年代）から1位「容姿」、2位「性格」へと変化したのです。2つ目は「美しさ」に敏感であること（例：化粧品の消費量は世界トップレベル）、3つ目は 女性の社会進出が進み、美貌を自己アピールの一環として捉える価値観が普及したこと、4つ目は整形外科技術の発達に伴う手術費用の低下が理由です。

　韓国の男性に「自分の結婚相手・恋愛相手が整形していたと判明したら、どう思うか？」と尋ねたところ、約70%が「かまわない」と答えました。

　最近では、「自信を持ちたい」（自信がつく→表情が明るくなる→対人関係がうまくいく）、「就職に有利になる」という動機で整形手術をする人が増えています。

　韓国社会には「競争が激しい→差別化が必要」というストレスがあり、競争社会で生き残るために自己アピールできる条件の1つとして容姿に投資する人たちが少なくないのです。

■ 進学することに価値がある社会

　朝鮮王朝（14〜20世紀）の支配階級であった「両班」は「文官」と「武官」で構成されていましたが、文官は武官より高く評価されました。朝鮮時代の

　韓国社会では、学問を修め、仁徳を備えた両班は「ソンビ」と呼ばれ、尊敬の対象とされました。現在の韓国社会でもソンビ志向が強く、社会で成功する最上の方法を「学問」とする価値観が定着しています。この価値観が韓国社会の高い「教育熱」と「受験過熱」を引き起こす1つの要因となっています。

　韓半島で行われた「科挙」試験は官僚になる登用試験でした。国王が自ら出題・採点をし、成績優秀者は中央官僚として任命を受けました。それゆえ、科挙に合格することは家門の栄光であり、貴族階級である両班は一家を挙げて息子が科挙に合格するように英才教育を施しました。この風習は現在に受け継がれていて、韓国社会では「受験地獄」が定着しています。

　韓国人の中には、「大学修学能力試験（略して修能試験）」（毎年11月の第3木曜日）を人生の岐路と思っている人がたくさんいます。国立・私立大学に分かれて大学を選べる日本の入試制度とは違い、修能試験の成績によって志願できる大学が決まるので、受験生も親も必死です。

　受験シーズンには寺院や教会で祈祷する親が続出。親戚や知人から「がんばって」と期待され、受験生も親も大変なプレッシャーを受けます。試験当日には国全体が受験一色になります。なんと凍てつくような寒さの中、高校の後輩たちが前の晩から試験会場前に待機し、先輩を応援します。遅刻した受験生は、パトカーや白バイが試験場まで乗せて行ってくれます。無料で乗せてくれるタクシーも少なくありません。また、ほとんどの会社では出勤時間を遅らせ、外国語のヒアリングの時間には韓国の空から飛行機の姿が消えます。

　次は、ある新聞に載った韓国の小学生の手記です。日本社会にも同じような小学生がいるでしょうが、韓国社会ではそう珍しいことではありません。

「毎日、学校が終わると塾だ。夕べ、家に帰ったのは午後10時だった。大好きなドラマを見たいし、ゲームセンターで遊びたいなあ。クラスメートに電話しても塾に通っていて、家にいないのでつまらない。このままだと、勉強以外は何もしないで大人になってしまうかもしれない」

■ チマパラム（スカートの風）

　スカートを意味するチマは「女性」を象徴し、パラムはもともと「風」なのですが「大きな影響力」を象徴します。つまり、「チマパラム」とは「女性が学校や地域社会で羽振りを利かせる」ことを指します。

　韓国の教育ママの重要な仕事も日本と同様、「情報収集」と「教育費の工面」です。しかし、韓国の教育ママの熱意は超熱いのです。目的を成し遂げるためにはありとあらゆる手段と人脈を動員します。その様子は、アジア映画で初めてアカデミー賞4冠王に輝いた映画『パラサイト～半地下の家族～』（ポン・ジュノ監督、2019年）に描かれています。

　この映画には豪邸に住むセレブ家族と半地下の家に住む貧しい家庭が描かれています。CEOの妻は子どもの家庭教師を紹介してもらいます。個人指導なので授業料は高額なのですが、母親は金に糸目をつけません。以前、私は韓国の超一流大学であるソウル大学に子どもを入学させて家や車をもらったという家庭教師の話を聞いたことがあります。

　映画のようなセレブの家庭教師になることは「一攫千金」のチャンスです。しかもセレブ界で人脈を広げられるのです。韓国の母親たちのコミュニティーでは、優秀な家庭教師やいい大学に進学させてくれる塾に関する情報が行き交います。

　大学進学率が高い有名校や学習塾が集まっている場所に引っ越しすることが教育熱心な韓国の親たちの望みなのです。新学期が始まる3月または9月が近づくと、憧れの地を目指して引っ越し合戦が繰り広げられます。

　その最たるものが「海外移民」です。お父さんだけを韓国に残して母親が子どもと連れて外国に留学するスタイルもあります。独り残ったお父さんは、妻と子どもたちの教育費と生活費をせっせと稼いでは仕送りするのです。このような父親たちは「雁お父さん（ギロギアッパ）」と同情を込めて呼ばれています。雁お父さんが耐え忍ぶ期間は様々ですが、10年を越える場合もあります。妻と子どもに会える機会は1年にあるかないか。ひとり暮らしの寂しさはオンラインを通じた会話が慰めてくれます。寂しさに耐えられなくなった雁お父さんの中には離婚したり自殺したりする人もいます。「子どもによりレベルの高い教育を受けさせ、社会でいいポストにつけたい」とい

う理想の実現のために、韓国の親たちは人生をかけるのです。

3. 韓国社会は一枚岩ではない

■ 地域感情

　韓半島にも地域感情があります。その代表が慶尚道と全羅道です。以前は車のナンバープレートには日本のように地域名が明記されていましたが、現在は省略されています。その原因の1つは地域感情にあります。私は、韓国の大学の教え子たちと慶尚道に遊びに行ったことがあります。私たちが訪れた観光地の駐車場に全羅道ナンバーの車が入ってきた時、学生の1人が「おっ、全羅道の車だ！」と叫びました。気のせいかもしれませんが、車の運転手の表情も強張っていました。

　現在ではかなり無くなったとは言え、長い間、韓国では全羅道を差別する雰囲気がありました。ある時、全羅道に向かう高速バスターミナルを利用した私は、ビックリしました。慶尚道方面のターミナルに比べ、規模がはるかに小さい上、乗車した高速バスもオールドスタイルだったからです。

　この原因については諸説がありますが、10世紀の後三国時代に原因があると言われています。当時、韓半島は「後百済、後高句麗、新羅」の3国が勢力を争っていました。最後に後高句麗の王建が韓半島を統一し、初めての統一国家である高麗を建国しました。

　統一の過程で、後百済の王・甄萱が息子の神剣に幽閉される事件が起こりました。その後、父親の甄萱が息子の神剣を倒すという血肉の争いを目撃した王建は、次のような遺言を残しました。

　「車峴以南と公州江の外は、山形と地勢が共に背逆に寄り、人心もまた然り。その下の州や郡の人が朝廷に参与して王侯や国戚と婚姻して国政を執れば、或いは国家に変乱を起こし、或いは統合された怨みを服んで反逆し、また早くから官寺の奴婢や津駅の雑尺（賤人。賤職に従事する者）に属していた者が、或いは権勢家にくっついて役を免じ、或いは王侯・官院について姦巧な言語をもって権勢を弄し、政事を混乱

させ、災変を起こすので、たとえ良民といえども、それに相忘する位に登
用してはならない」

（『訓要十條』第 8 条）

　さらに、1960 年代から約 30 年間、韓国の大統領は慶尚道〈ギョンサンドウ〉出身者でした。当
時、全羅道出身者は政府の要職から排除されました。また、1980 年の全斗漢〈ジョンドファン〉
政権下で引き起こされた「光州事件〈グァンジュ〉」（全羅道光州市で北朝鮮のスパイが市民
を先導して反政府運動デモをしているという判断を政府が下し、その鎮圧の
ために軍隊が出動し、たくさんの犠牲者が出た）が契機となって被害を受け
た全羅道の人々の、慶尚道出身者で固められた政府に対する反感は高潮しま
した。韓国社会に深く根を下ろしていた地域感情は全羅道出身の金大中〈キムデージュン〉、盧〈ノ〉
武鉉〈ムヒョン〉前大統領時代に改善されはじめました。

　地域感情が極端化するのは結婚と選挙です。少し前までは慶尚道と全羅道
出身の男女が結婚する場合、両親や親せきから大反対を受けました。また、
大統領や国会議員選挙で同郷出身者の投票率は今でも 70 〜 90％に及びます。
現に、2022 年 3 月の大統領選挙では野党の候補者の投票率は全羅道で 80％、
与党の候補者の投票率は慶尚道で 70％でした。

　韓国には「左派 − 右派 − 中道」という政治感覚、地域感情、個人、家族な
どの複雑な共同体が混合しています。日韓関係を論ずる場合、韓国社会が持
つこのような社会相を念頭におくべきです。

3.4. 家　族

1. 火事場の家系図

■「私は 〜家の 〜代目です」

　韓国の各家庭には家系図である「族譜〈ジョクポ〉」があります。儒教社会の韓国では
血統を重要視したため、中世の朝鮮王朝下で初代から現代までの家族名や個
人情報を記録した「族譜」が広く編集されました。族譜が初めて作られたの
は 1403 年の水原白〈スウォンベク〉氏です。

　一方、日本の最大の家系図は天皇家のものです。一般民衆は、武士や貴族階級や一部の家にしか家系図は残されていません。日本社会で家系図がほとんど作られていない理由は、「家系よりもどこに居住しているのかが重要視された」「江戸時代の中期に家系図の作成が規制された」からです。

　2015年の統計によると、韓国の苗字は533あります。日本は約30万なので韓国は比較にならないほど苗字が少ないのです。韓国の姓ベスト3は「金、李、朴」で韓国の人口に占める割合はそれぞれ21.5％、14.7％、8.4％。これら3つの姓で全人口の約45％を占めます。街で「金さん、李さん、朴さん」と叫ぶと2人に1人が振り向くのです。

　同じ姓の人も「本貫」という初代の出身地を元にした家門に分かれています。例えば、「金」氏には「金海金氏」、「慶州金氏」など約360の本貫があります。さらに、本貫は複数の派に分かれています。ちなみに私の家内は「柳」氏ですが、本貫は「文化」、派は「忠景公派」です。家内はその第31代目に当たるので、家内が正式に自己紹介する場合、「私は文化柳氏・忠景公派の31代目の～です」となります。大部分の韓国の人たちも同様の自己紹介ができるはずです。

　韓国の学生に「先祖は誰？　先祖の中で有名な人は誰？　あたなは何代目？」と聞いてみるとほとんどの学生が答えられました。以前は「家が火事になったら族譜を持ち出せ」と言われたほど、自分の先祖・家系に対する自負心は強いのです。

　「本貫＋派＋姓」セットは血縁関係の証しであり、「ウリ共同体」の核をなす要素です。かつて韓国には「同性同本禁婚制度」（姓と本貫が同じカップルの結婚を禁じる法律）がありました。私が韓国にいた時でも「姓は金で同じ。じゃ、本貫は？」と本貫を確認してから付き合うカップルがほとんどでした。

　一方、現在の北朝鮮には「封建時代の残骸であり、民族の弊害である」という理由で族請文化は無くなっています。北朝鮮の国民のほとんどは、先祖について知らず、話題にすることや一族の集まりもありません。

■ 日本はおかゆ型、韓国はおにぎり型
　日本では幾度か「夫婦別姓」の違憲性が法廷で争われましたが、却下され

続けています。主な理由は「家庭の和合が壊れる可能性がある」というものです。韓国社会は「夫婦別姓」制を取っています。夫が「金」氏、妻が「李」氏の夫婦がいた場合、子ども達は父親の姓（金）を名乗ります。

　昨今、韓国でもこの「夫婦別姓」を巡って問題が起きています。離婚・再婚の増加に伴い、子どもの姓と親の姓が異なる家庭が増えたためです。例えば、「金（父）－李（母）－金（子）」であった家庭で、両親が離婚し、母親が「朴」という姓の男性と再婚したとしましょう。そうすると「朴（父）、李（母）、金（子）」という3つの違った姓が家庭内に存在するようになります。離婚率が増加しているとは言え、まだまだ家族中心主義が根付いている韓国社会で、この異形態の家族スタイルでは世間体が悪いのです。また、子どもも友人同士や就職・入隊や結婚時に理由を尋ねられるなど、辛い思いをします。

　2005年からは子どもが母親の姓を名乗ることが合法化され、2008年からは離婚後に母親が引き取った子どもは母親の姓を名乗れるようになりました。2021年4月には「出生届時に子どもの姓を親が決める」法律の法案化が本格化し、大統領主催の国務会議で「2025年までに審議した後、法律化する」ことが決定されました。その他に「卵子・精子の供与など、補助生殖技術を利用した非婚出産者を保護しよう」という議論もされています。

　姓から見ると韓国はおにぎり型、日本はおかゆ型と言えるでしょう。おかゆは具とご飯を混ぜ合わせ、形が崩れてしまいますが、それぞれの具の持ち味は生きています。一方、結婚しても姓が変わらない韓国の夫婦は、米と具はそれぞれの具材の形を保ったまま1つの形（家庭）を形成するおにぎりスタイルでしょう。

2. 迷走する家族

■ 結婚観・出産率

　2022年の韓国の「合計特殊出生率」は0.78人で日本の1.33人（2020年）を下回っています。これは世界の平均2.4人の3分の1です。さらに、韓国の統計庁によると2030年に韓国の出産率は0.64人になる見込みです。ちなみに2023年の世界の予想平均出産率は2.35人で、日本は1.42人、台湾は

1.34人です。専門家は「出生率1以下は戦争や大災害の最中でない限りありえない」と指摘します。このまま超少子化・超高齢化が進んだ場合、現代版「高麗葬（うば捨て山）」が再現されないと誰が断言できるでしょうか。

　韓国で日本を上回るレベルで少子化が進んでいる背景には、住居費の高騰・就職難・子どもの教育費の大きな負担があります。「受験地獄」の韓国社会では、子どもが一流大学に進学するためには評判のいい塾に通うか家庭教師につく必要があります。だから、よほどの子煩悩か親が高収入でない限り「子沢山」は望めないのです。

　もう1つ出産率が下がる原因は、結婚観の変化にあります。韓国では男性はもちろん、結婚しない独身女性が年々増えています。日本では2000年より未婚女性の数は増加していますが、韓国で増加したのは2005年からです。結婚しない理由としては、「経済的に自立できる」「出会いがない」「結婚したくない」「結婚は必要ない」などです。

　同時に出産に関する考えも変化しました。2020年に韓国の「余暇省」が実施した「家族の多様性に関する国民調査」では、「結婚せずに出産してもいいと思う」と答えた人は、20代で55%、30代で56%と半数を超えています。

　この風潮を反映する「事件」が2020年に起こりました。「非婚（自主的に結婚をしないこと）女性」が人工授精で子どもを産んで話題になったのですが、出産したのは日本出身のタレントの「サユリ」です。彼女は、精子バンクを通じて提供を受けたヨーロッパ男性の精子で子どもを出産しました。韓国では賛否両論が起こりましたが、多数の女性が賛同しました。

■ 交錯する「ウリ」と「ナム」〜家庭の崩壊〜

　2021年1月、韓国社会はある児童虐待のニュースでひっくり返りました。養女にした1歳の女の子を養父母が虐待し、殺害したのです。さらに、犯人夫婦がその女の子を養女にした動機が実に自己中心的だったことが世間の人たちの怒りを買いました。一人娘の実子が寂しくないようにと、女の子を養女にしたというのです。

　日本では2018年に5歳の女児が養父に虐待・殺害された「目黒の虐待死事件」が起こり、大きな社会的な問題となりました。再婚した夫の家庭内暴

力が原因でしたが、子どもにとってこの世で最も「安全な」場所であるべき家庭がなくなりつつあるのは悲しいことです。

　これらの事件に限らず、日本と韓国社会では児童虐待や老人施設での虐待が後を絶ちません。「家族主義」を標榜して来た韓国社会で家庭が崩壊するという事態は、国家の崩壊を意味します。韓国が韓国でなくなる原因は、軍事・政治・経済の問題ではなく家族の解体という、内部からの崩壊が最大の原因となると言っても過言ではありません。

　問題は行政にもあります。両国には各自治体に「児童相談所」が設置されて家族の問題を扱うシステムがありますが、家族関係自体を改善するには限界があります。学校や教育委員会の対策も十分な効果を上げていません。

　せちがらい韓国社会の現状を端的に現したドラマに『마더』（2018年）があります。これは日本のドラマ『Mother』（2010年）をリメイクしたものです。

　私の指導学生の中に原作ドラマと翻案ドラマを比較した論文を書いた学生がいますが、調査の結果、韓国版では原作のストーリーがかなり変更されていました。原作では育児放棄・育児怠慢などの「ネグレクト」シーンが大半を占めていますが、韓国版には「肉体的な暴力」シーンが多かったのです。原作のストーリーを変更した意図の1つとして、韓国社会では感情を直接的な暴力として振るう行為が多いことが影響していると考えられます。児童虐待は日韓社会の崩壊と直結する重大な問題です。

■ 崩れ行く韓国らしさ

　韓国は「孝」の思想を強調する国のはずです。中世の朝鮮王朝は疲弊した国家の再建を「家庭」の再建に求めました。韓国人が自ら誇る「情の厚さ」も家庭と切っても切れない関係にあります。韓国第一の財閥であるサムソンの前会長・故李建熙は、1993年に「**自発的に自己啓発して自分を徹底的に変革しろ。妻・子ども以外は全て変えろ**」と社員に訓示しました。早くから実績中心の経営スタイルを導入し、世界的な企業に成長したサムソンでさえも「家族」に重きを置くのです。

　現在、韓国は世界10位の経済先進国となり、2019年には1人当たりGDPでは日本を抜きました。さらに、日本経済研究センターの予想では個人の豊

かさを示す1人当たり名目国内総生産は、2027年に韓国が日本を上回ると予想されています。

　経済力は幸福の獲得に欠かせない要素です。しかし、経済力だけが幸せを決定する唯一の要素だとは限りません。大阪大学が実施した調査によると、生活に満足度を感じる年収は700万円で、それ以上年収が上がったからといってより満足度が上がるというわけではないのです。特に、家族を核とする「ウリ共同体」に生きる韓国の人たちの幸福度が経済力を基準とするのであるのならば、韓国は間違った方向に進んでいると言えます。

　PEWリサーチセンター（2012年）が先進国17か国の国民に「何に人生の価値を見出すか」を調査しました。ほとんどの国では「家族」が1位でしたが、韓国だけは「経済的な豊かさ」と答えた人が最も多かったのです。2番目以降は「健康、家庭、肯定感、社会／自由」でした。日本は「家族、経済的な豊かさ、職業／健康、趣味」の順でした。

　映画監督であるマーティン・スコセッシは、「最も個性的なものが最も創意的だ」と言いました。しかし、今の韓国社会は最も韓国らしい文化を自ら捨てつつあります。

3.5. 宗教・思想

1. 国教が明確だった国・不明確だった国

■「私は無宗教です」

　「国教」とは国民として信じることが決められている宗教です。世界には数多くの宗教があります。インドやネパールではヒンズー教、アメリカやヨーロッパではキリスト教、イスラエルではユダヤ教、中東地方やインドネシアではイスラム教が多くの国民に信じられています。北朝鮮には共産主義を基とした「主体思想」がありますが、国民生活の規範とされているイデオロギーという点で国教と言えます。

　海外に行くと「宗教は何ですか」と聞かれることが多いのですが、多くの日本人は「私は宗教を持っていません」と答えます。キリスト教圏やイスラ

ム教圏などの人たちにとって「人が宗教を持つことは自然なこと」なので、「無宗教」と答える人や答えをはぐらかす人に対して違和感を覚えます。

日本人が「無宗教」だと言う背景には、日本には国教がなかったこと、神道を基として他の宗教が融合した「重層信仰」が普及していること、この重層信仰が教理ではなく「しきたり」として生活に密着している事情があります。結論的に言うと、日本人は宗教を持っています。それは、神道と仏教・儒教・キリスト教などが融合し、しきたり化した重層信仰です。

宗教は「自然宗教（自然発生し、特定の教祖・教典・教団なし）」と「創唱宗教（教祖・教義・教団あり）」に分類されます。神道は自然宗教に属します。神道は環境に適合できる信仰であり、時代と社会環境の変化に適応できたので、仏教・キリスト教などの創唱宗教とうまく融合することができました。

明治政府は「天皇を軸にした国家」を築くために神道を国教化しようとしました。しかし、キリスト教の普及を迫る海外諸国との摩擦、他宗教の抵抗、さらに神道界内部からの反対で、政府は宗教を「教理」中心の宗教と「習慣」中心の宗教に分けました。そのため、「生活化して習慣・風俗や儀式になった信仰を宗教とは認識しない」という基本方針が打ち出されました。神道が宗教法人化されたのは戦後のことです。

神道を始めとする日本の宗教は、重層信仰であると同時に社会に深く根を下ろした習慣・儀式という２つの性格を持つのです。この両面性が「私は宗教を持たない」と言う日本人の宗教観を形成しています。

■ 土俗信仰

古代日本では自然に宿る神を崇めなければ天罰が下り、異常気象などが起こると信じられていました。先祖は神となって後孫たちが農耕するのに適した自然環境を与えてくれる存在でした。神は祭りの時に現れ、去って行くと考えられたので、社殿を作ることはせず、神を迎える「まつり」の時だけ祭壇を作っていました。やがて、「クニ」が形成されるにつれて、統治者は常時、神をまつる場所を必要とするようになりました。そこに仏教が伝来し、寺院が建立され始めると、仏教の影響を受けて神殿が造成されました。これが神社の原型です。

神社には「鎮守の杜」があります。古代の人たちは、「杜」に神が住んでいると考えました。『万葉集』巻7には「神社」が「もり」と詠まれた歌があります。

木綿かけて　斎ふこの神社超えぬべく　思ほゆるかも　恋の繁きに

鎮守の杜にたたずむと木々に囲まれた穏やかな神々しい雰囲気を感じます。鎮守の杜が醸し出す安堵感の中で私たちは神と出会えるのです。日本社会の人間関係を形成している「ウリ・ソト・ヨソ」の観念が神道のまつりから発生したことは既に述べましたが、これは自然環境が豊かな日本ならではの信仰観です。

■2023年は檀紀4356年
韓国の歴史書『三国遺事』には、古朝鮮（紀元前2333年）を建国した王「壇君」の父親・桓雄が「神壇樹」に降臨した神話が登場します。

「神の子である桓因の息子・桓雄は人間の世界を治めたいと思い、太白山の頂上に立つ神壇樹に降臨する。ある日、桓雄の前に寅と熊が現れ「人間になりたい」と訴えた。桓雄は「100日間、洞窟の中で光を見ず、もぐさ1束とにんにく20個を食べて過ごせたら願いを叶えてやる」と命じた。寅は耐えられず21日目に洞窟から出たが、熊はこの試練を耐え抜き熊女と言う女性になった。桓雄は人の形に姿を変えて熊女と夫婦となり、檀君を生んだ。檀君は白岳山の阿斯建に都を築き、朝鮮を建国し、1,500年間、国を統治した」

朝鮮王朝時代の貴族階級は儒教思想の実践と普及を目指しましたが、一般の国民は儒教の影響を受けながらも仏教や土俗信仰を信仰しました。この土俗信仰は、現代でも韓国社会に受け継がれています。
韓国には「巫堂」と呼ばれる霊媒師がおり、地霊を慰め、人の運命を占います。以前、韓国の村の入り口には日本の地蔵に当たる「チャンスン」と呼

ばれる道祖神が立っていました。

　韓国では人の運命を「八字（パルチャ）」と呼びます。人の生まれた時間（生時（センシ））と生年月日（干支）で運命を占います。以前は相性（宮合（グンハプ））が良くないと親が子どもの結婚を反対することもありました。相性を占ったり雨乞いをしたり悪霊を追い出したりするなど、ムダンが登場するシーンは韓流ドラマにしばしば登場します。

　神話は土俗信仰の源ですが、日韓両国の神話には共通点が少なくありません。『古事記』には天皇家の先祖であり、造化三神の一人である「高御産巣日神（たかみむすひのかみ）」は高い木に宿る神と記されています。伊勢神宮のご神体は「心御柱（しんのみはしら）」です。この「木には万物を想像する神秘的な力がある」という「神木信仰」は中央アジアから東部アジアに広く存在しています。釈迦はアシュカの木の下で生まれ、ギリシャ神話の植物神アドニスはミュルラの木の幹から生まれました。

　また、特定の人物・集団を動物と結びつける「トーテミズム」も共通しています。神道には「神使・眷属（しんし・けんぞく）」と呼ばれる動物がいます。代表は「狛犬（こまいぬ）」。その他、「ウサギ（住吉神社）、蛇（大神神社）、鹿（春日大社）、ネズミ（大豊神社）、カラス（八咫烏、熊野本宮大社）、ハト（宇佐神宮）」など、少なくありません。「熊」を信仰する韓半島の土俗信仰は壇君神話の影響です。

　独特な神話は韓半島の「卵生神話」です。古代国家の建国者「朱蒙（ジュモン）」（高句麗）、「金首露（キムスロ）」（伽耶）、「赫居世（ヒョッコセ）」（新羅）は卵から生まれたとされています。卵ではありませんが、日本の昔話『桃太郎』や『かぐや姫』とどこか似ています。

　北朝鮮には檀君の墓であるとされる「檀君稜」があります。1993年に夫婦の遺骨が発掘されましたが、北朝鮮によると5000年前の遺骨だそうです。この主張には政治的な意図が反映していますが、韓半島における檀君の存在はそれほど大きいのです。

　韓国には「檀紀（ダンギ）」という年号があります。日常生活で使用されることはほとんどありませんが、西暦とともに掲載する新聞もあります。紀元前2333年が檀紀1年なので、2023年は「檀紀4356年」です。「韓国は5000年の歴史を持つ」と主張する根拠はここにあります。

■ 儒教思想が根づいた韓半島

　仏教が韓半島に初めて伝えられたのは4世紀後半の高句麗でした。高句麗は仏教と儒教を統治思想としました。高句麗は僧「恵慈・曇徴」を日本に派遣し、百済・新羅とともに日本の仏教の発展に大きな影響を与えました。百済は漢字「千字文」を伝えました。「尼僧」文化も百済の影響です。

　中世の高麗時代には仏教が国教になり、その後の朝鮮王朝は儒教を国教としました。儒教思想によって家族・氏族・地縁を中心とする人間関係を重視する共同意識が強調されました。

　現代では儒教思想が薄れつつありますが、韓国人の価値観に大きく反映しています。家族（血縁）を大切にする考え、出身校・出身地や姓名などを大切な縁として考える点、勉強と進学に対する熱意、「長幼の序」に基づいた敬語の使用、先祖の命日に祭祀を行う習慣など、儒教思想はまだまだ韓国社会に息づいています。

　日本で儒教が本格的に取り入れられたのは、聖徳太子が活躍した古代および江戸時代です。聖徳太子が制定した「憲法十七条」には「和を以て尊しと為す」（第1条）、「礼法を基本とすべきこと」（第4条）、「勧善懲悪を徹底すべきこと」（第6条）など、儒教思想が反映されています。また、「冠位十二階の制」で定めた「徳・仁・礼・信・義・智」の冠名も儒教思想の反映です。

　江戸時代には主君に忠誠を誓う儒教の「忠」思想が武士階級で強調されました。同じ儒教でも日本では「忠」思想が強調され、韓半島では「孝」思想が強調されたのは興味深いことです。日韓両国を代表する古典作品にはこの違いが表れています。日本の『忠臣蔵』、韓国の『沈清伝』がそれです。

　『忠臣蔵』は1701年に江戸城で起こった事件を劇化したノンフィクションです。播州赤穂の領主であった浅野内匠頭は、江戸城で勅使饗応役を勤めた時、礼法指南役であった吉良上野介に侮辱を受け、上野介を江戸城内で切りつけました。その結果、浅野内匠頭は切腹し、赤穂藩はお取り潰しになりました。そこで、主君の仇を討とうと47人の武士が立ち上がり、紆余曲折を経て吉良の屋敷に討ち入りました。この事件は、太平の世を貪り食っていた当時の社会で覚醒させた「美談」として伝えられ、幾度となくドラマ・映画化されて来ました。

『沈清伝』は、朝鮮時代に書かれたとされる小説です。盲目の父を持つ親孝行の娘・沈清は、父親の目を治すために人柱として海に身を投じました。彼女の孝行心に感銘を受けた竜宮王は彼女の命を助けます。その後、沈清は国王の皇后になりますが、父親を探すために王宮で盲人のための祝宴を開きました。そこで沈清は父親と涙の再会を果たし、感激した父親の目が開くというストーリーです。

■「しきたり」が支える社会

「神仏習合」と「本地垂迹説・神本仏迹説（神道の神と仏教の仏が人々を救うために仏または神の姿になって現われる）」が普及すると、地域ごとに神道と仏教が融合した様々な「祭り」と「しきたり」が生まれました。日本で最も数が多い八幡神社の「ヤハタ神」も神仏習合の神です。もともとは渡来人が信奉した軍神でしたが、747年に聖武天皇が護国を祈願するため大仏の鋳造を祈願した時、ヤハタ神は「大仏の鋳造は成就する」と告げたといいます。聖武天皇はいたく喜び、上京を許しました。その時、渡来人はヤハタ神を担いで上京しました。ヤハタの神は仏教と融合することで慈悲の神・農耕神「八幡大菩薩」となり全国に広まりました。

鎌倉時代・室町時代から侍階級が政治を主導しましたが、侍階級は日本の人口の7％にしか至らず、日本は根本的には農民を軸とする農耕社会でした。「百姓」とは農業従事者だけではなく、一般の人たちも含む言葉です。江戸時代には全人口の85％が「百姓」でした。百姓（国民）のほとんどは神道および仏教を信仰しました。農村を中心とした日本の地方都市では他の地域に移住せず、長い間、生まれた地に定着するケースが一般的でした。身分制度が厳格だった日本社会では「自己が置かれた環境（地域、身分）に順応・適応しながら生を営む＝一所懸命」という人生観が生じました。

仏教では、釈迦の「中道（楽をしすぎず苦しみ過ぎず）」の教えを守り、善行を行えば悟りを得て仏になれると教えます。108の煩悩を持つ人間が住む現生は苦しみの世界ですが、仏となった者は極楽に行き、悪行を働いた者は地獄に落ちると説きます。神道では「良心に背き、規範や秩序を犯すこと」を罪と見なします。

　煩悩があり、罪を犯す人間には「贖罪」と「救い」の基準となるルールが必要です。そのルールに沿って様々なしきたりが生まれました。例えば「門松、しめ縄、ひな祭り、七夕、盆踊り、成人式、厄払い、神輿」などは神道、「盆の墓参り」などは神道と仏教が融合したもの、「仏壇に位牌を祭ること」は儒教と仏教が融合したものです。これらのしきたりは、明治政府が「節分祭・大祓（おおはらえ）・神嘗祭（かんなめさい）（神道）」や「彼岸会・灌仏会（かんぶつえ）・お盆（仏教）」など、守るべき行事や儀礼・作法を定めて今日に至っています。

　しきたりに沿った儀式を繰り返すことで、私たちは安堵感を覚え、救いを受けられると信じます。創唱宗教は「自己否定」を奨励しますが、しきたりを順守する信仰では自己否定は強調されません。神仏習合の考え方、時代・地域という環境によって宗教が融合したしきたりを通じて癒しを与える日本の重層信仰には、「状況志向的」な日本の内在文化が強く感じられます。

　韓国でも重層信仰が見られますが、日本の神仏習合のように神道の神と仏教の仏が合体するというスタイルではありません。仏教徒は仏教の、キリスト教徒はキリスト教の教理を信じ、それぞれの教理に従って儀式を行います。宗教間の対話や協働はありますが、他宗教の教理や教祖（釈迦、孔子、イエス・キリストなど）が融合した「神仏習合」のような宗教形態は韓半島では特殊なのです。他の宗教を否定する排他的な主張がなされがちな面もありますが、各宗教は独自の教理と信仰観を貫きます。その代表が北朝鮮の主体（ジュチェ）思想（ササン）ですが、北朝鮮では宗教や他の主義を認めていません。

2. 韓半島の人たちは思想好き？

■「家族に感謝します、神様に感謝します」

　韓国で最も信者数が多いのはキリスト教で、人口の約4分の1を占めると言われます。韓国の町でビックリするのは十字架の多さです。夜になると、赤や青色の十字架のネオンが夜景を彩ります。次に信者数が多いのは仏教で、信者数は人口の約16％です。

　儒教は宗教というよりも生活の規範とされています。歴史的に、儒教は男性をイエの主体とする家父長制度を強調して来ました。その過程で、疎外さ

れた多くの女性は土俗信仰（シャーマニズム）に傾倒しました。その流れの延長上で、現世より来世の幸せを願うキリスト教を女性が信仰するようになりました。

　韓国のキリスト教は大きく「天主教（カソリック）（チョンジュギョー）」と「基督教（または改新教、プロテスタント）（キドクキョー）（ゲーシンギョー）」に分かれます。信徒数はほぼ 1 対 3 です。カソリックがまず先に韓半島に伝わりましたが、偶像信仰と祖上神を否定したので仏教・儒教と激しく対立しました。その約 100 年後に伝わったプロテスタントは、庶民への土着化を試みました。その過程で、民間信仰や儒教・仏教と接触しました。「祈祷院・按手（アンス）などの治病法・信徒間での善の競合・男性信徒を束ねる執事（ジブサ）と女性信徒を束ねる勧士（ゴンサ）の 2 重構造で成り立つ組織」などの信仰スタイルがキリスト教会に取り入れられました。

　日本の場合、時の執権者は仏教・儒教を盾にしてキリスト教を迫害しました。1612 年の「慶長の禁教令」（1612 年）、「元和の大殉教」（1622 年）ではたくさんのクリスチャンが処刑されました。また、「キリシタン禁止令」によってたくさんの「潜伏キリシタン」が生まれました。さらに、明治政府もキリスト教を弾圧しました。キリスト教の信者数は日本の人口の 1.1%（2018 年）ですが、日本社会にクリスチャンが少ない理由には複雑な事情があるのです。

　世界的なキリスト教国である韓国で、2020 年にある事件が勃発しました。一部のプロテスタント教会が政府の集会自粛の要請にもかかわらず、礼拝を強行したためコロナ感染が拡大したのです。

　一方、北朝鮮の主体思想には共産主義に儒教思想を取り入れたイデオロギーが見られます。つまり、国の主体は国民であるが、国民は「聖家族」である「金日成・金正日・金正恩」一族に孝誠を尽くすことで主体性が付与され、幸せに暮らせると説くのです。よって、北朝鮮の全ての国政・教育は、金一族に対する忠孝思想を基にして展開されます。

　韓半島は、隣国から多くの侵略を受け、近年では民族が北と南に分かれて対峙する圧迫感、経済の困窮の中に置かれています。この環境の中で理想を志向する宗教・思想好きな国民性が形成されたのです。韓国も北朝鮮も思想は 180 度異なっていても理想を追求する点では共通しています。

　理想志向とは上昇志向でもあります。上昇する先には超越した存在があり

ます。宗教的に言うと「神・仏」です。韓国の国歌「愛国歌^{エーグッカ}」には「ハヌニミ
ポーウハサ　ウリナラ　マンセー（神様が守ってくださる我が国万歳）」と、神^{ハヌニム}
が登場します。また、大統領候補からアイドルに至るまで、有識者を紹介す
る資料には「宗教」欄があります。また、年末の演芸大賞、歌謡大賞をはじ
めとする各賞の受賞コメントには、必ずと言っていいほど「家族に感謝しま
す、神様に感謝します」というフレーズが語られます。

　その韓国でも宗教人の割合は年々減少しています。2004年の調査では全人
口の54%が何らかの信仰を持っていましたが、2021年の調査では40%に落
ち込むなど、宗教人口は減少しつつあります。この主な原因は、20代、30代
の宗教離れにあります。

3.　マスコミ信仰

■ 世界で最もマスコミに依存する国民性

　2021年に発表された「世界価値観調査」によると、先進国の中で「マスコ
ミを最も信じる国」のトップは日本でした。日本社会ではマスコミの報道内
容を無条件的に信じてしまう態度が顕著なのです。

　韓国社会にもマスコミを信頼する意識はあります。しかし、「マスコミの
報道と自己の価値観を切り離して考えられる」点が日本社会と異なります。

　マスコミの使命とは真実を公表することですが、逆に「公表しない」使命
もあります。この「隠す」報道は、国民の不安・混乱を緩和する意図が反映
される反面、世論の操作に繋がります。「広報の父」と呼ばれるエドワード・
バーネイズは著書『プロパガンダ』（1928年）でマスコミの陰の役割を次の
ように指摘しています。

> 「世の中の一般大衆が、どのような習慣を持ち、どのような意見を持つべ
> きかといった事柄を、相手にそれと意識されずに知性的にコントロールす
> ることは、民主主義を前提とする社会において非常に重要です。この仕
> 組みを大衆に見えない形でコントロールすることができる人々こそが、現
> 在のアメリカで「目に見えない統治機構」を形成し、アメリカの真の支配

　日本社会では「公表された＝公の価値を付与された」と認識され、「マスコミとは真実を報道するので、無条件的に信ずべき」と暗黙の内に認められる傾向が強いのです。さらに、マスコミが「騒ぐ」と「ウチ・ソト・ヨソ」の眼に見えない壁が顕現して、同調圧力を感じやすくなります。日本人は「権力・お上」と「権威（マスコミ・大企業・ブランドなど）」に異常なほど弱いのです。公正を尊ぶ従順な国民なのですが、裏を返せば、確立された環境にはクエスチョンを持たないのです。政治的なスキャンダルが起こってもマスコミを隠れ蓑にしてお茶を濁す、またはマスコミも争点をぼかす報道をしておけば、国民は合理的な判断を止め鵜呑みにしてしまうと、国民を愚弄する輩が徘徊しがちです。

　私たちは何かを「信じたい」気持ちが本能的にあります。宗教や主義思想、占いなどは、人間の内面世界と深く関連しています。ただ、人の心は目に見えないだけに、外的な言動だけでは理解に限界があります。マスコミはそれなりの信念を持って報道するのですが、マスコミの持つ2つの側面と日本社会が持つ内在文化をよく理解していないと、真実を見誤ってしまうことになりかねません。

3.6. 衣食住

1. きものと韓服

■「直線裁断」のきもの・「間接裁断」の韓服

　日本の伝統衣装は「きもの」ですが、韓半島の伝統衣装は「韓服（ハンボク）」です。チマチョゴリとは女性の韓服で、チョゴリ（スカート）を着用する姿からついた名前です。男性の韓服はパジ（ズボン）を着用するので「パジチョゴリ」と呼ばれます。

　ここでは、きものと韓服と特徴をまとめてみます。

　1つ目、きものは着付ける時に人の体形に合わせる「未完成のデザイン」で

す。布地を直線に切って織り、着用する時に裁断・縫い合わせる「直線裁断」なので体形にピッタリ合わせずに仕立てます。きものは大きな布を身体に巻き付け、その上から帯で固定するスタイルなのです。さらに、きものは「仕立て直し」を前提にして作られます。切りやすい糸で縫われ、解くと長方形の生地になるので、継ぎ足したり省いたりしやすいのです。きものは、状況によって活用できるように作られています。

　きものの持つこの構造は、衣装に男女差が少ない独特の衣装文化を作り出しました。きものの色や柄によっては男女間で着ることができます。女歌舞伎が若衆歌舞伎を経て現在の歌舞伎の女形に移行した背景には、きものの持つ性差の曖昧さが少なからず影響したと考えられます。

　一方、韓服は体形に合わせて寸法を取り、体形に沿って布地を切って裁断・縫い合わせる「間接裁断」です。そして、プロポーションにピッタリ合った「完成されたデザイン」です。また、形・柄において男女の差がはっきりしています。

　2つ目、きものは上下を区別しない「ワンピース」型で体に生地を巻き付けるスタイルですが、韓服は「ツーピース」型です。そのため、きものは直線のイメージが強い服です。女性は身体にぎゅっと付着する感じで着用するので身体のシルエットが現れます。一方、韓服はゆったりとした曲線美を持つ服で身体のシルエットは目立ちません。

　3つ目、きものは袖が広い衣装です。これは湿気が多い日本の環境が影響しています。さらに、きものは「振り袖、留め袖」など、年齢によって袖の形が違います。一方、韓服の袖は非常に狭く、きもののように袖の形・長さで「年齢」を区別しません。

　4つ目、十二単に代表されるようにきものは「重ね着」ができます。寒い時には重ね着をし、夏には生地が薄い浴衣を着るなど、湿気の高い風土に適応できる衣服なのです。重ね着をする過程で色の配色に敏感になり、身分や季節などによって様々な色を組み合わせるようになりました。きものが動くと自然の風物が動いたような感じになります。

　韓服は、年齢や個人・集団の趣向によって上下の色合いを変えながら重ね着をします。

5つ目、身分に関係なく、きものに「家紋」を付ける文化が江戸時代に定着しました。きものの紋には、自分が属する集団を明確にする機能があります。韓服には家紋を服に入れる文化はありません。

　6つ目、韓服の喪服は身分や家門などの関係なく、麻で作ったひとつのデザインの喪服を着用します。韓国の喪服は形も柄も素材も共通しています。韓国の喪服はお通夜、葬儀まで着続けます。昔は、親が死んで3年間は仕事を辞め、喪服姿で親の墓の横に掘っ立て小屋を建てて供養しました。一方、きものは故人との間柄、通夜と葬式と告別式といった場面によって「正喪服、準喪服、略喪服」の3種類の喪服を区別して着用します。

■ 後ろの美を追求したきもの

　きものと韓服の特徴は「帯」にも表れます。きものらしい美しさは帯で決まると言ってもいいほどです。帯の結び方は287種類あると言われます。

　「朝鮮の役」の出兵基地となった名護屋（佐賀県唐津）では、宣教師が巻いていた細帯をまねた「名護屋帯」が流行しました。名護屋帯は歌舞伎の創始者・出雲の阿国らへ受け継がれつつ「裏打ち帯・後ろ結び」になりました。江戸時代には、大名が着用する「裃」が誕生しました。身分によって着物の素材や色に制限が設けられたため、庶民は「四十八茶百鼠」と呼ばれた着物しか着用できませんでしたが、庶民は着物の柄や帯の結び方でおしゃれを楽しみました。女性の帯の幅も広くなり、元禄時代に振袖の袖が最長になりました。元禄時代に「裏打ち帯」が流行してからは帯を後ろで巻く「背面美」を強調するスタイルが定着しました。きもののように帯を後ろで巻く文化は世界でも珍しいのです。

　韓服にはきものの帯のような締め付けるものはなく、「ゴルム」と呼ばれる紐を体の前で結びます。長い紐と短い紐のツインのセットで、長い紐を短い紐に結わえるようにして結びつけるゴルムの色は様々ですが、結び方は統一されていて男女に違いはありません。

　女性のきものは後姿に美を追求した服だと言えます。きものに限らず、日本文化は前より後ろに価値を置く傾向があります。味も「前味、中味」に加えて「後味」を提供するのが日本式のおもてなしです。武道で「隙がない」こ

とは後ろが「見える」ことでもあります。

　後ろを強調する意識には状況志向を得意とする日本の内在文化が反映しています。次の「表現と内在文化」の章でも述べますが、日本語は「視覚」に敏感な言語です。環境にうまく順応するためには、見えない後ろまで意識する必要があります。自然と、自分の視覚ではとらえられない状況に敏感になります。

■ 包装文化・寸志文化

　外国にツールを持つ人たちが驚く日本のモノに「包装」があります。私の家内や韓国の知人は、「日本の包装はきめ細かくて美しい」といつも感嘆しています。日本の包装文化には世界最高のクオリティーがあります。

　どこの国にも物をコーティングする文化があります。コーティングする方法は、「箱に入れる」と「包む」の2つです。前者はヨーロッパなどに多く、アジアには包むスタイルが多く見られます。コーティングには、「持ち運びやすくする」「飾ったり整えたりして美しく見せる」「受け取る人への思いやりを添える」意味があります。日本の包装文化は、これら3つが絶妙に融和している点で抜きん出ているのです。例えば、「お年玉」や冠婚葬祭で交わされる「ご祝儀・香典」は、封筒の形式が決まっています。日本の包装文化は、きものが状況によって重ね着することで美と実用性を加味する衣装文化と相通じます。

　一方、韓国ではお年玉は現金で直に渡します。お金をあげる・もらうという目的を優先するのです。ご祝儀や香典にも日本のように決まったスタイルはありません。日本でお年玉やお小遣いを現金のまま渡すと「相手を軽く見ている、雑な人だ、無作法だ」など誤解を受けるはめになります。反対に、韓国社会でお金を封筒に包むと、「大金」「（結婚式・葬式など）特別」または「賄賂」という特殊な意味が付与されます。

　今はタブー視されて随分減りましたが、韓国社会には小学校～高校の担任の先生や会社の上司に厚遇を求めて「寸志」をあげるのが慣例でした。それが李明博政権時代に社会問題になったある賄賂事件がきっかけになり、2016年に「公務員・言論社・学校」などで見返り性が強い接待文化を根絶する俗称

「金ヨンラン法」が制定されました。これによって、3万ウォン（約3千円）以上の接待などが禁止されました。韓国では「食事に行こう。俺が奢るよ」という習慣が疑似家庭になれる好ましい習慣だとされて来ましたが、この法案が制定された後はひとりで食事を振る舞う行為が影を潜めました。

■ 座わる美を追求する韓服

　男性用のきものと韓服を着比べてみたところ、きものは帯をギュッと締めるので腹に力が入りますが、長い間座っていると苦しくなりました。ただ、帯をギュッと締めるので下腹に力が入ります。

　一方、韓服は軽量で、体を締め付ける帯もないのでゆったり感があります。そのため、胡坐（あぐら）をかいて長時間、楽に座っていられます。特に、女性用のチョゴリのロングスカートは、胡坐をかくことでより色合いが増します。韓服はゆったりとした構造のため「座ること」に適したスタイルだと言えます。

　韓国で正座は非常に仰々（ぎょうぎょう）しい姿勢で、かしこまった場合や謝ったり頼み事をしたりする場合にしかしません。普段は胡坐をかいて座ります。韓服のチマチョゴリは「後ろ空き」なので胡坐をかいてゆったり座れますが、日本のきものは裾が狭く、「前空き＋帯で腹をギュッと締める」スタイルのため胡坐をかくことは簡単ではありません。

　また、湿気が多い日本の家屋には畳の部屋があり、畳をクッションにすると正座し続けることができます。一方、冬の寒さが厳しい韓半島では、木や泥を貼った床に床暖房（オンドル）が施してあるため、床が固くて正座は非常に苦痛です。

　韓国のお正月や盆に、チマチョゴリを着た女性が目上の人に挨拶をする礼法として片膝立てがあります（資料3-6）。韓国では片膝を立てて座る姿は女性らしい感じを与えるのです。

　片膝と言えば、私には忘れられない想い出があります。新婚時代に父が韓国に来た時、父の隣に座っていた家内（裾長のスカートを履いていました）が片膝を立て、ニコニコしながらお酌をするのを父がややしかめ面をしながら気にしていた光景を今でも思い出します。

　最も格式ある挨拶は「큰 절（クン ジョル）（大きなお辞儀）」と呼ばれ、感謝の気持ち・尊

資料 3-6　片膝立は女性の礼法の1つ
出典：장부 24

資料 3-7　男女の礼法
出典：경상일보

敬の気持ちを表します（資料 3-7）。日本の「土下座」と似ていますが、意味は正反対です。東京オリンピックでメダルを取った韓国選手がコーチに対して「クンジョル」をしていました。

　「クンジョル」は、「生きている人」には一拝、故人には二拝します。また、お正月やお盆なども祝日や久しぶりに帰省した時などに子どもは親や祖父母などの目上の家族に対しても行います。私も恩師に久しぶりに会った時に思わず「クンジョル」をしたくなりますが、恩師はどう思うでしょうか…。

2.　和食と韓食

▌目で食する和食・喉で食する韓国料理

　和食は「目で食する料理だ」と言われます。評論家・李御寧（イ オリョン）は、和食が西洋料理や韓国料理と大きく違う点を「マナイタが客の前に現われる」ことだと主張しました。そう言えば、寿司専門店では客の目の前に材料が並べられ、客は寿司が握られる場面を鑑賞しますよね。和食は料理を作る人と食べる人が環境を共有する料理だと言えます。

　和食と韓国料理の違いの2つ目は、「混ぜて食べるか」か「混ぜないか」です。韓国の庶民料理の代表は、「汁かけご飯」と「掻き混ぜご飯」でしょう。よく韓国の人たちは汁にご飯を入れて食べます。これは「백반（ペッパン）」と呼ばれ、ちゃんとした料理なのですが、混ぜる順序が日本とは逆で汁にご飯を入れます。日本では「猫飯（ねこまんま）」と呼んで行儀が悪く、よく噛まないので消化にも悪い

としてあまり奨励されません。

　私が韓国でビックリした食文化は、とにかく混ぜ合わせて食べることです。カレーライス、パッピンス（カキ氷）も混ぜ合わせてから食べます。日本料理は少しずつ混ぜることで、素材を目で楽しみながら食べるのが一般的ですが、韓国では見た目ではなく、いかに「喉越し」を味わうかに関心が注がれるのです。

　日本語の「食べる」と「飲む」の区別は「歯でかむか」どうかが基準ですが、韓国語では喉を通るモノは「먹다 食べる」と言えます。「薬を飲む」を「약을 먹다 薬を食べる」と言うのもこのためです。そう聞くと、汁とご飯をかき込み、大汗をかきながら食べる韓国の人たちが理解できる気がします。

　我が家では、時々、大きなボールに余った野菜やおかずやキムチを入れ、そこにコチュジャンとゴマ油を垂らして掻き混ぜ、ボールをテーブルの真ん中にドンと置き、家族みんなでさじをつっこんで食べています。「おいしいね」「ちょっと味がうすいね」などとワイワイ言いながら食べるのが庶民の食べ方です。

　韓半島の人たちが食事を混ぜ合わせて食する習慣は、食材の持つ栄養素を混ぜることで栄養と味を補完させ、より風味と栄養素を引き出させるためでもあります。和食は、料理を単品として出しながら、その個々の料理を盛った皿でテーブルを彩ることを基本とします。寿司もそうですし、懐石料理もそうです。個から全体を観る過程で味を堪能する和食、全体から個の味を堪能する韓国料理。それぞれの食文化には過程を重要視する内在文化と、結果を重要視する内在文化が垣間見られます。

■ 共通する「共食信仰」

　「多数の人々が飲食を共にして魂を分け合うことで信頼関係を築く」という共食信仰は日韓社会で共通しています。共食は「神と人」「人と人」の間でなされます。『日本書紀』には神に捧げた神饌を参席者が共食することで神と人との絆が強まり、神の保護が受けられるという「新嘗」が記されています。

　韓国社会では、儒教儀式である祭事で先祖へのお供えを家族で共食する

72

行為が今でも行われています。我が家でも親の命日には祭事を行っていますが、日ごろ食べないご馳走が食べられることもあり、先祖と語らいながらご馳走をいただきます。

　特に「酒」は共食信仰の核となるもので、「回し飲み」が行われます。ある日、名古屋出身の知人が九州で回し飲みをすると聞いてびっくりするのを見て、杯を回す習慣がない地域が日本にあることを知りました。

　日本では酒を相手に差し出すのは「魂を差し出す」こととされ、同じ杯で飲み合うことで魂を共有した「一味同心」の仲になれると考えます。その代表的な例が「三三九度の盃」。同じ酒をカップルが飲み合うことで、魂が交流し、固い絆が生じるとされるのです。

　酒の飲み方には日韓で大きな差があります。韓国社会では目上の人と面と向かって酒を飲むことはタブーとされます。顔を横に少しそむけ、酒を飲んでいる様子が見えないようにしなければなりません。これは家族であっても同様で、親に見えないようにして酒を飲むのが成人らしいマナーとされています。

■ 補食文化

　健康に殊の外、気を使う韓国社会では、滋養強壮・美容に効果があるとされる食物を食する「補食文化」があります。1つの例が犬食文化です。「補身湯（ポシンタン）」と呼ばれますが、ソウルでも裏路地や田舎町で見かけます。私がソウルの下町に下宿していた35年程前の市場では、ガスバーナーで焼いた犬の姿をよく見かけました。犬が好きな私は「いくら身体にいいとはいっても犬の肉はなあ…」と躊躇していたのですが、ひどい風邪にかかった時、家内が鍋に美味しそうな汁物を買って来て「身体にいいから」と騙（だま）されて補身湯を食べました。意外と肉が柔らかく、臭みもなく美味しかったです。

　中国・台湾・東南アジアなどでは犬肉が食されています（台湾では2003年に禁止）。犬や馬の細胞組織は人間と似ているので、消化にいいと韓国で聞いたことがあります。食用の犬肉は「ヌロンイ（黄色を帯びた雑種犬）」という犬です。

　しかし、犬をペットとして飼う人たちは動物虐待として犬食文化に反対し

ています。フランスの俳優・ブリジット・バルドーは韓国の犬肉文化に対して「韓国人は野蛮人だ」と批判して話題になりました。これに対して英国紙『ザ・タイムズ』は「**ヨーロッパ人が韓国人に対して犬肉を食べるなと言う権利はない**」と反論しました。

犬を食べる習慣はギリシャ・ローマ時代からありました。スイス人の約3%は今でも犬を食しており、犬を不浄な動物として嫌うイスラム教圏でさえ食糧事情の悪化によって犬を食するケースもあります。

犬食文化は日本にもありました。岩手県の蛸ノ浦貝塚など日本全国の遺跡から犬を食べた痕跡が発見されています。宣教師ルイス・フロイトは『日欧文化比較』で「**日本人は野犬や鶴・大猿・猫・生の海藻などをよろこぶ…われわれは犬は食べないで、牛を食べる。彼らは牛を食べず、家庭薬として見事に犬を食べる**」と述べています。戦後の日本でも食糧難のために犬が食べられていました。

ベジタリアン（菜食主義者）も肉食主義者も食するものは全て自然から授かったものです。食文化に限らず異文化を論じる場合には、「文化相対主義」に立って自他の文化を冷静な目で見つめたいものです。

3. 日本の家屋と韓国の家屋

▓ 夏型の日本、冬型の韓国

住居は個人・家族と外部をしきる建造物です。そして、そのしきり方には地域・時代・気候の差が反映します。

半島と日本列島の気候は異なる点が多くあります。韓国の首都・ソウルの冬は長く、寒さも厳しいのです。北朝鮮になると、想像がつかないほどの厳冬になります。ソウルでは10月末頃から冷え出し、3月の末頃まで朝晩は冷え込みが続きます。真冬に風が吹くと、体感温度はマイナス20度ほどになり、顔の皮膚の感覚がなくなります。一方、ソウルの夏は暑いのですが、ジメジメ・ジトーッとする蒸し暑さはありません。ただ、島である済州島の気候は湿気が多い点で日本とほぼ同じです。そのため、済州島には韓国本土にはない「杉」が生殖しています。この杉の木々は1900年代の初めに日本から

移植されました。

　日本は海に囲まれているため、おおかた夏はジトーッとした蒸し暑さになります。そのため、（積雪の多い地域を除き）一般的に家屋は夏型に作られています。窓が広く、湿気に強い木材が使われ、通気性に優れた畳が敷かれます。

　一方、寒さが厳しい韓半島の家は冬型に作ってあります。現在の韓国社会はマンションが増加し、室内空調が発達したとはいえ、窓はサッシが二重になっています。また、どの家にも「オンドル（床暖房）」が施されているので床はほとんどがコンクリートです。外はマイナス10〜20度の凍てつく寒さでも、部屋の中はトイレ・台所までポカポカ。極寒の冬の夜に半ズボン・半袖で過ごす人も多く、冬布団も薄くてすみます。冬の日本に来て、大勢の韓国人が日本の家の寒さにビックリします。古い作りの日本家屋では外の方が温かい場合もあります。当然、日本の布団は分厚く重くなります。ウソのような話ですが、日本の冬布団が重く、押しつぶされそうで寝られなかったと嘆く韓国の観光客は大勢います。実は、韓国に住んでいた時の私もそうで、久しぶりに日本の冬を過ごすと家の内部の寒さと布団の重さに悩まされました。

　ただ、オンドルに慣れない間は身体が蒸されるような感じになり、下手をすると脱水状態になる人もいます。それでも、オンドルの暖かさに包まれて過ごせる韓国の冬日は快適です。

■「仕切り」〜「座敷＋敷居」と「マル（床）＋マダン（中庭）」

　ジブリアニメは「境界」に溢れています。映画『千と千尋の神隠し』ではトンネルを抜け、橋を渡るとそこは別世界。『風の谷のナウシカ』、『天空の城ラピュタ』、『となりのトトロ』、『ハウルの動く城』でも主人公は境界を行き来します。

　空間をしきることは、身体的にくつろぎを与えると同時に、自他は隔離されます。人は物理的な空間を求める心理がありますが、それが困難になると非物理的にしきろうとします。満員電車に乗って「目をつぶる、外を眺める、本を読む、音楽を聴く、携帯をいじる」などの行為はしきろうとする心の発

露です。

　伝統的な日本の家屋は、「日常的な空間」と「非日常的な空間」をしきる構造になっています。「仕切り」を外すと緊張感が生まれ、しきるとくつろぐ余裕が生じるのです。日常と非日常の境をしきるのが「敷居」です（資料3-8）。しかし、障子・襖でしきっても声は聞こえます。日本人は、この「中間的な空間」を好む傾向があります。都合が悪いことを聞いても聞き流す。中巻的な空間をしきることによって「お互い様」の関係が生まれたのです。

　日韓の家屋の「仕切り」には違いがあります。現代の日本家屋の原型は「書院造り」です。以前は「開き戸」が主流でしたが、書院造りに「引き戸」が登場し、廊下と座敷の間を「障子・敷居」でしきるようになりました。また、「座敷」が登場して「床の間（仏を祀る幽玄の間）」が家屋の中心になりました。床の間には仏像を描いた掛け軸と「未具足（お香・ともしび・花）」が置かれます。

　韓国の伝統家屋は「韓屋（ハノク）」と呼ばれます。襖でしきられる日本の家屋のように障子や板・土塀（ジャンジャ）でしきられます。

　ただ、しきらない開放的な空間があります。それは「マル（床）」です（資料3-9）。日本の家屋の中心は座敷ですが、韓屋の中心はマルです。マルでは日本の伝統家屋と違って屋根裏の木組みがそのまま露出されています。日本の座敷には畳が敷かれ、日常は使われず、法事や応接間として使われますが、マルは開放的な空間になっていてマダン（庭）とは吹き放しとなっています。韓国の伝統的な結婚式や葬儀は、このマダンで行われました。庭なので家族以外の近隣の人たちも自由に結婚式に参加しては祝い酒を飲んだのです。韓国のマンションではリビングルームは「コシル（居室）」と呼ばれ、家族が集まる空間でマルの現代版です。日本のマンションでは畳の部屋が座敷の代わりをしています。

　家屋内で部屋の内外を完全に分離しない点で日韓の伝統家屋は共通しています。韓国ドラマを見ると、部屋に入る前に「ウン！」「ウウン！」と唸るシーンが見られます。これは一種のノックで、人の気配を感じさせることによって「部屋に入るぞ」という意思を表示する合図です。ノックは日本と韓国の伝統文化ではありませんでした。これが西洋の家になると、家の内と外

資料 3-8　日本家屋
出典：ニッポン放送 NEWS ONLINE

資料 3-9　韓国家屋の「マル」
出典：서울문화투데이

が完璧に分離されます。家の中はオープンだとしても、家族と外の世界との空間が生じ、プライバシーが強調されるようになったのです。

　さらに、戦後、日本社会には労働者である父親とその他の家族がそれぞれの違った時間に添って生活できる空間が確保できる海外の「仕切り」が取り入れられました。これは西山夘三が提唱した「食寝分離論」に基づいた試みです。狭い生活空間を有効に使える実用性がアップした反面、家族が顔を合わせる空間が減り、「引きこもり」「不登校」を増加させる原因の１つにもなりました。この建築概念は 1980 年代の高度経済成長期の韓国にも取り入れられました。

■「城」の概念の違い

　日韓の城郭には、異なる戦いの概念が反映しています。それは籠城戦に関する戦略の違いです。日本の城郭では城内には一般市民を入れませんが、韓半島の城郭は一般市民も居住する「城郭都市」です。

　城郭都市は、エジプト・メソポタミアなどの古代文明とともに発達し、陸続きでいつ敵の侵入を受けるかもしれない危機感の中で生まれました。日本では吉野ケ里遺跡（佐賀県）などに見られる「環濠集落」がその原型とされています。富が生じると、それを奪おうとする外敵の襲撃から集団を守る必要があったからです。

　日本の城は、武士と庶民をはっきり分ける構造になっています（資料3-10）。敵に囲まれた籠城時に城門を閉め、武士だけで戦う態勢を取るため、

資料 3-10　名古屋城
出典：特別史跡名護屋城

資料 3-11　『東来城殉節図』
出典：나무위키

城外の領民たちは自らの命を守らなければなりません。一方、韓国では兵士
と領民が共に戦います。16世紀末に勃発した「文禄・慶長の役（朝鮮出兵）」
で小西行長軍の攻撃を受けた「貓萊城」（釜山市）跡からは、多数の子ども・
女性の遺骨が発掘されました。その謎解きは『東来城殉節図』がしてくれま
す。そこには2人の女性が屋根から瓦を投げて戦っている様子が描かれてい
るのです（資料 3-11）。韓国の歴史ドラマでも領民が兵士と共に戦うシーン
が出てきます。

　この日韓の城郭の「仕切り」の違いには、「ウリ共同体」と「ウチ・ソト・
ヨソ」の概念の違いが反映しています。外敵の攻撃が頻繁であった韓半島。
領民たちは機能の面では武士とは比較にはなりませんが、ウリ共同体の一員
として生死を共にしました。

　一方、戦時の日本では籠城戦は守るウチ（武士）とヨソ（敵）という葛藤構
造のみで行われ、領民はソトの存在として戦闘の場から出されました。「戦
闘力を持つ」機能を基準にウチ・ソト・ヨソの区別がつけられたのです。領
民は直接的に戦闘で被害を被ることはありませんが、逃げ惑う中で戦いに巻
き込まれました。

　ワシントン・ポスト紙から「史上最高のアクション映画」と称賛された映
画『七人の侍』（黒沢明監督、1954年）では、野武士の略奪を受け続ける農
民たちの姿が描かれています。そこには従来の日本の戦闘とは異なった人間
の仕切りが描かれています。

　農民たちに雇われた 7 人の浪人が山奥の農村を要塞とし、襲撃して来た野武士の一団と戦い、勝利するという奇抜なストーリーです。ラストシーンで生き残った侍のリーダー・勘兵衛は「今度もまた、負け戦だったな…勝ったのはあの百姓たちだ。わしたちではない」とつぶやきます。農民たちから見れば、野武士の一団は「ヨソ」、雇われた 7 人の侍たちは戦う時には「ヨソ」の人間、戦ってくれている時でも「ソト」の人間。戦いが終われば野武士と同じ「ヨソ」の存在に戻るのです。農民のために命をかけて戦っても決して「ウチ」の存在にはなれなかったのです。それにもかかわらず、農民のために命をかけた侍 7 人の正義感・優しさは戦国時代には希少なものと言えるでしょう。この映画はアメリカで西部劇映画『荒野の 7 人（The Magnificent Senven）』（1960 年）としてリメイクされ、大ヒットしました。

　韓国在住中に日本に帰った折、阿蘇山（熊本県）にドライブに行く度に、家内が「なんで韓国の牛がここにいるのかしら？」と不思議がっていました。『世界家畜品種事典』には次のように記されています。

「褐毛和種（アカゲワシュ）【Japanese Brown】
　熊本県と高知県に飼われていた在来の朝鮮牛を基礎とした赤牛に、明治以降シンメンタール、朝鮮牛を交配して改良した品種で、改良の歴史は両県で若干異なっている…。」

　韓国最南端の島・済州島（ジェジュド）はミカン（ギュル）のメッカですが、ここのミカンは日本から伝わりました。1910 年頃に日本人が経営していたミカン園を康昌鶴氏（カンチャンハク）が譲り受け、静岡・和歌山のみかん農家と力を合わせて済州ミカンの基盤を築きました。

　現在では韓流・日流ブームに乗って両国で韓国料理・日本料理が大衆化しています。キムチや韓国料理のレトルト食品のないスーパーマーケットはなく、全国で数多くの韓国料理店が営業しています。一般社団法人「食品需給研究センター」によると、キムチ生産量は 1999 年に約 24 万 9 千トンと漬物生産量で日本のトップに躍り出ました。

　2017 年度に韓国に進出した日本の外食産業は約 393 社。韓国政府が外国の外食産業の開業規制を緩和したことが日本企業の韓国進出を後押ししました。韓国社会で海外の外食産業が成功するためには、味を韓国の消費者の嗜好に合わせ、メイン以外のおかずをおかわり無料にするなどの努力が必須です。某カレー専門的はトッピングと辛さ調整を無料にしました。その他に「地味な雰囲気をインスタ映えする精錬したデザイン」にするなど、韓国文化に特化したサービスを行って好評を得ています。

　また、「家族のような雰囲気」を作り、顧客が家族や知人とくつろげる店内にすることも重要です。韓国に再進出したある牛丼専門店は、「カウンター」

に複数の顧客が座れるソファーを取り付けました。韓国では見栄え・味・量・
価格に満足でき、かつ、家族のように楽しく、かつ、ケースバイケースで顧客
が満足できるサービスの提供が成功につながります。

　日本社会でも韓流ブームの影響で韓国料理店数は増加しつつあります。
2018 〜 2019 年に日本の若者世代が最も話題にした食べ物は、韓国料理の
「チーズタッカルビ」でした。

　日韓両国には独特の食文化がありますが、そのほとんどは両国で共有が可
能です。将来、食を通じた文化交流はさらに大きな共同文化圏を形成すると思
われます。

第4章
歴史、政治・外交、経済と内在文化

4.1. 歴 史
〜日本と韓半島は「開放・閉鎖」の関係を繰り返して来た〜

1. 第1次韓流ブーム

▌古墳時代の日韓交流

距離的に近い日本と韓半島の間で海を通じた交流が盛んだったことはごく自然なことです。韓半島から日本に向けて南下するリマン海流（寒流）が流れ、対馬付近で対馬海流と合流しつつ九州・日本海沿岸に至ります。一方、九州地方から韓半島にかけては対馬海流（暖流）が流れています。古代の人たちはこれらの海流が結ぶ「海の道」を通じて日韓両地域を往来していました。例えば、韓半島の南部地域と九州北部では木と動物の骨をつなぎ合わせた韓半島製の「結合釣針」と日本製の「石銛式もり」を交換して生活していました。当時の日本と韓半島には「海峡共生圏」が形成されていたのです。

日韓の交流の中で最も盛んだったのは、やはり人の交流でしょう。両地域では、今で言う国際結婚が自然と行われていたと推測されます。

古代における日韓カップルの代表と言えば、やはり桓武天皇（平安京への遷都を推進）の両親「光仁天皇と高野新笠」。高野新笠の父・和乙継は百済からの渡来人で、高野新笠の母親は豪族の娘である土師真妹です。『新撰姓氏録』によると、父の和氏は「百済国都慕王十八世孫武寧王」の血統ですが、後に姓を高野に替えています。

武寧王は百済第25代王で、都慕とは百済を建国した温祚の父です。その

ため桓武天皇の側近には外戚に当たる百済系の渡来人が大勢いました。桓武天皇が平安京に遷都した理由も渡来人が集中して居住していた京都北山城の地域性と無関係ではありません。坂上田村麻呂や万葉歌人である山上憶良・柿本人麻呂なども旧百済からの渡来人かその子孫であった可能性は非常に高いと思われます。

■ 渡来人の文物を活用した国造り

韓半島の北側は大陸と地続き、南部は3方面を海に囲まれています。この地政学的な環境のため韓半島では半島内部はもちろん、大陸・島国との間で交流と抗争が繰り返されました。最近の研究で日本の縄文時代にも日本列島は海外の人たちの交流の場になっていたことが明らかになりつつあります。しかし、日本は島国という環境のお陰で韓半島のような度重なる抗争の場にはなりませんでした。

紀元前10世紀頃、青銅器時代の韓半島では檀君が治めたとされる「古朝鮮」がありました。しかし、紀元前1世紀に入ると大陸から前漢が侵入して来ました。前漢王・武帝は韓半島の南部を除いたほぼ全域に「楽浪郡、臨屯郡、真番郡、玄菟郡」を置いて直轄領としました。3世紀になると半島南部では後漢の影響を受けた「馬韓、辰韓、弁韓」の3国が建国され、半島の北部から中部にかけては「高句麗、夫余、公孫氏（楽浪郡・帯方郡）」が建国されるなど、複数の国が乱立していました。

日韓両国が政治的なかかわりを持ち始めた時期は、今から1500年ほど前の6〜7世紀頃です。その時代は東アジアの激動期でした。大陸には唐がアジアに勢力を伸ばし、半島では「高句麗・新羅・百済・伽耶」が互いにしのぎを削っていました。地政学的な危機を打開するために、韓半島の国々は倭（日本）に援軍を求めました。彼らは仏教や土木技術などの最先端技術を携えて倭を訪れました。

663年に新羅・唐と百済・倭は、日本史上初めての海外戦争である「白村江の戦い」で激突します。しかし、倭と百済は完敗してしまいました。この戦いの後、ヤマト朝廷は唐・新羅の侵攻に備えて大宰府を置き、九州から畿内に至るルートに防御施設を築きました。「金田城」（長崎県対馬）、「大野城」（福

資料 4-1　狭山池（大阪狭山市）
出展：大阪府

資料 4-2　葛野大堰（京都府）
出展：京都じっくり観光

岡県）、「水城」（福岡）、「鞠智城」（熊本県）、「鬼ノ城」（岡山県）、「屋嶋城」（徳島県）などがそれです。

　同時に、韓半島を通じてたくさんの渡来人が倭にやって来ました。渡来人が住んでいた場所は日本各地にあります。例えば、大分地方には渡来人が住んだテクノタウンがありました。『戸籍台帳』（702年）を見ると、当時の豊前地域の人口の約93%が秦一族を中心とする渡来人でした。秦氏を中心とした渡来人たちは、「機織り」「養蚕」「精銅」「土木・治水」の技術を持っていました。

　大阪府狭山市には1400年前に百済の土木技術で築かれた日本最古のダム式ため池「狭山池」があります（資料4-1）。民政の安定のために生活用水の確保が大きな課題だったヤマト朝廷は、百済の「敷葉工法」（粘土と砂利を混合した土の上に枝や葉を敷き詰めた層を何重にも重ね合わせる土木技術）を使って堤を築き、貯水池を完成させました。狭山池は現在も使用されています。

　5世紀後半に嵯峨野地域に定住した秦氏一族は、葛野川（京都府）に大規模な「葛野大堰」を作りました（資料4-2）。そのお陰で下流流域には豊かな水田が開墾されました。

■ 国宝の指がポキッと折れた！

　渡来人が大挙して訪れた時期は複数ありました。
　　1段階　高句麗の南下で圧迫を受けた百済・新羅・伽耶の住民
　　　　　（5世紀前半ころ）

2段階　高句麗と新羅の攻撃を受けた百済と伽耶の住民
　　　　　　（5世紀後半〜6世紀）
　　3段階　新羅と唐の連合軍に敗れた百済と高句麗の王族・貴族・住民
　　　　　　（7世紀後半ころ）
　彼らは多くの文物をもたらしました（表4-1）。
　仏教や漢字が韓半島から伝わったと聞くと「中国からじゃないの？」と思う人もいると思いますが、『日本書紀』には百済の聖明王が「仏典・仏像（金剛像）」をヤマト朝廷に贈り、仏法を説く五経博士を派遣したと記されています。その時、漢字は仏典を通じて伝わったのです。
　渡来人は東アジアの複雑な政治情勢に精通していました。仏教を導入しつつヤマト朝廷での権力を拡大・維持したのが蘇我氏です。ヤマト朝廷の内部では、仏教の導入について賛否両論の抗争が繰り広げられました。賛成派は蘇我氏、反対派は物部氏でした。親子2代に亘った抗争は蘇我氏の勝利に終わり、仏教が日本の政治・文化の中心に導入されることになりました。
　蘇我馬子は百済人が持つ知識と技術をバックにしてヤマト朝廷で実権を掌握しました。渡来人たちも朝廷で重要なポストに就きました。例えば、百済系の文氏は文筆・外交・軍事を担当しました。
　蘇我馬子は蘇我氏の氏寺として「飛鳥寺（現在は安居院）」を建立しましたが、これが日本で初めて建造された本格的な仏教寺院です（資料4-3）。もともと飛鳥寺には五重塔が建っていました。『扶桑略記』には落成式に蘇我馬子を含む100人あまりの人々が百済の服装で参拝し、百済から送られた「舎利」を安置したと記されています。
　飛鳥寺の五重塔は日本で最初に瓦が使われた建造物です。幾度かの火災で建物は焼け落ちてしまいましたが、「飛鳥大仏」は現存しています。この大仏

表4-1　渡来人がもたらした文物の例

百済	仏教、儒教、漢字、寺社建立技術、ラクダ・インコなど
高句麗	仏教、紙、墨、彩色技術など
新羅	仏教、律令制度、土木・青銅精錬技術など
伽耶	製鉄技術、釜戸など

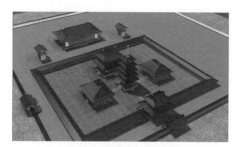

資料 4-3　飛鳥寺の復元図

出展：Wikipedia

資料 4-4　半跏思惟弥勒
菩薩（奈良県広隆寺）

出展：butsuzo link

資料 4-5　金銅弥勒菩薩
半跏思惟像

出展：국가문화유산포털

は、百済系の工人・司馬達を祖父に持つ「鞍作鳥」
が制作したものです。彼が手掛けた仏像は「顔が
面長で、微笑みを浮かべ、左右対称のバランスが
取れている」のが特徴で「止利様式」と呼ばれて
います。彼は、法隆寺の「釈迦三尊像」などを手
掛ける傍ら、数多くの「仏師」を養成して日本各
地に派遣しました。

　京都の広隆寺と言えば国宝・半跏思惟弥勒菩薩
が有名ですが（資料 4-4）、1960 年の夏、広隆寺で
大事件が起きました。ある大学生が弥勒菩薩の指
に思わず触れ、右手の薬指が「ポキッ！」と折れ
てしまったのです。

　〈資料 4-5〉の写真は日本より古い時代に韓半島
で作られた弥勒像であり、日韓の仏像には深い関
係があったことは一目瞭然です。ちなみに広隆寺は渡来人・秦一族の氏寺で
す。嵯峨天皇など中国文化に傾倒した天皇の時代以降、日本の仏像様式には
中国様式が色濃く反映されていきました。

■ 古代日本の K–ファッション

　中国・南京博物館が所蔵する『梁職貢圖』には、6 世紀初めに梁を訪れた各
国代表の服装が描かれています。韓半島の使節は監帽を被り、革靴を履き、

鮮やかなデザインで機織りした服装をしていますが、倭の使節は履物を履かず、身体に麻などの布を巻き、帯で留めるシンプルな服装をしています。韓半島の女性は、ツーピーススタイルに下着を着用していました。韓国の伝統舞踊にジャンプや回転が多いのも衣装スタイルの影響です。

　韓半島の衣服は、当時の最新デザインであったので、異国情緒を好んだ倭の高級官吏や貴族階級は積極的に受け入れました。

　5世紀に百済から伝わった「高機器具」が枚方（大阪府）遺蹟から出土しましたが、高機によって絹織りが可能になりました。『新撰姓氏録』（左京諸蕃上）には、

　「仁徳の御世に127県の秦氏を以て諸郡に分ち置きて、即ち蚕を養い、絹を織りてこれを貢ぐ。天皇詔して曰く、秦王の献る系、綿、絹ヌ、朕服用るに柔軟にして温煖きこと肌膚の如し。仍りて姓を波多と賜いき」

とあります。秦氏が建立したとされる「養蚕神社」（京都府太秦）の一帯は「蚕の社」と呼ばれ、養蚕の発祥地とされています。

▌ スタンスが分かれる韓半島の捉え方

　7〜8世紀における日本建国の経路に対する日本での解釈には、2通りのスタンスがあります。1つは「日本ー韓半島ー中国」という流れで韓半島の介在を認めるスタンスであり、もう1つは韓半島の存在を省略して「日本ー中国」に重点を置くスタンスです。

　これらの捉え方については、NHKの番組制作の態度にも現われています。2009年にETVは『日本と朝鮮半島2000年』（全10話）を放送し、古代の日本が受けた韓半島の影響を認めました。例えば、先に述べた「飛鳥寺」が百済の技術で作られたと言及しました。

　しかし、2020年秋に放送された『歴史秘話ヒストリア』では、平城京への遷都、歴史書の編纂、律令制度の制定を推進した「藤原不比等」が百済系の渡来人より英才教育を受けていた事実を言及することに留め、「大宝律令（701年制定）は中国（唐）より直接導入した」「初期の時期には『日本書紀』を中

国人が主に編纂し、彼らが帰国した後は中国人ではない人が執筆した」とするなど、古代日本が主に中国から影響を受けたというスタンスが取られています。

　ここに興味深い資料があります。668〜702年に往来した「遣唐使・遣新羅使・新羅使」に関する記録です（表4-2）。白村江の戦い（663年）で唐・新羅の連合軍に大敗した日本は、国家体制の不備が大敗の原因であることを実感し、唐の「律令制度」の導入を急ぎました。しかし、唐はかつての敵国。そこで、ヤマト朝廷は新羅を通じて唐の律令制度を導入したと考えられます。当時、新羅は唐の影響を多大に受け、唐風の文化が華を咲かせていました。しかし、その新羅と唐の同盟も長くは続きませんでした。韓半島の支配のために南下する唐に対抗するため新羅も倭に近づき、利害関係が一致した日韓両国は「遣新羅使・新羅使」を派遣しました。

　668〜702年の約40年間に遣新羅使（日本→新羅）は10回（4年に1度くらいのペース）、新羅使（新羅→日本）は22回（2年に1度のペース）も往来

表 4-2　遣唐使・新羅使・新羅使が往来した様子

年	遣唐使	遣新羅使	新羅使	年	遣唐使	遣新羅使	新羅使
668		○	○	686			
669		○	○	687		○	○
670				688			
671			○	689			○
672	○		○	690			○
673			○	691			
674		○	○	692		○	○
675		○	○	693			○
676				694			
677				695		○	○
678			○	696			
679			○	697			○
680			○	698			
681		○	○	699			
682			○	700		○	○
683			○	701			
684		○	○	702	○		
685			○				

出典：鈴木英夫・吉井哲『歴史に見る日本と韓国・朝鮮』を引用して作成

しています。一方、遣唐使は2回のみです。「日本」という国名がいつから使われ始めたのかは明確ではありませんが、720年に完成した『日本書紀』に「日本」と明記されていることから考えると、大宝律令から『日本書紀』の編纂時期にかけて、「倭」から「日本」に国名が変わったと考えられます。当時の東アジアの政情と地理的な条件など考えると、日本の建国に韓半島の影響は少なかったと考えるスタンスには無理があります。

■ 海峡が日韓の国風文化の形成を後押した中世

　新羅に滅ぼされた百済・高句麗・伽耶の民は、日本に渡来した後、新羅に対抗意識を燃やしつつ自らの先進技術をもって日本の各地で基盤を築いていったと考えられます。つまり、古代の日本では「{百済×高句麗×伽耶×新羅}×倭」という複雑な政治的関係が存在していたのです。

　やがて、東北アジアの情勢は唐の衰退とともに変化しました。韓半島の北側には滅亡した高句麗人が中心となって建国した「渤海」が建国され、南側には新羅が存在していました。『新唐書』に「東海の盛国」と称賛された渤海では高句麗と唐の文化が開花しました。

　当時の日本では朝廷の許可なしには海外と交易することはできませんでした。その中で日本と交易を行ったのが「張保皐」です。彼は唐に渡り、海賊の鎮圧で武勲を上げて将軍となった新羅人で、故国に帰還した後、優れた海軍力をもって海洋交易を行いました。当時の新羅の商人は海外貿易を積極的に行い、唐の沿岸には「新羅坊」と呼ばれるコリアタウンが作られていました。

　張保皐は、博多や大宰府を中心として交易を行い、日本に中国・東南アジア・ヨーロッパの文物を持ち込みました。それらの文物は「正倉院」に数多く保管されています。

　『源氏物語』には光源氏が渤海の使者（高麗人と表記）と漢詩で応対し、「光の君」の呼称を下賜された様子が記されています。（以下、現代語訳）

　「その当時、高麗人が来朝していたが、その中に優れた人相見がいるというのをお聞きになって、内裏の内に入れることは宇多帝のご遺誡があってできないので、慎重に人目を忍んで、この御子のほうを高麗人のいる鴻

鴻臚館にお遣わしになられた」

『源氏物語』桐壺〔十二〕

　渤海使は 727 年から 930 年までの間に 32 回日本を訪れました。渤海使を接待するための施設「鴻臚館」が大宰府と平安京に建てられました。京都で渤海使が鴻臚館に行くために渡った橋が「唐橋」ですが、『日本三大実論』（887 年 5 月 14 日条）に「始めて韓橋を守る者二人を置く」とあることから「唐」とは「韓」を書き換えたものだと思われます。光源氏のモデルの一人とされる菅原道真も渤海使との対応に尽力し、『菅家文草』には帰国する渤海使に道真が送った漢詩が記されています。

　大宰府では華やかな新羅文化が開花し、新羅調の模様が描かれたタイルや鬼瓦が使われました。しかし、香椎宮の建設（724 年）とともに新羅に対する対立感情が強まり、大宰府一帯の新羅文化は鬼瓦を除いて影を潜めて行きました。さらに、唐という「共通の敵」が衰退し、嵯峨天皇に代表される中国に傾倒する天皇が現れると、海を挟んだ日本と新羅の政治的・軍事的な交流は次第に必然性を失いはじめ、それぞれの国の文化が発展するに伴って両国に国風文化が定着していきました。

　このように、古代〜中世の日本では第 1 次「韓流ブーム」が起きていたのです。

2. 第 1 次嫌韓ブーム・嫌日ブーム

▌葛藤の始まり

　国風文化が花開いた日韓両国に再び、戦雲が立ちこめました。1 度目は「元寇（文永・弘安の役 1274 年・1281 年）」、2 度目は豊臣軍が韓半島に侵攻した「朝鮮の役（文禄・慶長の役 1592〜1599 年、韓国では「壬辰倭亂・丁酉再亂」）」です。この戦争の結果、日韓両国には「嫌韓ブーム・嫌日ブーム」が起こることになります。

■「元寇」

　13世紀に東アジア征服をもくろんだモンゴル（蒙古、後の元）は、韓半島に40年間に9度も攻め入りました。その後、モンゴルは日本へ侵攻するため、モンゴルの支配下にあった高麗に船の建造を強いました。モンゴルには海がないため蒙古軍には水に対する苦手意識があります。それで高麗に船を建造させたのです。2度に亘る元寇は、蒙古軍と高麗軍の連合軍でした。

　高麗内で蒙古軍に対抗した「三別抄」は、鎌倉幕府に蒙古軍の進攻に関する情報と同盟を求める書簡を送りました。当時、鎌倉幕府と韓半島との緊密な交流は途絶えており、白村江の戦い以来、外国軍との戦闘を経験していなかった日本では元の侵略に対して十分な情報収集と準備ができませんでした。書簡を送ったのは三別抄だけではなく、元と高麗も書簡を送っていました。当時、外交は朝廷が担当していましたが、日本は無回答の対応をしてしまいました。この「連絡せず＝国交拒否・回避」という日本式のコミュニケーションは海外には通じず、誤解が生じてしまいました。

　蒙古軍は新武器を持っていました。1つは「てつはう」という手榴弾。外見はアニメ『ポケットモンスター』の「モンスターボール」に似ています。投げてすぐには爆発しないため、日本軍が「こりゃなんだ？」と集まって見ていると爆発して中に仕込まれていた鉄の破片が飛び散るという最新兵器でした。さらに、戦さの方法も違いました。日本の武将は1対1の戦いにこだわりますが、蒙古軍は集団戦術を取りました。武士が「やあやあ、我こそは…尋常に勝負、勝負！」と名乗りを挙げている隙に攻撃されてしまうなど、敵に関する情報も持たなかった武士たちは苦戦を強いられつつ懸命に戦いました。

　元寇の事件は、国際交流と国際社会に対する情報収集が国運を決定するという教訓を与えてくれました。しかし、強制的であったとは言え、蒙古軍と共に元寇に参戦した高麗に対する悪感情は、当時の武家社会に拡散しました。

■「朝鮮の役」

　豊臣秀吉は、日本史上2番目の海外戦争「朝鮮の役（文禄・慶長の役）」を

引き起こしました。第 1 次出兵の目的は、中国（明）の侵略にあったとされています。秀吉は対馬の大名・宗義調に命じて当時、韓半島を治めていた朝鮮王朝（1392～1910 年）に「明に侵攻するので、日本と修好し、道を開け、共に明を撃つ」という親書を送りますが、当時の朝鮮王朝はこれを拒否します。中国と韓半島は陸続きなのです。中国との外交の失敗は、韓半島の政治的・軍事的な大混乱を意味します。この緊迫感は、島国である日本では簡単には理解できません。

　日本を統一したといっても豊臣政権はまだまだ不安定な状態でした。島国である日本は政権樹立に貢献した武臣に分け与える領土が十分ではなく、各地で不満が爆発する可能性がありました。

　さらに、キリスト教の急速な普及により、西国を中心にキリシタン大名が力をつけたことに危機感を覚えた秀吉が朝鮮出兵を利用したとも言われています。そう言えば、朝鮮の役にはキリシタン大名たちが多数参戦しました。また、一説によれば、秀吉の主君・織田信長の遺言（明を征服し、天皇を中国に移して、征夷大将軍としてアジアに君臨する）も出兵の原因であったとされています。

　朝鮮王朝は、日本軍の侵略を予測していなかったわけではありません。以前より韓半島の沿岸地域では「倭寇」の被害が頻繁に起きており、倭寇の基地の 1 つであった対馬に大規模な遠征も行われました。外勢の侵略に備えて軍を整備するという主張（十萬養兵説）もされましたが、王朝内の勢力争いにその声はかき消されました。

　秀吉は佐賀県の名護屋（現在の唐津）に名護屋城を築き、小西行長を先鋒とする 15 万の大軍が海を渡りました。不意を突かれた韓国軍は総倒れになり、日本軍は韓半島の北端まで攻め入りましたが、李舜臣将軍の率いる朝鮮水軍に補給路を絶たれ、1 年余りで休戦を迎えました。

■ 朝鮮の役後の混乱

　5 年後に起こった 2 度目の進攻は、韓半島での覇権を握り、豊臣政権を維持することが最大の目的でした。またもや 14 万の大軍が海を渡りました。今度は明と韓半島の民衆も参戦し、各地で激しい攻防が繰り広げられました。

その様子を大分出身の従軍僧・慶念が『朝鮮日々記』に記しています。（以下、現代語訳）

「日本兵の暴虐ぶりは凄まじかった。農家、商家、貴族の家等見さかえなく、野にも山にも火を放って、これを焼き払って進軍した。白衣の人々、チマチョゴリの婦人や赤子まで、見別なく叩きつけたり捕虜にし、竹筒に首をしばりつけ、団子ざしにしたりして引き立てて行く。親子は互いに求め合い、声を限りにして絶叫し合い、地獄さながらの様相で、人間はかくも残虐になれるものかと、日本人の私でさえ、日本兵が、朝鮮人のいう倭奴の顔に見えた。南原城をすぎてからは道中、道という道はどんな小路も、そして、野にも川にも老若男女、幼児赤児の切り捨てられた、鼻や耳をそぎ落とされた死骸が折り重なっていて、目をつぶらなければ歩けなかった」

慶念『朝鮮日々記』より

　さらに、日本兵に交じって人身売買する商人が渡航していました。これらの奴隷商人は下級の兵士と通じて韓国の民衆を捕まえては連行しました。『多聞院日記』には韓半島の女性・子供が略奪品と一緒に対馬・壱岐を経て、名護屋に送られ、長崎などで売られたと記されています。イタリアの商人カルレッティも1人あたり銀24匁（米6俵ほど）で売られていたと記録しています。

「日本から軍兵と共にいつ来たのか、人買いの一団が来たらしく、朝鮮人を捕らえたり買い取ったりして、首を縄で数珠つなぎにして、地獄の鬼どもが罪人を血の海、針の山へ追い上げる形相そっくりに追い立て歩かせていく。その数は大変なもので、5万名はこすだろうと兵たちはうそぶいていた。人買い商人に買われ日本に来た朝鮮人たちは、ほとんどが各大名の領土に送られた。」

慶念『朝鮮日々記』より

eg >.

　当時の日本の人口は約3千万人。日本に連れて来られた被虜人は5万～20万人と言われ、これを現代の人口（1億3千万）に単純換算すると20万～80万人の韓半島の人たちが日本にいたことになります。突如、日本の地に「コリアタウン」が出現したのです。彼らのほとんどは故国に帰れず、その後、日本で暮らしたと推測されますが、その足跡はほとんど残されていません。被虜人は逃げようと思えば逃げられました。しかし、日本の領主たちは「1人が逃げたら周りの人間を罰する」方法で逃亡を防止しました。彼らが同質性にこだわる日本で生きるためには身分を隠し、社会に同化するしかありませんでした。

■ 戦乱を通じて文物が交叉

　2度の戦争を通じて文物が日本と韓半島を行き来しました。韓半島から日本へ伝わったものの1つに「焼き物」の技術があります。茶の湯に傾倒し、千利休が好んだ韓半島の焼き物を手に入れるため、秀吉は参戦する武将に職人を連れて来るように命じていました。日本に連行された陶工をはじめとする瓦・染色職人の中には優遇された人たちもいます。彼らが作った茶道具は千利休を通じて「わび茶」文化の発展に寄与しました。日本には製造技術がなかった「磁器」も西日本を中心として生産され始めました。

　また、被虜人を通じて「朝鮮儒教」が伝わりました。捕虜となった儒学者「姜沆（カンハン）」は藤原惺窩（ふじわらせいか）（第3代将軍・家光の指南役）や林羅山（はやしらざん）など、江戸時代の儒教に大きな影響を与えました。

　逆に、日本から韓半島に伝わったものもあります。代表的なものは「唐辛子」と「鉄砲」です。唐辛子に関しては諸説がありますが、朝鮮出兵で加藤清正軍によって伝わったという説、キリシタン大名である大分の「大友宗麟（おおともそうりん）」が伝えたという説が有力です。1614年に書かれた『芝峯類説』には唐辛子が「南蠻胡椒」と記されています。意外ですが、キムチや韓国料理が赤くなったのはその時からです。

　火縄銃は、加藤清正軍の武将「沙也加（さやか）」が韓半島に伝えたとされています。本名は確かではないのですが、彼は韓国に帰化し、「金忠善（キムチュンソン）」という名を下賜されています。沙也加は儒学を学び、儒教の国である韓半島に憧憬の念を抱

いていました。彼は朝鮮出兵には大義名分がないことを悔い、部下や志を共にした武将500余名とともに韓国軍に投降したと伝わっています。その後、彼は、韓半島南部の蔚山で加藤軍と戦い、韓国国内外での戦いでも戦勝を挙げ、朝鮮国王より「金」の苗字を拝領しました。彼の子孫は、今でも韓国南部の鹿里地域に住んでいます。

　朝鮮出兵の理由が「胡椒」にあったという説もあります。韓国には昔から肉を食する習慣があります。仏教国家で食肉をタブー視されていた韓国で肉が食された理由は、中世の韓半島の国教が儒教であったこと、モンゴルの侵略を受ける過程で肉食が続けられたためです。冷蔵装置がなかった当時の韓半島では、胡椒は生肉を保存し、味を引き立たせる貴重な材料でした。韓半島では胡椒が採れなかったため、胡椒は日本から韓半島へ輸出する主用品目でしたが、胡椒を巡って日韓でトラブルが起こり、それが朝鮮出兵の原因の1つになったというのです。

　2度目の戦争の最中に秀吉が死去し、政権は徳川幕府へと移行しました。戦争に疲弊した朝鮮王朝では王権が衰退し、内部の勢力争いが激化し、貴族階級が民衆を搾取する社会相が深刻化しました。その結果、極端な中央集権システムが敷かれ、貴族支配がさらに強化されました。さらに、国境の中国に対する事大主義も顕著になりました。

　韓半島の軍とともに参戦した中国（明）も急速に国力が弱化し、周辺の民族の進攻が頻繁になり、やがて政権は清へと移行して行きました。2度の戦いの結果、韓半島では日本に対する警戒心が定着しました。

　軍事的な観点のみから見ると秀吉の韓半島への進攻は無謀です。島国である日本は海軍を育成すべき国なのですが、秀吉をはじめとする戦国大名は陸の軍でした。秀吉は陸の戦いに勝って日本を統一したという自負心を抱いていたのです。一国のリーダーの間違った判断が歴史的な傷を残す結果を作ったのです。

3. 第2次韓流ブーム

■ 江戸時代最大のイベント「朝鮮通信使」

　三代将軍家光の時代より鎖国に入った日本で、正式な国交が結ばれていた国（通信国）は2か国だけです。オランダ？　中国？　いいえ、ちがいます。オランダと中国（清）は「通商国（交易国）」であり正式な国交を結んだ国ではありません。それは「朝鮮王朝」と「琉球王国」です。朝鮮との外交・貿易は、対馬の宗氏が担当し、琉球王国は薩摩（鹿児島）の島津氏が担当していました。韓国の釜山には対馬藩が管理した「倭館」が置かれ、日本との外交・貿易を担当していました。倭館の面積は東京ドーム7個分。出島（長崎）の25倍です。倭館には対馬藩から派遣された役人たちの他に、商人や留学生らが常駐していました。

　徳川家康は、朝鮮の役によって寸断された朝鮮王朝との交流再開を望みました。それは幕府の治世基盤が磐石ではなく、幕府の威信を高める必要があったからです。一方、北部で勢力を拡大する「女真族（後の清）」の危機に曝されていた朝鮮王朝は半島南部の防衛を強化する必要に迫られていました。また、朝鮮の役で日本に捕虜となった民を連れ帰ることで、衰退した王朝の威信を回復させようという意図もありました。さらに、文化交流を通じて日本を感化し、再度の侵略を抑制しようという目的もあったと言われています。

　1607年（二代将軍徳川秀忠の時代）に第1回目の通信使が派遣されました。「回答兼刷還使」と称したように、3回目までは朝鮮の役で捕虜となった韓半島の民を連れ戻すことが主な目的でした。第4回からは将軍が交代する毎に派遣され、1811年に江戸幕府の経済が窮し、中断されるまで計12回、朝鮮通信使は海を渡りました。

　朝鮮通信使は300〜500名で構成され、ソウル〜江戸を8か月から1年数か月かけて往復しました。江戸幕府が通信使を招聘するために支出した費用は、当時の国家予算の約60％に当たる約100万両でした。

　朝鮮通信使の人気は凄まじいものでした。鎖国時代にあった日本の民衆は通信使を通じて唯一、異国の文化に接することができたからです。「通信使

が書いた漢詩や絵画は福を招く」と言われ、交流の場または通信使が通る街道では一般市民がアイドルにサインを求めるように群がったといいます。

　通信使を通じて日本の印象も変わりました。申維翰は、当時の日本の様子を次のように書き記しています。

> 「大阪の書籍の盛んなこと、じつに天下の壮観であります。我が国の諸賢の文集のうち、倭人の尊尚するところは、『退渓集』に如くはない。すなわち、家でこれを誦し、これを講ずる。諸先輩との筆談でも、その問う項目は、必ず『退渓集』中の語をもって第一義となす」

申維翰『海遊録』

　「サツマイモ」は朝鮮通信使として来日した「趙曮」が対馬から持ち帰りました。彼が 1764 年に記した紀行文『海槎日記』には「対馬には食べることができる根があります。甘藷または孝子麻で、日本語で高貴爲麻と発音する…国民のためになることは間違いありません」と記されています。

　朝鮮通信使は江戸時代最大の外交イベントで、古代に次ぐ第 2 次「韓流」ブームを引き起こしました。朝鮮通史使が往来した 200 余年間、日本と韓国の間には世界史に類を見ない平和な時代が続きました。

4. 第 2 次嫌韓・嫌日ブーム

▌日帝時代 40 年

　江戸時代の中期～末期に普及し出した「国学（仏教や儒教の影響を受ける前の日本独自の文化や精神の探求を標榜）」の影響と黒船の来航で火がついた「開国か攘夷か」という対立の狭間で、世論は次第に大陸進出に傾いて行きました。この世論に大きな影響を与えたのは、当時の有識者たちでした。例えば、新渡戸稲造（元国際連盟事務次長、旧 5 千円札のモデル）は『戦後の事業』（1905 年 6 月）で「政治的に無能力で、経済的にも自立できず、知識欲もない朝鮮民族のような女性的で薄弱な国民は、日本の重荷になっています。日本は朝鮮という死せる国を復活せしめるため植民地経営に邁進しなければ

なりません」と主張しました。

　一方、韓半島は正宗（イ・サン）の死後、王の権威が地に落ち、激しい派閥争いが繰り広げられていました。特に、朝鮮王朝の末期には朝廷は儒教に対する理論的な対立によって西人派と東人派に分断され、激しい派閥争いが繰り広げられていました。また、厳しい身分制度の下、国民たちは心身ともに疲労していました。国政に対する民衆の不満は蓄積し、民主平等思想を主張する「東学党の乱」（1894年）に代表される民衆の蜂起が後を絶たないなど、国内には政治的な空洞が生じました。このような政治的な混乱により外勢の侵入に対して十分な対応が取れなくなっていたのです。

　日清戦争（1894〜1895年）と日露戦争（1904〜1905年）は、周辺国家が韓半島の利権をかけて争った戦いです。2つの戦争に勝利した日本は、韓半島の統治権を確保しましたが、アジアでの利権を狙うフランス・ドイツ・ロシアなどの西側諸国や中国との葛藤はさらに激化しました。日本の軍閥政府は、1905年に朝鮮王朝（当時は「大韓帝国」）の外交権を剥奪し、1910年には「日韓併合」し、ここに40年に及ぶ日本統治時代（韓国では「日帝時代」）が始まりました。

　当時の朝鮮王朝では「日朝修好条規（江華島条約）」（1876年）の締結によって産業が発達した反面、外国への農産物の流出で国内の農業・産業が衰退しました。

　当時、朝鮮王朝内部では容日派と排日派が対立していました。排日派のリーダーは明成皇后（1851〜1895年、朝鮮王朝王26代王・高宗の皇后）で、彼女はロシアの力を借りて日本の勢力を一掃しようと試みました。これに対して、日本の国権党は「漢城新報」を通じて公使館守備隊（浪人隊）を募集し、宮中にて明成皇后を暗殺しました。この事件に関与した47人のうち、21人が熊本県出身でした。「明成皇后を考える会」（退任教員を中心にして2004年に結成）は、韓国の国営放送KBSと共同で浪人隊21人の子孫を探し、そのうち子孫2名が2005年に韓国を訪問し、皇后稜の前で謝罪しました。当時、韓国にいた私はこのニュースを目にしましたが、韓国社会の反応はすこぶる好意的でした。

　さらに、1923年に起きた関東大震災の際には、「韓国人・中国人たちが放

火し、井戸に毒を流した」などのデマが広がり、数多くの韓国・中国人が犠牲になりました。当時の様子は次の詩を通じて窺うことができます。

　　どうしたらいいだろう…あなたに呼びかけようにも　あなたの名を知らず
　　あなたは後手にゆわかれ　トビロやチョウナで割られ　あなたは銃で撃たれ
　　河に蹴落とされ　若い　あなたもいましたね　ただ勉強にやってきた
　　学生のあなたもいましたね
　　…あなたは無念に埋められたままで　私たちは平気で　この中川を渡り
　　亀戸をとおりすぎ　どうしたらいいだろう　また九月がきて　カンナが咲き
　　隣国からきた　あなたたちの　名も怨みも　地に滲み　川底にはりついたまま
　　半世紀　私たちはその上をどかどかと歩いて
　　　　　　石川逸子『あなたに〜中川、荒川土手で虐殺された方たちに〜』

　しかし、対立の時代にも日韓の心の交流は継続されました。石川啄木の短歌が表しているように日韓併合に反対した日本人や、韓半島の人たちに感銘を与えた日本人も少なくありませんでした。私の義理の父（韓国人）は日本の教育を受け、日本の高校・大学に留学しましたが、「恩師をはじめ、素晴らしい日本人がたくさんいた」と語っていました。

　　地図の上　朝鮮国に　くろぐろと　墨をぬりつつ　秋風をきく
　　　　　　　　　　　　　　　　　　　　　　　　　　　　石川啄木

　1945年、日本の敗戦により40年間に及んだ日本による統治時代は幕を閉じました。日本と韓国が国家次元で葛藤した時期は、7世紀の「白村江の戦い」と16世紀末の「朝鮮の役」、20世紀の日本統治時代の3度です。このうち、40年間の日本統治時代は日韓が直接的に戦争したのではなく、韓半島の人々が日本を中心とした周辺国家の抗争に巻き込まれ、周辺国家の葛藤の舞台になりました。

■ 再び、東アジアに戦火が上がった

　1945年8月15日、日本は「終戦記念日」を、韓国は「光復節（グァンボクチョル）」を迎えました。1952年までの7年間、無政府状態となった日本はアメリカを軸とする「GHQ（General Headquarter、進駐軍）」の統治下に置かれました。GHQは憲法を制定し、「民主化」の名の下、政治・経済・防衛・教育システムをアメリカ式に変えました。

　韓半島では、北部には共産主義を主張する勢力が、南部には民主主義を主張する勢力が台頭し、韓半島も無政府状態となっていました。統一国家を樹立しようという動きも見られましたが、結局、失敗に終わり、1948年にそれぞれの地域で選挙が行われました。南にはアメリカが支持する「李承晩（イスンマン）」を大統領とする「大韓民国」が、北には旧ソ連が支持する「金日成（キムイルソン）」を国家主席とする「朝鮮民主主義人民共和国」が建国されました。

　ところが、1950年6月25日（日）、突然、北朝鮮軍が南下し、「韓国動乱（朝鮮戦争）」が勃発しました。第2次世界大戦の終結からわずか5年で、韓半島は再び、戦火に包まれることになりました。北朝鮮軍を主力とする旧ソ連－中国軍と、韓国・アメリカを主力とする国連軍（16か国）は韓半島で激戦を繰り返し、1953年に北緯38度に軍事境界線が引かれ、韓半島は分断国家となり、今に至っています。

　この動乱によって韓半島には1千万人にも及ぶ「離散家族」が発生しました。現在まで家族・親戚が軍事境界線で離れ離れなったまま70年が過ぎています。25年ほど前に50年ぶりに離散家族が北朝鮮で再開しましたが、その光景は涙なしには見られませんでした。

　当時、私が住んでいた家の家主さんは、ほぼ毎晩、酒に酔っては怒鳴るような声でカラオケをやるので近所の人たちは非常に迷惑していました。ある日、私はテレビを見てビックリしました。離散家族の生中継にその家主さんが出ているではないですか！

　実は、北朝鮮で結婚したばかりの家主さんは戦争が勃発したため家に帰れなくなったのです。新妻は娘を妊娠していました。そのまま50年が過ぎ、新妻と連絡が取れない家主さんは韓国で新しい家庭を持ちました。しかし、北朝鮮の妻は女手ひとつで娘を育てながら夫の帰りを待ち続けていたのです。

50 年ぶりの再会で、70 を過ぎた父親と 50 を過ぎた娘は号泣しながら抱き合っていました。北朝鮮の奥さんもその会場に来ていましたが、韓国にいる夫の家族を気遣ったのか、結局、夫には会いませんでした。その後、近所迷惑だった家主さんの歌声はパッタリと止みました。

　家族・親族という血統をことのほか重要視する韓国の人たちは、今でも紛争の火種を抱えつつ暮しています。

■ 朝鮮特需とベトナム特需

　韓国動乱は、敗戦の生活苦に苦しんでいた日本が経済的に立ち直るきっかけを提供しました。国連軍の軸・アメリカは、韓半島から近距離にある日本に軍需品の生産を注文したからです。敗戦の経済苦に苦しんでいた日本社会には「朝鮮特需（軍服などを編む機織機械をガチャンと織れば万の金が儲かるので「ガチャマン景気」とも呼ばれた）」が到来しました。

　朝鮮特需で業績が上がった企業には、「三菱重工業・SUBARU（航空機・車両の修理）、トヨタ自工（トヨタ自動車の前身。トラックの生産）」などの重工業、「東洋紡績」などの紡績業（軍服・テント）、「大林組」などの建設業があります。

　何よりも、朝鮮特需を通じて日本企業はアメリカより「最先端技術・大量生産技術」を学ぶことができました。ただ、短期間に大量の軍事物資を生産することが求められたため、品質管理や品質開発など、真の経済大国になるためのノウハウを学ぶことはできませんでした。さらに、輸出先もアメリカのみに制限されたため「アメリカから資源を買い、アメリカのために生産し、アメリカの言い値で売る」経済活動でした。朝鮮特需が日本経済にもたらした効果はプラスマイナスの 2 面があると言えます。それにもかかわらず、重工業を中心として日本産業は急速に成長し、日本経済は本格的な高度経済成長期である「神武景気（1954〜1957 年）」に突入して行きました。

　一方、韓半島は韓国動乱の廃墟の中で苦しい生活を強いられました。当時、「Korea」とは「戦争、貧困」の代名詞でした。戦後の不況を打開するため、当時の朴正熙政権は 1963〜1970 年代後半にかけて大勢の国民を当時の西ドイツの炭鉱や病院に鉱夫（約 8,000 人）、技術者（約 100 人）、看護婦（約

11,000人）として派遣し、失業問題の解決と外貨獲得を図りました。1965〜1973年の間、ベトナムに延べ56万人もの兵士を派遣したのも当時の不安定な韓半島の安保維持と切っても切れない関係にありました。ベトナム戦争の泥沼化であがいていたアメリカが在韓米軍をベトナムに派遣した場合、対北朝鮮戦力の低下を韓国政府は恐れたからです。

　1964年に始まったベトナム戦争は韓国を含め日本・台湾などに経済特需をもたらしました。日本も缶詰・ヘリコプターや自動車の部品・鉄鋼・工作機械などの注文をアメリカより大量に受注しました。同時に、アメリカは韓国軍のベトナム派兵を条件に、韓国軍が必要な軍需品（缶詰・軍服・亜鉛・鉄板・建設など）を韓国内の企業に注文しました。その結果、韓国は1963年から2年間で輸出量は約4倍増加し、貿易国として成長する突破口を開く「ベトナム特需」が起きました。

　しかし、ベトナム戦争に参戦した韓国は国際世論の非難の的となり、韓国は外交的に孤立しました。それにもかかわらず、韓国がベトナム派兵を通じて得た最大の成果は、軍事クーデターで政権を樹立した当時の朴正煕政権がその正当性をアメリカから認められたことです。韓国が東アジアの日韓米安保ラインに本格的に組み入れられたのはこの時期からです。

5. 第3次韓流・日流ブームの到来か？

■ 歴史は繰り返す？

　日韓両国は政権が変わる度に政治的な葛藤を繰り返して来ましたが、経済活動ならびに大衆文化・観光を軸にした交流は継続されて来ました。2002年に「日韓ワールドカップ」が共同開催されてからは日韓両国の文化交流に拍車がかかりました。

　日本では2003〜2004年にドラマ『冬のソナタ』が一般放送されたのをきっかけに「冬ソナブーム・ヨン様ブーム」が起こり、韓流に火がつきました。当時、ソウル市内の観光地は日本からの観光客で溢れていました。特に、ドラマ『冬ソナ』のロケ地には女性を中心とした日本からの観光客が押し寄せました。これに対し、韓国の人たちは非常に肯定的でした。

2000年代初めの日本は、バブル景気の崩壊による経済的なダメージから立ち直りつつありました。韓国においても2004年1月に第4次日本大衆文化が開放され、日本の歌謡や映画などが普及し始めました。このような外交関係を背景に、韓流は日本を中心にしたアジアへと普及していきました。

　日本を訪問する韓国人観光客数も増加し、統計（日本政府観光局、2019年）によると、訪日外国人観光客の第1位は中国、2位が韓国、3位が台湾からの観光客でした。特に、地理的に近い九州には韓国人観光客が押し寄せました。2018年に九州地方で宿泊した外国人観光客の約40％は韓国からの観光客でした。このように、大衆文化の開放と民間交流により、政治的に葛藤していた日韓交流と友好意識は改善へと転換されて来ています。

　以上から、日韓両国は開放と閉鎖の歴史を繰り返して来たと言えます。ローマの歴史者クルチュウス・ルーフスは「**歴史は繰り返す**」と言いましたが、日韓関係は、今、開放的な関係を築ける時代に入っているといえます（資料4-6）。

　韓半島の歴史は「周辺国家の属国としての歴史」だと評価される場合が多々あります。しかし、韓国のように、地政学的な環境によって多国との攻防が絶えなかったという歴史は島国・日本にはありませんでした。したがって、韓半島が周辺国家との葛藤を経つつ民族としてのアイデンティティーを失わなかった歴史を評価すべきではないでしょうか。現在も南北に分断されるという特殊な環境に置かれつつも、自国のアイデンティティーを模索する姿にこそ韓半島を評価する視点が置かれるべきです。

　過去の歴史な出来事は、直接、体験できません。そこで歴史を学び、知ることは相互主義的な立場に立つための道である反面、「見物人」の立場に立つことでもあります。このバランスをどう取るかは、歴史の連枝である我々の責任です。

資料4-6　日韓交流の変遷

4.2. 政治・外交 ～まさに島国と半島国家～

1. 複雑化する東アジアのパワートライアングル

■ 地政学的な宿命

　私たちが暮らす東アジア地域には［島国－半島－大陸］をつなぐ「パワートライアングル」が存在します（資料 4-7）。それは「大陸の影響力が強まれば、島国と半島は政治的に近づき、大陸の影響力が弱まれば遠のく」というものです。例えば 7 世紀に百済・新羅・高句麗と倭は唐に対抗するために近づきました。しかし、唐の勢力が衰えると、海を隔てた日本と韓半島の交流の度合いは減り、それぞれ国風文化が発達しました。

　島国・日本の為政者には、潜在的に「大陸とつながって地政学的に有利な環境を得たい」という願望があります。韓半島は日本から最も地理的に近く、島国と大陸を連結する通り道にあります。また、中国やロシアなどの大陸国家は、環太平洋地域に進出するために「韓半島→島国」ルートを取って日本の不凍港をゲットする必要があります。この「大陸－半島－島国」ラインを結ぶ三角関係は、日本と韓半島との外交・政治・経済・文化を左右します。

　日韓両国は開放的・閉鎖的な歴史を繰り返して来ましたが、両国の政府・民間のコミュニケーションがスムーズに取れていた時代には開放的な関係が形成され、滞った時代には争いが生じました。外交はパワートライアングルの中で暮らす国民の安寧と直結しているのです。

　現在、東アジアのパワートライアングルは日を増す毎に複雑化しています。北朝鮮は共産主義国として思想的に中国と近いながらも微妙な関係にあり、日本と韓国は資本主義国家としてアメリカや西側諸国と深い関係にある反面、中国との関係もますます深まりつつあります。「自由民主主義・自由貿易」をモットーとする韓国は、思想的・経済的には日本と最も近い国なのです。しかし、中国ならびに北朝鮮との外交問題で日韓両国の政治的

資料 4-7　東アジアのパワートライアングル

な関係は揺れています。

　韓半島では「南北統一」が大きなイッシューとされて来ました。統一は韓国と北朝鮮が主導して進めるべきなのですが、現実は非常に難しいのです。なぜなら、韓半島は、地政学的に周辺国家の利害が交錯する場所だからです。韓国主導で南北が統一された場合、中国とロシアの目と鼻の先にアメリカ・日本・韓国の強大な軍事力が配置されることになります。もし、北朝鮮主導で南北統一が為されれば、日本のすぐ隣に中国・ロシア・北朝鮮の軍事境界線が現れます。南北統一は周辺国の外交的・軍事的な協力なしになし遂げることは不可能なのです。

　北朝鮮には地下資源が豊富です。南北が統一されれば、韓国の最新技術を使って北朝鮮の資源を開発し、日本と同じ、否、それ以上の経済発展を成し遂げることも不可能ではありません。また、半島という地理的な条件を生かし、陸路を通じて中国・ロシア・インド・ヨーロッパなどの国々と直に交易できるようになります。

　世界の投資家にとって統一された韓半島は21世紀で最も注目する投資場所だと言われるものそのためのです。パワートライアングルの一員である日本は、アメリカと中国（ロシア）の政策がどこへ傾くかによって政治・外交・安保の方向性が変化します。

　この複雑な現状の下、両国の国民は周辺国と上手くコミュニケーションを取らなければなりません。主義・主張が違うと言って「断絶しよう、関係を切ろう」という主張は、自分で自分の首を絞める愚論です。コミュニケーションの不足が不幸を招くことは歴史が証明済みです。冷静で効果的なコミュニケーションを取れる姿勢の維持とシステムの構築が今、私たちに何よりも必要です。

■ メチャ揺れの日韓政治

　2017年に韓国で発足した文在寅政権は、「日本―韓国―アメリカ」という「同盟」を一部、否定しつつ「北朝鮮―中国」に近づく政策を取ったことにより東アジアのパワーバランスに変化が生じました。

　文前政権の政治思想には「民族主義」が根本にあります。韓国と北朝鮮は

国家理念と政治体制は異なりますが、同じ「民族」という点では共通しています。文前大統領は、南北統一を2045年までに成し遂げることをビジョンとして打ち出しましたが、これは韓国国民ならば誰も反駁できない「正論」なのです。

　当時のアメリカの大統領・ドナルド・トランプは、アメリカの大統領としては初めて軍事境界線を越えて北朝鮮の指導者と会談し、大きな話題になりました。トランプ前大統領が北朝鮮に接近した背景には、大統領再選に向けたアメリカ国内向けのパフォーマンスおよび北朝鮮に接近することで中国を牽制する意図がありました。軍事的な圧迫ではなく、交渉で国際社会に門戸を固く閉じていた北朝鮮にアプローチできることを示した意味でトランプ前大統領の行動は評価できます。

　一方、文前大統領には、自分がアメリカと北朝鮮の仲介に立って米朝会談を成功させ、韓半島の外交問題を解決することで政権を安定させたいという意図がありました。しかし、アメリカと北朝鮮の会談（3回実現）は、ほとんど成果を上げられませんでした。北朝鮮は「大口を叩いた韓国（文前政権）は、自分たちに何の利益ももたらさなかった」と苛立ちました。

　国の経済状態が限界に来ている北朝鮮は、「アメリカー韓国ー日本ー中国ーロシア」というパワートライアングルの中で、核開発・ミサイル開発を打ち出すことで得られるだけの利益を得ようとしています。この、韓国と北朝鮮の葛藤により、日本を含む東アジアにはいまだ紛争の火種が継続しています。このような衝突を日本は傍観できなくなりました。

■ 日韓政府のパワーバランス

　前政権下における日韓の政治葛藤は文化交流にまで影響を及ぼし、日韓両国を往来する観光客数は激減し、交流行事も延期・中止されました。それまで日本のTVをにぎわせていた韓国出身の歌手も影を潜めました。さらに、2020年1月に発生した新型コロナウィルス感染が拡大するあおりを受け、日韓両国の経済活動は打撃を受けました。

　しかし、文前政権の任期が1年をきった2021年4月になると対日政策に大きな変化が生じました。今までの対日強攻策を緩和し始めたのです。2021

年1月にソウル中央地方裁判所は慰安婦と遺族20人が日本政府に対して損害賠償を求めていた訴訟を認めた態度を逆転させ、「国家の行為や財産は他国の裁判所で裁くことはできない」という国際慣習法の「主権免除」ルールに従って原告の訴訟を棄却したのです。この背景には、不動産政策や外交問題の相次ぐ失敗に対する国民の不満がつのり、2021年に行われたソウル市と釜山市の市長補欠選挙で与党が惨敗したことが大きく影響しています。

　文前政権が進めてきた対日強攻策によって日韓米の連帯にひびが入りました。同時に、文政権の「売り」である南北韓関係の改善も膠着状態に陥りました。これを改善するためにはアメリカの協力が必須です。文政権の末期に見られた日本への歩み寄りは、アメリカに対して発したSOSだったのです。

　木宮正史氏は、「非対称的な関係」から「対称的な関係」に移行した状況について日韓両国の政治が対応しきれていないこと、互いに協力する目的を見失ったことが日韓の政治関係の悪化の原因であると指摘します。

　1980年代の日韓両国では非対称的な関係で経済協力が行われ、政治的にも友好関係が維持されていました。韓国は日本との協力関係を通じて経済的な発展と政治的な安定を確保しつつ北朝鮮に対して優勢的な体制を推進できました。その中で、日韓の歴史問題・領土問題は棚上げされました。

　しかし、90年代以降、韓国が経済成長を果たすことで日韓両国は対称的な関係となり、日韓両政府は対立をコントロールする努力に消極的になったのです。さらに、日本の政界は自民党を軸とする保守派政権が長期政権を握って来た反面、韓国では金大中・盧武鉉・文在寅という進歩派が政権を取りました。日韓の政治方針の違いが歴史・領土・安保問題などの多面に亘って共有の幅を狭めてしまいました。

2. 韓半島は主義と利権が衝突する場所

▊ 3つの韓国

　韓国の政治の特徴は、「進歩派（左派）」と「保守派（右派）」の対立にあります。韓国国民のそれぞれ3割が進歩派と保守派、残りの4割は中道的な立場であると言われています。「右派－左派」の政治理念の対立構造は極端な

独裁国家でない限りどこの国にも存在しますが、韓国の場合は韓半島の近現代史が大きく影響しています。

　韓半島のそれぞれの王朝は、国王を中心とした一部の貴族階級が主権を握り、国民との間に「支配－被支配」の関係が顕著な封建国家でした。続く日本による統治時代、韓国動乱、その後の軍事政権時代、現代の経済主導の時代を経ながら、韓国の「支配－被支配」関係は形を変えながら継続して来ました。

　右派（保守派）は社会の改善と国民生活の向上のためには、伝統を維持させつつ社会を改善することを良しとしますが、左派（進歩派）は現実の問題を早急に改善しつつ新しい秩序を打ち立てる合理性にこだわります。

　韓国の進歩派・保守派にはそれぞれ多様な考えを持つ人たちがいるのではっきりした線引きは難しいのですが、北朝鮮に対する態度である程度線引きが可能です。進歩派は「民族主義」を強調し、先の文政権が見せたように先「歴史問題、領土問題」、後「経済・文化交流」の政策を取ります。

　同じ進歩派でも故金大中大統領が行った「太陽政策」は、日本・アメリカ・中国と友好関係を保ちつつ北朝鮮への経済的・物資的な支援を行うスタンスが取られました。ところが、文前政権は中国・北朝鮮との関係に重点を置くアンバランスな外交を行ったのです。大国に挟まれた半島国家であり分断国家である韓国は、周辺国家とのバランスを取ることが最大の課題なのにもかかわらず、前政権は現実を無視した外交政策を取ったのです。

　一方、保守派は北朝鮮・中国の共産主義に対して強硬姿勢で臨みます。したがって、北朝鮮の思想と専制体制を脅威と見て、この脅威に立ち向かうにはアメリカ・日本をはじめとする自由主義陣営と協力すべきであるというスタンスに立ちます。現在の尹政権は、先「経済・文化交流」、後「歴史問題、領土問題」の政策を取っています。

　韓国には「保守－進歩－中道」という３つの韓国があるのです。これを無視して韓国をひとまとめに見ると、韓国の見方が混乱してしまいます。政治家やマスコミが「韓国は…、韓国人は…」という場合、大体の場合において３つの韓国を区別していません。

　韓国の進歩派・保守派の存在には「分断」という日本にはない半島国家の

事情が深く反映しています。韓半島を2つの国に分ける軍事境界線（38度線）は、「自由民主主義」と「共産主義」が対立する一線です。韓国国内の政治・経済・安保・外交・文化の諸問題は、常に分断問題が底流にあるため、なかなか一筋縄ではいきません。

3. 大統領は「国王」？

▌日本と韓半島の政治体制の違い

　日本政府の韓国政府に対する不安感・不信感は、「締結した条約を韓国政府の都合によって変更される」ことに起因します。これは、韓国大統領の支持率が低下した時に起こるお決まりの現象でもあります。ウィーン条約には、「（国家間で交わした）条約の不履行を正当化する根拠として自国の国内法を用いてはならない」とされています。一度、締結した条約は（為政者が変わっても）引き続き遵守することが慣習です。この点において、韓国政府の対応は国際的ではありません。実は、韓国政府の姿勢に対しては韓国国内でも批判の声が上がっていましたが、それを韓国のマスコミは取り上げませんでした。

　しかし、韓国の政権が取って来た一連の対日政策を反日感情に起因すると言いきることには限界があります。その原因の1つは韓国の政治システムにあります。

　国民の考え・要望が国のトップに届く方法が日韓両国では違うのです。日本は議会民主主義のシステムをとっており、首相は国民の直接投票ではなく、与党の党首が首相を兼ねるシステムを取っているため、悲観的に考えれば国民の意志は間接的にしか反映されません。しかし、韓国の大統領は国民の直接投票で選出されます。現在の尹錫悦大統領は李在明候補と選挙を争い、わずか0.7％の差で当選しました。尹氏は検察総長から大統領になったのですが、政治経験はゼロ。しかし、韓国では民衆の願いが合致した人物ならば大統領になれるのです。これは、日本では考えられません。日本では政治家として基盤を持っている人だけが、党員によって首相に選出されるからです。

　韓国の大統領の任期は5年で、支持率が下がっても辞任はしません（例外
は朴槿惠前大統領。任期途中で弾劾されて辞任）。しかし、日本の首相は支持
率（デッドラインは20％台）が下がると、4年の任期の途中でも交代する場合
がほとんどです。韓国の政治は個人に権力が集中する反面、日本では組織に
権力が集中するスタイルだと言えます。

　韓国の大統領は、日本の内閣総理大臣に比べ、すこぶる強い権力を持って
います。それは、大統領は国会から独立して政策を行うことができるからで
す。つまり、大統領の一存が政策に移されるシステムなのです。

　「大統領制」は、国家的な危機を打開する「トップダウン式の指令経路」と
して有事の時には力を発揮します。韓国でも日本のような「内閣連立制」が
取りざたされた時期もありましたが導入できず、これからも導入は難しいと
思われます。ここには北朝鮮との対立が継続している地政学的な緊迫感が
影響しています。有事の際にはトップダウン型の政治システムが有効なの
です。

　北朝鮮は、最高指導機関としての金正恩氏を書記長とする「朝鮮労働党」
での決議で全ての国策が決定されます。党大会は頻繁に開催されることはな
く、その間、「党中央委員会」が国政のかじ取りをすることになっています
が、事実上は委員会の傘下組織である「政治局常務委員会（政務局）」と「政
治局」が担当しています。「党中央委員会」と並ぶ重要な機関として「党中央
軍事委員会」がありますが、金正恩氏は第3代最高指導者としてこれらの機
関のトップの地位にあるため、国策には金正恩氏の意向が色濃く反映される
のです。トップの権限が強いという点では韓国も北朝鮮も共通しています。

▌ 世論操作と「自由右派」の出現

　トップダウン型の韓国の政治システムは、「リーダーがどのような考えを
持つか」によって政策が大きく左右されます。

　政治のリーダーは、多かれ少なかれ世論をコントロールします。文前政権
は大統領直属機関として「高位公職者犯罪捜査処」を設置し、裁判官や検察
官を含む政府高官に対して政権の意に沿わない捜査をしたり判決を出したり
した場合、処分できる統制システムを制定するという極端な言論統制を取り

ました。さらに「言論仲裁法改正案」を制定し、政権に批判的なマスコミを処罰できるようにしました。これに対しては、『京郷新聞』や『ハンギョレ新聞』などの進歩派のメディアも言論の自由を圧迫するものとして批判しました。

　韓国ではマスコミの幹部は進歩派がおさえています。産業界では100万人を擁する進歩系の「全国民主労働組合総連盟」がにらみを利かせています。文前政権はマスコミと経済界を掌握し、保守派の締め付けを行いました。

　その韓国で「自由右派」という新しい流れが生まれました。日本でもベストセラーになった『反日種族主義』（李栄薫その他）の執筆陣らが歴史研究者・学者・ジャーナリスト・宗教指導者を巻き込んで、既存の保守勢力とは異なる新たな潮流を作ったのです。メンバーの1人であるジャーナリストの鄭奎載氏は次のように指摘します。

　　「これからは自由主義史観にのっとり、事実は事実として理解して評価していく必要があります。我々の長い歴史については正確な認識がなければなりません。そういう意味で「自由主義右派」という言葉を使うべきです」

　政治は、「国益」と「国民の安全」が最優先されるべきです。悲しいことですが、国と国の関係にはボランティアはありません。豊かな自国の文化と強い国力を持つからこそ対等に交渉できるのです。自国のアイデンティティーを確立させてはじめて対等に外交を進めることができます。

■ 政治システムの違いが危機管理に影響！？

　2021年8月に勃発した「アフガニスタン」での政権交代時にも日韓の危機管理の違いが浮き彫りにされました。タリバンが政権を奪回した後、大使館関係者やアフガニスタン人の関係者をはじめ多くのアフガニスタン人が国外脱出を図りました。その折、韓国は大使館職員とその家族、協力者のアフガニスタン人とその家族391人を全て脱出させました。

　一方、日本政府はほとんどの関係者を脱出させることができませんでし

た。政府が自衛隊機を派遣したのは、アフガニスタン前政府が崩壊した日から 10 日も遅い 8 月 23 日。カブールの日本大使館員 12 人のみがイギリス軍用機でアラブ首長国連邦に出国し、JICA（国際協力機構）の日本人 6 人とその家族およびアフガニスタン人の関係者 500 余人はアフガニスタンに取り残されたのです。

　韓国はアフガニスタン前政府が崩壊した直後に輸送機 3 機と特殊部隊 66 人を現地に派遣しました。また、現地の韓国大使館員がいち早くバス 6 台をチャーターして 365 人を乗せて空港まで輸送しました。アメリカは各国の大使館にバスの手配を呼びかけていたのに、日本大使館の現状把握は甘かったと言えます。7 月初旬から不穏な動きがあることを外交官に打診していたのですが、日本大使館の職員は「政権の転覆などはない」と言いつつ、現状を把握していませんでした。ようやくバス 37 台に関係者を乗せて空港に向かいましたが、空港で爆弾テロが起こり、空港に到達できませんでした。その結果、救出できたのは在留邦人 1 人と旧アフガニスタン政権関係者 14 人のみでした。

　自衛隊機に外国人を乗せる場合には日本国籍を有する者を含めることを義務付けたシステムも救出作戦の失敗の原因の 1 つです。しかし、最大の問題は日本政府の危機管理の甘さにあります。首相官邸には外交・安保の司令塔となる国家安全保障局と危機管理を担当する内閣官房『事態対処・危機管理担当』（事態室）があります。しかし、退避作戦を巡る対応は、ほぼ外務・防衛両省に委ねられているのが実情です。

　さらに憲法第 9 条もアフガニスタンへの自衛隊機の派遣にブレーキをかけました。自衛隊機を邦人救出の目的で海外に派遣はできるものの、派遣先の国が自衛隊機の安全確保と派遣要請に同意せずには派遣できないのです。一刻の猶予もない緊急事態時に、このような悠長なことをやっていては救える命も救えなくなります。この事実をほとんどのマスコミが報道しないことは大きな問題です。

　日本は、各種の法律を整え、それを遵守することには長けている反面、その法律を活用して国民を危機から救える体制は弱いのです。法や機関を作ることが最終目的化している日本では、危機管理が形式に流れがちです。急変

する政情に俊敏に対応できる政治観と体制が今の日本には必要です。

■ 新型コロナウィルス感染への初期対策に現れた政治体制の違い

　「新型コロナウィルス」に対する初期対応でも日本と韓国では大きな違いが見られました。韓国政府は新型コロナウィルスが流行し始めた2020年1月、世界に先駆けて「ドライブスルー検査」を行うなど、全国的にPCR検査を行える施設を設置して国民の不安の払拭に努めました。さらに、陰性判断を受けた国民を隔離収容する新型コロナ専門の医療施設を設置するなど、対応策をいち早く打ち出しました。また、4月30日に全国民を対象とした「コロナ19対応緊急財政難支援金」の支給を発表しました。新型コロナ感染初期の迅速な対応で下降を続けていた文大統領の支持率は上昇し、2020年4月に実施された国会議員選挙で与党（共に民主党）は大勝を収めました。

　これに対して、日本では東京オリンピックの開催をめぐってIOC（国際オリンピック委員会）および諸外国との交渉に追われる中、感染拡大が本格化し始めた2月、3月に日本に寄港したクルーズ船内の感染者の隔離方法を明確にできないなど、迅速な対応が著しく遅れました。また、水際対策のPCR検査基準が緩和されたのは5月に入ってからでした。国民は不安感と焦燥感の中で自主的な感染防止に努めるしかありませんでした。

　しかし、最も大きな問題は、国民に対する支援が不十分であったことです。新型コロナウィルス対策専門家会議が強調したのは「ソーシャル・ディスタンスの遵守、自己対策の徹底」であり、PCR検査を受けるシステムの改善、感染者を隔離する施設の十分な確保には至りませんでした。その中で、東京・大阪・和歌山などの地域は独自的に対応策を打ち出し、政府と地方との足並みは揃いませんでした。

　何よりも緊急事態宣言の発令とともに、休業すべき店舗・企業に経済支援を早急にすべきでした。しかし、政府は経営者に給付金を支給しましたが、申請する手続きは複雑でした。例えば、ドイツでは休業した企業の従業員に給料の6割を支払うために必要な書類は2点だけでしたが、日本では1日8,330円を上限として支給するために10点もの資料が必要でした。休業して経営が困難になった経営者たちは外出禁止の中、書類をかき集めなければな

りませんでした。さらに、ドイツでは 2 週間で給付金が支給されましたが、日本では 2 か月もかかりました。日本で国民 1 人当たり 10 万円の支援金の申請が始まったのは、新型コロナウィルスの感染拡大が始まってから数か月経ってからでした。

　厚労省と医師会の調整もチグハグでした。日本には医療緊急事態時に厚労大臣が医師会に指示を出せる法律がありません。そのため、医療体制の強化を目的とした補正予算（1.5 兆円）があったにもかかわらず新型コロナ専門の医療施設の拡充は進まず、自宅療養する患者数は増加しました。

　今回の新型コロナウィルスへの初期対応で、日本社会の「セクショナリズム」が浮き彫りになりました。日韓両政府の対応の仕方には、大統領の権限を持って指示を出せるトップダウン型（韓国）と、「厚生労働省、経済産業省」などの各組織が独立性を持つ組織集合型（日本）の違いが端的に現れました。

4. 安全で平和な国？

■ 平和・安全イデオロギーの分断

　現在、残念ながら日本も分断されていると言っても過言ではありません。それは、「平和・安全」に関するイデオロギーの分断です。「日本は平和・安全である」という立場（たぶん大部分の国民の考え）と「日本は危機に晒されている」という立場の衝突が表面化しつつあります。前者は現状維持を望み、後者は現状の打開を叫び、法の改正を推し進めています。

　本当に日本社会は平和なのでしょうか。新型コロナウィルスで私たちの生活は激変しました。教育機関はもちろん、経営が破綻状態に陥った飲食店や企業の数は計り知れません。感染症による混乱がこれから先、二度と来ないとは断言できません。記憶に新しいところでは、2022 年 7 月、奈良県で選挙演説中の安倍元首相が聴衆の眼前で銃弾に倒れるという前代未聞の暗殺事件が起きました。白昼に元総理が暗殺されたにもかかわらず、マスコミはこの事件の真相を追求する報道をほとんどしていません。

　さらに、日本社会では子どもの 7 人に 1 人は「貧困層」です。これは、G7 国家（先進国）の中でワースト 2 です。特に、「ひとり親家庭」の貧困度は高

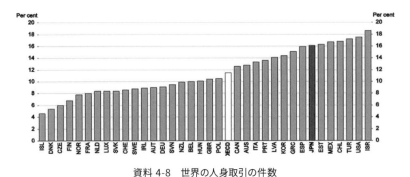

資料 4-8　世界の人身取引の件数

出典：OECD（2017g）、OECD Income Distribution データベース

く、それらの家庭の 48.1%は貧困に苦しんでいます。

　また、日本の「人身取引」件数は G7 国家（先進国）の中でワースト 2 です（資料 4-8）。2020 年 6 月にアメリカ国務省は、世界の人身売買に関する年次報告書を発表しましたが、日本の評価レベルは「基準は満たさないが努力中」と評価されています。日本政府は、東京オリンピック・パラリンピックに向けて「人身取引対策行動計画 2014」を策定し、人身取引対策に取り組もうとしましたが、一般の国民の関心度は非常に低いのが現状です。

■ 近くて遠い「在日コリアン」

　日本社会では、多数の「在日コリアン」（在日韓国人・在日朝鮮人の総称）が活躍しています。在日コリアンとは、第 2 次世界大戦が終わった 1945 年前に日本に渡来した韓国籍・朝鮮籍の人たちとその親から生まれ、日本で育った人たちです。1980 年代以降に韓国から移住して来た人たちを含ませる説もありますが、ここでは 1945 年以前に日本に移住して来た韓半島で生まれた人たちとその子孫を在日コリアンと呼ぶことにします。

　価値観の違いから 1 世と 2 世と 3 世以下を区別すべきであるという見方があるように、在日コリアンの社会にも世代差が著しいのです。在日コリアン 1 世が日本に移住した理由は「留学、就職、結婚」などの他に徴用（特に、1944 年頃から）という事情もあります。徴用された人たちには、韓半島の人たちの他に中国大陸の人たちもいました。彼らは、日本で主に 3K（きつい・

危険・汚い）の仕事に従事しました。その代表的な例が「炭鉱」で、全国の炭鉱では数多くの韓半島・中国大陸出身の労働者が働いていました。

　1945年に戦争が終わり、在日コリアンの多くは故国への帰還を試みました。ところが、「日本と正式な国交がまだ結ばれていない」「生活の基盤が日本にある」「南北の対立によって韓半島の情勢が不安定になった」ことなどを理由に60万人ほどの人たちが日本に残留することになりました。

　在日コリアンのうち、日本で生まれ、日本の教育を受けた人たちは情緒的には「日本人」だと言えます。しかし、日本の民法では「父親の国籍を子が相続する」立場を取って二重国籍を認めないため、日本に帰化しない限り、彼らは「韓国・朝鮮」籍のままです。韓国式の名前を使っていますが、日本式の名前を使っている人たちもいます。

　同質性にこだわる日本社会において、在日コリアンは疎外と差別の対象となって来ました。様々な疎外の中で生きて来た彼らが日本社会で地位を確立するには、独立して事業をするか芸能業などの特殊な世界で才能を生かして開拓する方法しかありませんでした。

　彼らの置かれた立場は、アメリカ社会における黒人と相似しています。皮膚の色が違うという理由だけで黒人たちが甘受して来た差別・虐待は言葉では言い表せません。黒人がアメリカ社会で成功する道も在日コリアンと同じでした。それでも在日コリアンが黒人より恵まれていた点は、（失礼な言い方ですが）完璧な日本語を話し、外見では区別できないことです。

　彼らは日本社会で差別を受けながら懸命に生きました。限界の中で生きた彼らが成功し、幸福に生きるためには、日本式の名前を使い、身分を隠し、在日の狭い社会の中で安全を確保しつつ、限られた環境の中で努力することでした。歴史の犠牲者として、彼らの生きざまは、映画『パッチギ』や『焼肉ドラゴン』など、数々の映像のテーマとなって来ました。

■ 分断された故郷を生きる在日コリアン

　母国と同じように日本社会の在日コリアンも分断されています。それは韓国系の「民団」と北朝鮮系の「朝総連」です。北朝鮮に対して民団の人たちは「北韓（プッカン）」、朝総連では「共和国（ゴンファグク）」という単語を使います。民団の事務所には

韓国の大統領の写真が、朝総連の事務所には「金日成」「金正一」前主席の写真が飾ってあります。マスコミで韓国と北朝鮮が葛藤する様子を目にする私たちは、2つの団体間に交流は皆無であると思っていますが、在日の彼らには同じ民族の子孫として「同胞意識」があるのは確かです。

　何よりも差別を受ける対象であった点は共通しています。1970年代に国民年金への加入が法律化されたにもかかわらず、1981年に「難民法」が制定されるまで在日コリアンにはこの事実は知らされませんでした。年金への加入を申し出た人たちもいましたが、「未納の年金を一括で支払う」ことが条件でした。すでに年配になっていた人たちの多くは、未納金を支払う金銭的な余力はないのにもかかわらず…です。

　このような差別を受ける在日コリアンが日本社会に対して疎外感・不信感を抱くのは人間として当然のことでしょう。つまり、「差別政策－日本統治時代のまま」という方程式によって日本が以前のように韓半島を支配するよう目論んでいるのではないか、と憂慮する在日コリアンおよび韓国国民がいてもおかしくはありません。

　日本社会は、環境への同化を志向するあまり同質性にこだわります。この文化の下では、環境を整備・維持するという正の態度が取られる反面、在日コリアンに対する姿勢に見られるように「知らせない・言わない」などという閉鎖的な方法を通じて自己の環境の外に特定の対象を放り出し、切り離すという負の態度が取られます。日本の軍閥による40年間の統治を巡っては賛否両論が飛び交っていますが、在日コリアンまたは在日中国人などに対する差別は、同質性の保証された範囲でのみ平等を認めようとする日本の自由民主主義の限界を示唆するものです。

4.3. 経 済 ～切っても切れない交易国～

1. 日韓両国の地政学的な条件と経済システム

▌貿易の国・韓国

　韓国の面積は日本の約1/4です。（北朝鮮まで合わせると約1/2）また、韓

国の人口は約 5,300 万人、日本は約 1 億 2,500 万人です。さらに、四方を強国（日本、中国、ロシア）に囲まれている韓国は、内需による経済発展には限界があり、早くから海外に目を向けざるを得ませんでした。昨今、世界的に人気を得ている韓流も同じです。このような事情のため、韓国経済は輸入した材料を加工して輸出する貿易と不動産投資が経済活動の主流をなしています（表 4-3）。日本も貿易国ですが、韓国に比べるとまだまだ内需があり、国内でも十分な経済活動ができます。

韓国の対日本輸出額は年々減少している反面、対中国輸出額は増えています。これは日本との政治的な葛藤が原因というよりも中国の経済発展の影響および近距離にあることが原因です。

韓国経済の最大のネックは、国土の分断にあります。目と鼻の先で北朝鮮と対峙しているため、莫大な軍事費を支出せざるを得ないのです。ストックホルム国際平和研究所（SIPRI）が発表した「GDP に対する軍事費の総合ランキング」によると、韓国で軍事費が占める比率は GDP の約 2.62%。日本は約 0.99% です（表 4-4）。

表 4-3　韓国の輸出依存度（2011 年）

国名	輸出額/名目GDP（%）
タイ	66.2
台湾	66.0
韓国	49.7
ドイツ	41.2
中国	26.0
イタリア	23.8
フランス	21.5
イギリス	19.6
インド	17.7
日本	14.0
アメリカ	9.8

出典：丸紅経済研究所作成の資料を
　　　基にして作成

表 4-4　GDP に対して軍事費が占める比率（2013 年）

順位	国または地域	GDP に対する軍事費の割合
1	オマーン	11.475%
2	サウジアラビア	8.989%
3	アフガニスタン	6.237%
4	イスラエル	5.630%
9	ロシア	4.188%
13	アメリカ	3.811%
29	韓国	2.602%
32	インド	2.446%
43	中国	2.053%
	世界平均	1.945%
103	日本	0.992%
111	スイス	0.777%
131	シエラレオネ	0.001%

出典：「国際格付統計センター」のホームページを参照
　　　して作成

韓国の国家資産の85%は不動産資産が占める

　2019年から2020年にかけて韓国の国富（国家資産）は増加しましたが、増加額の約80％は不動産資産によるものでした。2019年の居住用家屋資産額（土地を含む）は、国家総資産額（約1,662兆2,000億円）の85％に相当するほど、韓国経済に占める不動産資産は大きいのです。

　韓国社会でマイホーム問題は人生を左右する大きな問題です。家の所有の有無は、財テクはもちろん、子どもの教育と直結しています。私は韓国在住中に引っ越しを12回経験しました。子どもたちが幼い頃にはソウル市郊外の2LDKの家で暮らしましたが、下の子どもが生まれたこと、家賃が上がったこと、また、転職・子どもの教育などが原因で引っ越しを繰り返しました。

　韓国で家を準備する方法は3つあります。「購入、伝貰（2年ほどの契約期間にまとまったお金を家主に預け、引っ越す時に受け取る方法）、月貰（月々家賃を払う方法）」です。最初からマイホームを購入できる人は羨望の対象で、ほとんどの人は伝貰か月貰、または2つを組み合わせたスタイルで家を借ります。

　文前政権時代に韓国の国家負債が凄まじい勢いで増加した背景には「韓国は国家負債が少ない」「韓国のウォン貨が基軸通貨レベルになる」という考えが反映しています。実際、韓国の国家負債律はOECD国家の中で最も低い48.9％です（2020年基準）。OECD加盟国の平均は130.4％、日本は最も多く237.3％（ただし、日本の国家負債のほとんどは国債）。次いでイタリア183.9％、イギリス154.4％、フランス146.5％、アメリカ133.9％です。韓国の国家負債律が低い原因は、韓国政府が国民の家計負債を負担していないからです。

　また、国家負債を抱える韓国以外のOECD加盟国はアメリカ・イギリス・日本とEU加盟国です。これらの国の貨幣「ドル・ポンド・円・人民元・ユーロ」の5つはSDR（「特別引出権」国際通貨基金（IMF）が加盟国に準備資産を補うこと）の基準となっていますが、韓国ウォンは基準とされていません。

　私はこの事実をヨーロッパで実感しました。スペインに向かう飛行機の乗り換え地・トルコのイスタンブール空港で食事を取るために円貨をユーロ貨に両替した時のことです。両替可能な貨幣の一覧表には韓国ウォンはありま

せんでした。スペインの両替所も状況は同じでした。私は世界におけるウォン貨の地位を実感し、複雑な気持ちになりました。

　国家負債が少ないことを理由に韓国が国家負債を増加させた場合、20余年前に経験した金融危機が再現される可能性があります。韓国経済の大きな目標は、ウォン幣を準基軸通貨に育てることです。

　しかも、この問題は、南北韓統一の大きな負担にもなります。現在の北朝鮮の経済状態を抱えたまま統一された場合、韓国は莫大な国家負債を負ってしまいます。その解決には諸外国の経済的な支援が必須です。国内では不動産問題の改善、対外的には韓半島が持つ地政学的な利点を生かした自由貿易の推進、それを後押しする外交関係を促進してウォン貨の価値を上げなければなりません。

　さらに、教育問題を改善しなければ不動産問題は解決しません。なぜなら、韓国で個人負債が増加する背景には教育問題が影響しているからです。韓国では地域によって進学する高校が決まります。有名大学に沢山の入学者を輩出する高校に我が子を入学させるために親は引っ越します。当然、その地域の不動産の価格は上がります。

　このようなことから、歴代の政権が掲げる公約は不動産と関連しています。2022年の大統領選挙で政権が交代した背景には不動産政策の失敗に対する国民の不満が爆発したことが要因の1つです。

▌昔ながらの首都集中志向

　韓国では、不動産資産の約57%はソウル市とその郊外の京畿道（ギョンギド）に集中しています。韓国の全人口の約半分が首都圏に集中しているのです（2018年基準）。南北に分断されているため、国土面積が日本の約1/4と狭いうえに、人口が首都圏に集中しているので当然、首都圏の地価は高騰します。

　この韓国の首都圏集中スタイルは中世の高麗・朝鮮王朝時代の中央集権時代から変わっていません。北朝鮮も同様で、首都・平壌（ピョンヤン）には全人口2,500万人（国連の統計、2019年）の約10%に相当する人口が集中しています。しかし、誰もが平壌市民になれるのではなく、労働党員や国家貢献者の家族である「特権階層（287万人、2016年）」だけが居住を許されています。

当然、韓国と北朝鮮の教育機関も首都圏に集中しています。韓国で「SKY」と呼ばれる一流大学（ソウル大、高麗大、延生大）も然り、北朝鮮最高峰の「金一成総合大学（国家機関幹部の約70%を輩出）」もそうです。

　韓国政府は、この極端な首都圏集中の国家形態を改善するために、各政府機関を地方に移転する政策を立てました。「世宗市（2012年建設）」「地方革新都市の開発（2013年）」がそれです。地方に公務員を移住させましたが、子女の教育などの問題が原因で、彼らの生活の舞台は首都圏に戻りつつあります。

　韓国の1世帯の家計資産は平均4,630万円（2018年）。日本の2,834万円（2019年）より高いのです。しかし、韓国経済の大きな問題点の1つは年金制度が普及していないことです。韓国では「公務員、職業軍人、教員（私立学校含む）」のみに特別年金が支払われ、その他の国民は「国民年金」に加入します。しかし、全国民を対象とした国民年金制度の導入は遅く、1988年に始まったばかりです。2022年の調査によると、国民の約40%は「将来、受け取れる国民年金は減る」と考えています。65才以上の高齢者の（相対）貧困率は50%と、OECD国家の中で最も高いのです。

　「ひとり暮らしの老人（韓国語では独居老人）」数は年々増加し、高齢者は人口の約35%を占めています（2021年基準）。その中で老後対策を立てている高齢者は33%に過ぎません。しかも、高齢化のスピードは速まる一方。2025年には4人に1人が65才以上の超高齢者社会になります。韓国社会では老後の資金を個人で準備するしかないのです。韓国社会が不動産に敏感な理由の1つはここにもあります。

　そう言えば、2022年の大統領選挙で民主党から立候補した「李在明」氏は、ソウル郊外の城南市長時代に行った都市開発疑惑が選挙運動期間に発覚しました。現大統領「尹錫悦」氏の姑も不動産疑惑を掛けられてマスコミの集中砲火を浴びました。不動産政策は、韓国の世論を左右する重大課題なのです。

■ 韓国社会の2大内政 ～雇用問題・不動産問題～

　文前政権は2022年に雇用者の最低賃金を5.1%アップしました。政権5年間（2017～2022年）になんと最低金銀は41.6%引き上げられました。これに

対して、韓国経営者総協会は「15.6％の引き上げが妥当である」と文前政権の最低賃金の引上げを批判しました。最低賃金の上昇と経営状況のバランスが取れなくなった経営者は、雇用者数を減らさざるを得なくなりました。その過程で、正規・非正規を問わず、職を失う人たちが増加しました。

　同時に、前政権は短期アルバイト人口を増やしました。これによって青年失業率は5.4％となり、2019年度より改善したかのように見えましたが、実際には非正規職は64万人も増加しました（うち60才以上は27万人）。2021年には20〜30代の30.1％が非正規職でした。新型コロナウィルス感染拡大に伴い、営業時間が短縮される中、勤務時間が週36時間に満たない短期労働者は10.3万人、36時間以上である労働者は13.9万人減少しました。

　2021年には20〜30代の約70％が「一生働いても経済的に豊かにはなれない」「希望する職場に就職できる可能性は低い」と答え、63％は「今後も若者層の雇用環境は悪化する」と答えています。2022年の政権交代時には、このような若者層の不満が爆発しました。試験地獄を死に物狂いで克服してもさらに試練が立ちふさがる韓国社会。一部の若者はこのような韓国社会を「ヘル・コリア」（ヘル＝HELL＝地獄）または「ヘル・チョソン^{朝鮮}」と呼んでいます。

2. 同族経営の国・韓国、実績経営の国・日本

▍財閥の国・韓国

　日本は1945年の敗戦を契機に「財閥」が解体され、中小企業の活性化が進みましたが、韓国経済は今なお一部の大企業が経済活動をリードする「財閥の国」という逆ピラミッド型になっています。これら少数の大企業は韓国のGDPの約60％を占めています（表4-5）。さらに5大財閥が30大企業の生産額の90％を占め、2大財閥である「三星（SAMSUNG）」と「現代自動車」の売り上げだけでもGDPの20％に相当します（2018年）。そのため、韓国経済は一部の財閥に問題が生じれば国全体が打撃を受ける問題点を抱えているのです。

　韓国のこのような経済体制は、戦後の政策に原因があります。韓国の初代

表 4-5　韓国の 5 大財閥 (2016 年)

財閥名	業　種	売り上げ
三星	電子、家電、機械、化学、金融、サービスなど	21 兆円
現代自動車	自動車	9 兆円
SK	エネルギー、通信、石油精製、化学など	2 兆円
LG	電子、家電、化学など	5 兆円
ロッテ	流通、観光、サービス、食料、化学、建設など	1 兆円

　大統領・李承晩（1948〜1960 年）は経済発展に力を注ぐため、親しい人物を企業の経営者に据えました。「三星、現代自動車、LG」などの巨大企業をはじめとする上位 30 位以上の財閥がその過程で生まれました。

　韓国の企業は「直系世襲」を好みます。世襲とは同族経営のことですが、大部分の韓国企業の創始者および国民は、直系の子孫に経営権を継承するのを良しとします。この韓国企業の世襲制には儒教思想が大きく反映しています。血統を重視する儒教では、家督は長男が継ぐのが一般的だからです。

　しかし、2 世・3 世の後継者に能力・センス・誠実さがなければ、その企業は没落するはめになります。また、どんなに優秀な社員であっても経営者の息子・娘と結婚して親戚にでもならない限り、経営者になることは皆無に近いのです。このような企業文化は、社員の意欲を削ぐ原因になっています。また、経営に携わる上司（できるだけ経営者に近い人物）と関係を結びたがる「人脈主義」を増長させる背景ともなっています。韓国ドラマには、会社の後継者争いを巡るストーリーが必ずと言っていいほど見られますが、それほど韓国は血統に基づいた同族関係に執着するのです。

　もし、親戚が大統領にでもなれば一族はその大統領に群がるでしょうし、大統領は一族の面倒を見なければなりません。韓国の歴代大統領に親族に関連したスキャンダルが跡を絶たないのは、儒教社会の家族主義がもたらした弊害です。

　実は、日本にも同族経営を好む企業文化があり、上場企業の約 50％は同族経営システムを採用しています。トヨタ自動車、キヤノン、キッコーマンなどがそうです。同族経営の長所は、創業者の経営理念が継承され、継続的なイノベーションが可能な点にあります。

　日本と韓国の同族経営の違いは、韓国は血統を最も重要視しますが、日本は血統以上に能力・実績を重視する点です。血族の子孫に能力がないと判断されたり経営者として実績不足が判断されたりした場合、日本では血統的なつながりのない親族（婿など）または優秀な社員から経営者を選ぶ「専門経営者システム」が採用されています。これは江戸時代に定着した「番頭経営」の延長です。婿取りの家なら融資するが、息子が当主だったら融資しないなど、出来の悪い息子には跡を取らせず、娘に優秀な婿を養子に迎えるのが江戸の商家のしきたりでした。さらに、江戸時代には１つの商家が失敗を犯せば、その株仲間（同業者）全てが罰せられました。

　韓国には「腕は内側に曲がる」ということわざあります。これは「人は自分と近い者に情が行くのは自然の理である」という意味です。韓国の同族経営にはこの考えが色濃く反映されています。

■ 誰もが一流大学と大企業を目指す

　韓国では、優秀な人材はなかなか中小企業に就職しようとしません。韓国の大学生の就職率が低い原因の１つはここにあります。実際、大企業と中小企業の年俸の差は倍近く違います。このような経済構造の中で、韓国の学生たちも親も一流大学に進学し、大企業に入ることを人生の大きな目標とするのです。

　ちなみに、韓国の大学・短大への進学率は 72.5%（2020 年）で、日本の 58.6% よりはるかに高いのです。当然、韓国社会は学閥主義となり、受験戦争は激化します。親も収入の３分の１近くを子どもの教育費に費して子どもの進学を支援します。

　しかし、一流大学に進学したとしても大企業に入社できるとは限りません。また、全ての高校生が一流大学、または大学へ進学できるわけでもありません。就職活動・大学進学に失敗した（または進学を断念した）時に感じる「悲哀」は、日本とは比べものにならないほど大きいのです。しかし最近では、社会保障が充実し、中小企業への就職を希望する学生が多くなって来ました。また、起業する学生、歌手や芸能人などへの道を希望する学生たちも増え、就職に対する社会的な認識も変わりつつあります。しかし、まだま

だ大企業志向・一流大学志向は根強く残っています。

　大学・短大に進学した後は就職戦争が待ち構えています。一流企業に入るためには「スペック」と呼ばれる評価基準をストックする必要があります。スペックとは「学歴、語学力（TOEICでは800点以上、日本語では900点以上）、大学での成績、インターンシップ・留学・学外活動（企業などが提供する参加型プログラム）の参加経験」などを総合した資格で、企業はこのスペックを評価して採用を決めます。できる限り高いスペックを取るために、韓国の学生たちは青春をつぎ込むのです。

　さらに、90年代末の金融危機を経ながら不況に強い「公務員」を志望する人たちが急増しました。2021年の公務員試験には前年度より志願者が7%増え、倍率は35倍の超狭き門でした。志願者の平均年齢は29.2才で、男女別では女性の志願者（57.6%）が多かったのです。

　さらに韓国の学生を追い込んでいるのは「常時採用」する企業の増加です。「定期採用」は内定辞退者や中途退社者を見込んで多めに採用するため、志願生たちに入社のチャンスは高いのですが、採用者には即戦力が求められるため、精神的なストレスも大きいのです。

■ 青春を考試院で過ごす

　韓国には、「考試院（ゴーシウォン）」（考試とは（旧）司法試験・公務員試験・医師国家試験・教員採用試験などの国家試験）というワンルームがあります。国家試験を受ける人たち（大学生以上）が泊り込んで生活しています。最近では「考試テル（考試＋ホテル）」と呼ばれていますが、数畳あまりの部屋に机・たんす・ベッドなどの施設がついただけの部屋です。以前、トイレは共同、食事は食堂で一緒に食べるケースが多かったのですが、最近はバス・トイレ・キッチン付きの住居空間も増えました。エアコンとオンドルは基本。場所によって値段や部屋の広さ・設備に差がありますが、一般的に月3〜7万円程度で、誰でも借りることができます。ソウルでは最低金額で居住できるため、一般の人たちも住居として利用しています。ただし、静粛にしなければならないのでかなり不便です。

　「考試村（ゴーシチョン）」とは考試院が集まっている場所です。代表的な場所は、ソウル市

南部の新林洞と鷺梁津です。私は大学院に通っていた時、期末レポートの準備や論文の作成で考試院を利用したことがあります。学期末ごとに安くて条件のいい部屋を利用しようと、考試院を数か所探し回りました。ある考試院にはエアコンがなかったので、夏、非常に苦労しました。

　韓国の人たちは、とにかく「何かを成し遂げたい」という強い思いを持っています。考試村に行くと、その思いがひしひしと伝わって来ます。しかし、弊害もあります。気分転換に近所の店に買い物に行くと、頭の禿げた年配の男性をよく見かけました。10年間も考試村に住んでいる人もいると聞いたことがあります。考試院を使用する平均期間は3〜5年。試験に合格するまでは故郷に帰りたくても親や親戚、妻に合わせる顔がないと言う彼らの中には、廃人同様になった人もいます。韓国社会の実情を垣間見るようで、何とも言えない複雑な気持ちになりました。

3. 日本と韓半島との経済交流

▊ 日韓は大切な経済パートナー

　政治的な葛藤関係にあった時にも、日韓の経済界は緊密な関係を維持して来ました。70年代に本格化した韓国の高度経済発展は「漢江の奇跡」（漢江とは首都・ソウルの中心部を流れる幅1キロに及ぶ川）と呼ばれていますが、そのきっかけは1965年に日本政府との間で締結された「日韓基本条約」と「ベトナム特需」です。

　当時の日本政府は経済協力金という名目で韓国政府に3億ドル（無償）と2億ドル（有償）を支援しました。また、ベトナム戦争への派兵を条件に、当時の朴政権はアメリカから軍事産業を中心とする重工業技術を取り入れ、軍事産業の受注を受けました。

　韓国政府はそれらの支援金・技術で高速道路や地下鉄を建設し、蔚山などの地方都市に工業団地を作り、工業化を急ピッチで進めました。日本からの技術提供も行われ、イノベーションを起こしました。新日鉄（浦項綜合製鉄）、日立造船（現代造船）、三菱自動車（現代自動車）、マツダ自動車（起亜自動車）、明星食品（三養食品：インスタントラーメンの製造技術）などはその

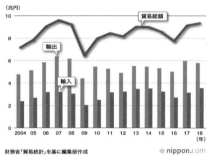

資料 4-9　日本 - 韓国の貿易収支

出典：nippon.com

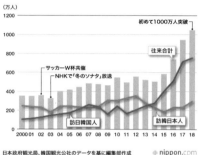

資料 4-10　日韓の往来者の推移

出典：nippon.com

一例です。

　2018 年に日本から韓国へ輸出した額は 5 兆 9,752 億円。韓国から日本への輸出額は 3 兆 5,504 億円で、日韓貿易では日本が 2 兆 2,421 億円の黒字を出しています（資料 4-9）。政治的には葛藤が続いていても韓国はアメリカ、中国に次ぐ日本の貿易相手国なのです。

　日韓の経済交流で無くてはならない業種は観光業です。新型コロナ感染が流行する前は日本と韓国を往来する観光客数は増加していました（資料 4-10）。その大きな理由は、「近い」からです。2019 年度に九州を訪れた外国人観光客の 50％近くが韓国からの観光客でした。古代より地理的に近い九州と韓半島を大勢の人たちが往来するスタイルは変わっていません。

　韓国からの観光客の特徴は「リピーター」が多い点です。なにしろ韓国－日本間は飛行機で 1～2 時間余りの近距離なので、短期間で往来しやすいのです。九州の福岡からは高速船で 3 時間、フェリーでも 6 時間余りで行けるほど韓国は近いのです。日本での滞在期間は平均 3～4 日です。私は以前、対馬に行ったことがありますが、「ここは韓国か？」と錯覚するほど、対馬は韓国語で溢れていました。

　外国との経済交流の度合いと、その国の言葉を学習する人口は正比例します。韓国のあちこちには「外国語学院」という外国語の専門学校があります。私も 90 年代の初めにソウルにある某外国語学院で 7 年あまり教鞭を取った

ことがあります。当時、日本語は英語に次ぐ学習者人口を誇る第2外国語でした。韓国語では日本語を「日語（イ゛ロ゛）」、日本文学を「日文（イルムン）」と呼びますが、韓国のほとんどの大学・短大には「日語日文学科」または日本語と観光を合わせた学科（観光日語学科・観光日語通訳学科など）があります。2000年代初めより中国語の需要が伸び、現在、日本語の学習人口は第3位になってはいますが、依然として日本語に対する評価は高いのです。

　日本文化が開放される前から日本の大衆文化は韓国に浸透していました。韓国南端の都市・釜山（プサン）では九州地方の放送を見ることができます。かつて、ソウル市に日本のテレビ番組をダビングして貸し出す店がありました。著作権に引っかかる商法でしたが、日本語学習者の間ではかなり好評でした。なつかしいドラマですが、『学校に行こう』『東京ラブストーリー』や志村けんのお笑い番組の人気は非常に高く、私は日本語学校の授業がマンネリ化して来ると受講生にそれらの映像を見せて共に楽しんでいました。

　私の韓国の友人のほとんどは、「日本との間に悲しい出来事があったことは確かであるが、経済大国になった日本から学ぶべきことは多い。また、日本人は礼儀正しく、秩序をよく守る」と評価しています。この「政治と経済」「政治と文化」を切り離して考える人は沢山います。私の経験では、骨の髄まで「反日」に凝り固まった韓国人はいませんでした。

■ 日朝関係の進展はあるのか？

　日本と北朝鮮は正式に国交を結んでいません。北朝鮮と新潟港を往来する北朝鮮の船舶「万景峰号（マンギョンボン）」は、現在、運航が止まっています。

　北朝鮮は国連加盟国の85％に当たる164か国と国交を結んでいます（2020年基準）。国交を結んでいない国は、東アジアでは日本・韓国・台湾の3か国、中近東地域ではイスラエル・サウジアラビアなど4か国、ヨーロッパではバチカン市国・フランスなど7か国、アフリカではボツワナの1か国、北南米ではアメリカ・アルゼンチンなど11か国、オセアニアではマーシャル諸島など10か国です。

　北朝鮮と国交を結ぶ経済的なメリットは、「地下資源」と「労働力」の確保です。もともと北朝鮮は地下資源が豊富な国です。北朝鮮が有する地下資源

の内訳は下記のとおりで、その価値は約700兆円と言われています。しかし、現在の北朝鮮にはこれらの地下資源を独自に開発する技術と経済力はありません。ただ、経済的な鎖国政策を取っている北朝鮮が開国した場合、地下に眠る資源、豊富な労働力と大陸と直結した地理的条件を生かして経済発展する可能性は大です。

金 2,000トン	鉄 5,000億トン	マグネシウム 40億トン
マンガン 30万トン	銅 50億トン	無煙炭 45億トン

　北朝鮮の交易は中国が大半を占めており、対中国貿易依存度は95.6％（2021年）です。北朝鮮の経済は中国無しでは成り立たないのです。その他の主要交易国はベトナム、インド、タイ、香港、バングラデシュなどです。

　現在の北朝鮮は経済難に苦しんでいます。貧富の差はますます広がり、首都・ピョンヤンには私たちの常識を超えるセレブがいる反面、地方では飢餓に苦しむ人たちが続出するなど、国家理念に逆行する矛盾が表面化しています。さらに、携帯電話の普及によって世界の情報を国民たちは入手できるようになっています。北朝鮮では禁止されている韓流ドラマも中国を介してコピー映像が北朝鮮国内に出回っています。ドラマ『愛の不時着』に描かれた北朝鮮の姿は、あながち嘘ではありません。

　人には、身近な人と「良好な関係を結んで安楽に暮らしたい」という本能があります。私たちは、自分の生活スタイルや価値観が相手に通じた時に「安楽さ・安心感」を覚えます。「気持ちが通じる」ためには「情報」を授受して信頼関係を築かなければなりません。交易とは単純に人と物と金銭が行き交うものではなく、様々な情報が交流する活動でもあります。

　特に、隣国と境界が接している地域の国民は、隣国との関係に敏感にならざるを得ません。境界が近ければ近いほど価値観を共有できない相手との葛藤は大きくなります。日本も東アジアにおける国境を意識せざるを得ない事態が頻発するようになりました。島国・日本を取り巻く環境は、すでに大きく変わりつつあります。

〈コラム〉　地名に残る日韓交流の足跡

　『記紀』（古事記・日本書紀）には、日本建国から大和朝廷の時代に至るまでの韓半島に関連した記述が数多く記されています。興味深いことに『記紀』には日本最初の渡来神は新羅の神だと記されています。『日本書紀』には日本の神の先祖とされる「素戔嗚命」が「その子の五十猛命とともに新羅に降り、曾尸茂梨（新羅の首都）に住んだが、そこにいることを望まず、出雲国の鳥上の地に至った」と記されています。素戔嗚命といえば八岐大蛇を退治したヒーローとして有名ですが、彼が使った剣は「韓鋤の剣（韓半島の方式で作られた剣？）」でした。

　日本全国には「新羅神社」が数多くあります。例えば、熊本県玉東町の「山北八幡宮」の旧名は「白木八幡宮」でした。『玉東町史』には「宇佐の八幡には新羅系製鉄集団が入っており、これらの勢力が西に進出して当地にも影響があり、白木八幡宮となった…」と記されています。

　日本海沿岸の「荒神谷遺跡」（島根県出雲市）からは358本の銅剣が発掘されましたが、この地方には精銅・製鉄の先端技術を持った渡来人の集団が居住していたと推定されます。

　日本には「白木・白城・白崎・白江・白子・白山・白浜・白井・白石・白岩・白髪・白毛」など「白」がつく地名が少なくありません。これら「白」の一部は新羅の「新」が変化したものだと考えられます。「清楽（熊本県五木村）など、「シラギ」という発音をなぞって表記された地名も少なくありませんし、新羅に滅ぼされ、吸収された「伽耶・加羅」にちなんだ「可也山、唐泊（以上福岡県）」などの地名もあります。

　新羅系の祭神をまつる「新羅神社」や「白木神社」など、新羅にまつわる神社や地名が全国に多いのは、古代日本と新羅との交流の深さを物語るものです。

　「百済」の日本語読み「くだら」の語源としては「クンナラ（大きな国）」とする説が有力です。前方後円墳「江田船山古墳」（熊本県玉名郡）からは、韓半島の百済系の遺物が数多く出土しました。これらの遺物（副飾品）は、百済

の第25代王「武寧王」の墓（忠清北道公州市）から出土した遺物とそっくりです。

　韓半島の王冠には美しい「翡翠」がふんだんに使われていますが、これらの翡翠は日本産であると推定されます。当時、宝石として使える翡翠のアジアでの産地は、日本とミャンマーだったからです。

　百済系の地名には「百済（奈良県）、百済来（熊本県）、百済寺（滋賀県）、下松（山口県）、久太郎（大阪府）、杭全（大阪府）、綾瀬・綾部（京都府）、亀山（三重県）」などがあります。

　高句麗系の地名には、「高麗・高麗川（埼玉県）、狛江（東京都）、巨摩（山梨県）、駒木野（東京都）、呉服（大阪府）、許麻神社（大阪府）、孝霊山（鳥取県）」などがあります。

　日本の地名に百済・新羅・高句麗・伽耶にちなんだものが少なくないことは、韓半島と日本列島の交流の深さを物語ると同時に、半島での勢力争いが島国でも繰り広げられたことを示唆しています。

第5章
表現と内在文化

5.1. 言語表現

1. 仮名とハングル

■ 日本語のルーツは古代の高麗語！？

　歴史編でも述べましたが、韓半島と日本の間で人と文物の交流が盛んだったのならば、お互いに通じ合う言葉がなければなりません。しかし、新羅語・百済語・高句麗語と日本語の間には共通した語彙はほとんどありません。民族語のルーツが同じことを証明する根拠は「数字の一致」ですが、なかなか見つからないのです。ただ、歴史書『三国史』から日本語と共通する高句麗語の数字が4つ見つかりました。

3（み）　　＝　密（ミル）

5（いつ）　＝　于次（ウチャ）

7（なな）　＝　難隠（ナウン）

10（とう）＝　徳（トク）

　言語学者・マーク・ハドソンは、韓半島北部の民族が稲作とともに日本列島に移住する中で、古代高麗語が古代日本語の形成に影響を与えたと主張します。7世紀に新羅が韓半島の南部を統一して以降、新羅語が韓国語の土台になって行きました。海を境にした交流の難しさ、それぞれの地における国風文化の発達などが原因で日本語と韓国語の違いが顕著になっていったと考えられます。

　日本語には古代朝鮮語を語源とされる単語が少なくありません。その一部

表 5-1　古代朝鮮語が語源とされる日本語

日本語	語　　源	日本語	語　　源
コマ	Koma（「高麗」）	クモ	kopp（「黒い」）＋i（虫）
クマ	Kom（「熊」）	ウシ	U（「牛」韓国語）＋shishi（和語）
ウオ	u（韓国語）＋o 魚	ツル	turumi（「鶴」）
ワタ	Wata（「海」）	カブト	Kab（「甲」）＋or（「衣」）
カササギ	kkachi（韓国語）＋鵲（中国語）	トラ	to（「野獣」）＋ra（和語）
トリ	talk（「鶏」）	ミソ	「蜜祖」
コマイヌ	koma（「高麗」）＋inu	ムクゲ	mugungwa（「無窮花」）

を紹介します（表 5-1）。

▮ 文字に反映する内在文化

　日本と韓国には固有の文字があります。各々、仮名（ひらがな・カタカナ）とハングル（한글）です。ハングルとは文字の名前なので「ハングル語」などという呼び方は「ひらがな語」などと言うのと同じで違和感があります。

　仮名とハングルは、「実用性」を追求した点で共通しています。仮名は漢字を簡略化して作られ、長い年月とたくさんの人々の手を通じて出来上がりました。漢字の草書体から「ひらがな」が、漢字の省画から「カタカナ」が作られました。古代の人たちは、日本語の音に漢字を当てはめた「万葉仮名」を作りました。『古事記』や『万葉集』は万葉仮名で書かれています。この万葉仮名がしだいに簡略化されて仮名になりました。

波流佐礼婆　麻豆佐久耶登能　烏梅能波奈
比等利美都都夜　波流比久良佐武

山上憶良『万葉集』

　一方、ハングル（もともとの名称は「訓民正音」）は 15 世紀中期に朝鮮王朝の第 4 王・世宗大王によって創製されました。ハングル創製の動機は「朝鮮語の発音が中国の文字（漢字）では正確に表記できないこと」「国民の誰でも簡単に覚えられる文字を作って国民を守ること」でした。

　しかし、ハングルが発明された後もすでに定着していた漢字至上主義は根強く続き、ハングルは「諺文（偽の文字）」などと卑下されました。しかし、少しずつでしたが貴族階級の婦女子および庶民にハングルが普及し始めました。公布の翌年にはハングル書きの詩に漢字で注釈をつけた官製詩集『龍飛御天歌』が編集されました。

　ここで、ハングルについて説明します。ハングルには母音と子音の文字がそれぞれあります（表5-2）。母音は三才（天・地・人）をシンボル化したものです。子音は、人間の口の構造から作られる5つの音である「軟口蓋音（牙音）」「舌音」「唇音」「歯音」「喉音」を発する発音器官を象形文字化した形と陰陽五行思想を結びつけて作られました。そして、5つの基本子音を基にして文字を増やしていきました。ハングルは実用性と理論がマッチした文字なのです。

表5-2　ハングルの創製方式　〜母音〜

	象形		ハングル（母音）
基本字	天	陽性母音	・（現在は -）
	地	陰性母音	ー（ɯ）
	人	中性母音	｜（i）
基本字＋基本字	天＋地	陽性母音	ㅗ（o）
	天＋人		ㅏ（a）
	地＋天	陰性母音	ㅜ（u）
	人＋天		ㅓ（ʌ）
［基本字＋基本字］＋基本字	［天＋地］＋｜	陽性＋中性	ㅛ（yo）
	［天＋人］＋｜		ㅑ（ya）
	［地＋天］＋｜	陰性＋中性	ㅠ（yu）
	［人＋天］＋｜		ㅕ（jʌ）

ハングルの創製方式　〜子音〜

五行思想		子音の形		ハングル（子音）
木	牙錯而長木也	舌根が喉を塞いだ形	（牙音）	ㄱ ㅋ→ㄲ
火	舌鋭而動火也	舌が上歯茎に付いた形	（舌音）	ㄴ→ㄷ→ㄹ ㅌ→ㄸ
土	唇方而合土也	唇の形	（唇音）	ㅁ→ㅂ ㅍ→ㅃ
金	歯剛而断金也	歯の形	（歯音）	ㅅ→ㅈ ㅆ ㅊ→ㅉ
水	喉邃而潤水也	喉の形	（喉音）	ㅇ→ㅎ

■ 視覚に敏感な日本語、聴覚に敏感な韓国語

　日本の仮名は母音と子音が原型を留めていない文字でもあります。一方、ハングルは母音と子音が原形を保持したまま1ブロックの文字を形成する文字です。例えば、「な na」は漢字の「奈」を簡素化したものですが、どこからどこまでが母音だか子音だか分かりません。一方、ハングルの「나 na」は子音（ㄴ）と母音（ㅏ）が形を残しています。

　　例1）　奈→「な」na　　　　　ㄴ（n）＋ㅏ（a）→「나」na

　さらに、韓国語には「子音＋母音＋子音」が1ブロックのスタイルもあります。それぞれ「初音、中音、終音（パッチム）」と呼ばれますが、この構造が日本語とは異なるリズムを醸します。例えば、日韓両語で共通して使う漢字語「安心」をハングルに直すと「안（安）＝{子音ㅇ＋母音ㅏ＋子音ㄴ}」と「심（心）＝{子音ㅅ＋母音ㅣ＋子音ㅁ}」となります。「안심（安心）」は2拍、「あんしん」は4拍です。

　言語生活において、日本語は「ひらがな・カタカナ・漢字・ローマ字・アラビア数字」を文脈によって使い分けます。日本語のこの文字の組み合わせには、視覚的な美しさを重要視する日本人の美意識が反映されています。日本人は5つの文字が織りなす形に安堵感を覚えるのです。「**知的な日本語の場合には、文字で書かれたもののほうが元であって、必要に応じてそれが音声化されるのだといってもよいくらいである**」（『日本語教育事典』）とあるように、日本語は状況によって文字を使い分けることに敏感な言語なのです。そのため、口語によるコミュニケーション能力が高くても状況（文脈）に合わせて5つの文字を使い分けられる力をつけないと日本語をマスターしたことにはなりません。

　一方、韓国語は「**（韓国語の）言語表現は口述性が根本にある…韓国語の言語的な特徴は文語レベルよりも口語レベルにおいて独特であり深味がある**」（韓国・日常文化所）と言われるように、より聴覚に敏感な言語だと言えます。

　ある時、韓国の学生から「三人と三角と三枚の「さん」って、発音が違いますよね」と質問されて「うん？　それがどうした…」と答えに詰まりまし

136

た。試しにゆっくり発音してみたら…違っていました。質問されなかったら
一生気づかなかったかも知れません。「三人、三角、三枚」の「三」をハング
ルで書いてみると「산 san、삼 sang、삼 sam」と違う表記になるではないで
すか！ 日本語と韓国語は似かよった言語だと錯覚していた自分が恥ずかし
くなりました。

　さらに、日本語の漢字の大部分は文脈によって読み方が違います。例えば、
「生」の発音には「い（きる）、うま（れる）、セイ、ショウ」など 12 通りもの
読み方があります。名前（秋生）や熟語（生憎）などを入れると発音の数は 40
あまりにもなります。外国人に限らず日本語話者にとっても漢字を使った読
み書きの能力を習得するのは大変な苦労が伴います。

■ ハングル専用論 VS ハングル漢字混用論

　普通、韓国語では「ハングル、漢字、数字、外来語」の 4 種類が使われま
すが、ハングルだけでも不自由しません。現在、漢字表記が増えたとはいえ、
書き言葉の大部分はハングルです。漢字との混用を推進する運動がなされて
来ましたが、実際にはハングル専用が圧倒的に優勢です。

　日常のコミュニケーションにはほとんど問題はありませんが、ハングルだ
けで表記すると「多義語」を区別しにくいという欠点があります。例えば、
「하」に該当する漢字は「下、何、河、荷、夏」など複数あるからです。

　実は、韓国語の語彙の約 65％は漢字語です。漢字語とは漢字で構成された
単語です。文字の歴史を見ると、1446 年にハングルが創製されるまで漢字が
まともに読み書きできたのは特権階級かつ知識階級の「両班」でした。両班
は文字を読み書きできることを権力の象徴としたのです。15 世紀にハングル
が公布された後も漢字による支配は続きました。

　現在でも「ハングル漢字混用」賛成派と「ハングル専用」賛成派が熾烈な
論争を繰り広げています。私はテレビでそれぞれの立場を主張する言語学者
の討論会を見たことがありますが、格闘技を連想させるほどの激論が展開さ
れていました。その際、それぞれの立場から出された主張は次のとおりです。

〈ハングル専用論〉

    a. ハングルだけでも言語生活が十分できる。難解な漢字を学生に教える必要はない。（韓国語の漢字は旧字体です。例：學、舊、圓）

    b. 漢字教育は 40 年に及んだ日本統治時代の名残りだ。

〈ハングル漢字混用論〉

    c. ハングルだけでは「同音異義語」を区別できない。

    d. 韓国語の語彙の 65～70％は漢字語。

  韓国では 1948 年に「ハングル専用法」が制定され、公用文はハングルで書くことが決められました。1980 年には学校教育で漢字教育を禁止する「漢字語使用禁止令」が発令されました。その主な理由は上の b です。その結果、日常生活から漢字が消えました。

  同時に、言語生活に深刻な問題が起きました。韓国人の名前の大部分は漢字なのですが、ハングルだけを使っているために自分の名前を漢字で書けない国民が急増しました。韓国語を翻訳する時、非常に難しいのは「名前」と「地名」です。例えば、「キム・スジョン」という名前を漢字に直す場合、「金洙晶（キムスジョン）」「金秀情（キム ス ジョン）」「金修静（キム ス ジョン）」など、同じ発音を持つ名前から 1 つを正確に選ぶことは至難の業なのです。

  さらに、「漢字アレルギー」が急増しました。中でも日本語学習者は漢字に対する免疫がないため、日本語の習得に苦戦を強いられます。私は韓国の短大で漢字の授業を担当しましたが、「漢字と聞いただけで学習意欲が失せる」などと頭を抱える学生が大勢いました。教室から一歩出ると世の中はハングル一色。これでは漢字を習得しようという動機を維持できるはずがありません。

  北朝鮮では、a と b の理由で漢字は一切使用されていません。韓国では、最近、c の理由から漢字を使う運動が叫ばれていますが、まだまだハングル専用派が主流を占めています。漢字語の使用における対立には、半島国家として数々の苦難を強いられた地政学的・歴史的な事情が影響しています。

2. ことば・表現と発想

■「ある・いる」「ない・いない」と「있다」「없다」

　「ある・いる」、「ない・いない」は、韓国語でそれぞれ「있다」、「없다」です（表 5-3）。

表 5-3　「いる・ある、いない・ない」と韓国語の「있다、없다」の対応関係

いる	있다		いない	없다
ある			ない	

　普通、私たちは「いる」を人間や動物などの生物に、「ある」を物に使うと考えがちです。それでは下のセンテンスに違和感がないのはどうしてでしょうか。

　　例 2)　① 公園にはたくさんの木がある。
　　　　　② （タクシー乗り場で）「いたいた、駅前にタクシーがいますよ」

　結論を言うと、「いる」は自ら動く（動きそうだ）と判断できる存在に、「ある」は動かないと判断できる存在に使うのです。同時に、私たちは価値を認める存在に対しても「いる」を使います。例えば、大切な車が駐車場に止まっているのを見て「よしよし。（車が）ちゃんといるな」と言ったりします。つまり、日本語では話し手の「視覚と感情」に重点を置いて「いる・ある」を使い分けるのです。一方、韓国語の「있다・없다」は「存在する・存在しない」という観点で使います。存在するものは見えようが見えまいが「있다」を使えばいいのです。

　国語学者・森田良行は、視覚的な感覚が日本語の表現に大きく影響していると指摘します。

　　「世の中のすべてのもの、いや、世の中すらも、自分との人間関係としてしかとらえようとしない。社会、世間、世の中とは自分と人との関係以外の何ものでない … 絶えず周囲の人の目を気にし、人様がどう見ているのか、

そのことばかりが人生で価値を持つ。その結果、世間の人によく見られるようにと腐心することになるのだが、見られるという世渡りの掟が、さまざまな特異な日本語を生むこととなる」

　日本文化を「縮み志向」だと定義する見解がありますが、私は「視覚志向」だと思います。視覚でとらえるには「規模が小さく、コンパクト」、そして「手に持って触れられる」大きさがいいのです。「小型車」「家電製品」など、コンパクト化する日本の技術は世界トップクラスです。また、「俳句」は世界で最も短い定型詩です。和食は「目で愛でて味わう」食でもあります。日本アニメは精工でありながら感性的です。これは「陰影感覚に敏感で、明暗を際立たせる」文化がアニメに生かされているからです。つまり、日本のアニメには、存在が備えた陰陽のバランスを視覚でとらえる優れた感覚が反映していのです。

　話は少し飛びますが、外国人が習得し難い日本語のコミュニケーション法の代表は「察し」です。「忖度（そんたく）」も察する技術です。このノウハウは日本社会に長年住むなどして察する状況を経験しない限り、習得は難しいのです。

■「アナタ…」
　日本語と韓国語には「こそあど言葉」と言われる指示代名詞があります。距離感を３系統の「コ系・ソ系・ア系」と「이系、그（グ）系、저（ジョ）系」で表現しますが、これらはほぼ１対１で対応します。話し手の近くに存在する事物や話し手に属する事物には「コ系、이系」を、お互いに距離がある事物には「ア系、저（ジョ）系」を、その中間的な位置にあって聞き手の近くにある事物には「ソ系、그（グ）系」を使用します。

　しかし、直訳できない場合があります。それは遠距離の「ア系」と中距離の「그（グ）系」です。例えば、指示する対象が目の前にいない時に使う「あの人、元気かな」、「あの人、変な人だなあ」の「あの人」は、韓国語では「그（グ）사람（その人）」となります。

　次の例文①〜④が発される場面を想像してみてください。日本語でも韓国語でも遠くにいる「見える存在」に対するプラス評価（例①）とマイナス評

価（例②）は「ア系・저系」が使われます。一方、「見えない存在」に対する
プラス評価（例③）とマイナス評価（例④）を日本語では「ア系」で表しま
すが、韓国語では「그系（中距離）」で表します。

例3）

例①　（救けてくれた人を指差しながら）あの人のお陰で助かりました。
　　　저분（あの方）덕분에 살았습니다.
例②　私たちの前に座っています。あの人、指名手配の犯人に似ていない？
　　　우리 앞에 앉아 있는 저 사람（あの人）수배중인 범인을 안 닮았어？
例③　今度の選挙ではあの人に投票するつもりです。
　　　이번 선거에서는 그 사람（その人）에게 투표할 생각이에요.
例④　あの人、政治家なんて務まらないよ。
　　　그 사람（その人）은 정치인 노릇을 할 수가 없지.

　日本語では目の前に存在しない事物に対する心理的な近さ・遠さを遠距離
の「ア系」で表す一方、韓国語では中距離の「그系」を使うのはなぜでしょ
うか。
　「ア系」に視点を切り替えると、話し手・聞き手ともに同等の距離感が生じ
て話題とする対象に対して共感しやすい距離感ができます。特に、話題にす
る存在が目の前にない場合、目に見えない対象が見えるかのような観念的な
距離を聞き手と共有できます。
　一方、韓国語では「ア系」で表すケースを聞き手寄りの「그（そ）系」で
表すのは、見えない存在を聞き手に近い存在としてセッティングして話題を
ダイレクトに投げかければいいからです。韓国社会では話題を相手に自然と
投げかけられる距離意識があるのです。それに対し、日本語では目に見えな
い対象を自他が共有する環境にセッティングすべきだという意識が強いので
す。その意味で、日本語の指示代名詞「ア系」には、相手を自分のテリトリー
に引き込む機能があると言えます。
　数十年前の話ですが、結婚して間もない妻を日本に置いて南極に向かった
隊員の話が話題になったことがあります。携帯電話がない時代、隊員たちは

家族から届く手紙・電報を心待ちにしていました。その隊員にも新妻から電報が届きました。しかし、電報には「アナタ」のたった3文字しか記されていませんでした、遠方の夫を気遣い、恋しがる妻の気持ちが伝わり、彼は嗚咽したそうです。古語では「あ」は「か」となるので、「アナタ」は「カナタ」とも言えます。「遠い所にいる貴方と私はいつも一緒です」という夫を想う妻の気持ちが感じられませんか。

アナタ

■「これが何ですか?」

「이것이 뭐예요?（直訳調　これが何ですか?）」、「이것이 얼마예요?（直訳調　これがいくらですか?）」、「날씨가 어때요?（直訳調　天気がどうですか?）」など、韓国語では会話の出だしで名詞に助詞「が」に当たる助詞「가 / 이」を使います。

しかし、日本語では同じ状況で「これは〜」と表現するのが一般的です。もちろん、韓国語にも「これは〜」と助詞「は」に当たる助詞「는 / 은」を使う表現もあります。しかし、「これが…か?」と表現するのが韓国語では一般的です。

日本語の助詞「が」には「新情報（話し手と聞き手が共有していない情報）」または「解説や説明」を求める意味があります。一方、助詞「は」には「旧情報（話し手と聞き手に共通した情報）」を表す意味があります。だから、「○○は…?」の文とは「○○」を共通の話題にすることが目的で、「…」という解説・説明は必ずしも必要ではありません。

　　例4)　「いらっしゃいませ」「えっと、この靴はいくらですか?」

　　例4)のように、「この靴」について聞き手（店の人）は商品の特徴も値段も既に知っていますが、話し手（客）は情報もないうえ、値段を知りたいので助詞「が」を使うのが理論的にはあっています。実際、話し手（客）と聞き手（店の人）は同じ場所で同じ物を見ている状況にあるので、話題の共有をわざ

わざしなくもいいはずです。でも、なぜ客は「この靴は〜？」と言ったのでしょうか。実は、これは韓国で学生に聞かれた質問です。悩んだ私は次のような仮説を立てました。

「日本社会では人との和が重要視される。和するには、相手と話題や環境を共有することが必要だ。共有するには既知の関係になって葛藤しない関係を作ることが大切だ。特に、初対面の相手との関係において、話題を共有しているという「既知の関係」を設定すると、お互いに負担が軽減し、話しやすくなる。その心理が働いて話の出だしで「これは〜？」と言うのではないか。とすると、この言い方には衝突を避けようとする心理が反映しているのではないだろうか」

　会話の初出しで「〜は…？」と尋ねると、会話する両者は話題を共有したかのような状況が作れます。次からはその話題に沿って安心して会話できるのです。その意味で、話の出だしで使う「○○は」のフレーズは、「すみませんが、つまらないものですが、もしよければ…」などと同じ「クッション会話」だと言えます。一方、韓国語の「이것이 뭐예요？ これが何ですか。」は、「何」という解説部分に関した情報をやりとりするダイレクトな会話で、話し手が言いたいことを直接投げかける表現なのです。日本語の「これは〜か？」という言い方には、話題を提供することで相手との環境の共有を重要視する発想が反映しています。

■「国境の長いトンネルを抜けるとそこは雪国であった」
　川端康成が著した『雪国』の出だしのフレーズです。この名文を外国語訳する際に主語をどうするかで悩んだという話は有名です。英語訳された『Snow Country』では「汽車」が主語となっています。

　例5）　<u>THE TRAIN</u> came out of the long tunnel into the snow country.

　韓国語版『설국（雪国）』でも主語が省略されています。

例 6) 국경의 긴 터널을 빠져나오자 눈의 고장이었다.

（直訳調：国境の長いトンネルを抜けると、雪の国であった。）

　このように韓国語でも主語を省略できますが、日本語より主語を使うパーセンテージは高いのです。

　英語やドイツ語などの言語では、主語を抜かす文は好まれません。また、必ず「who 誰、what 何、when いつ、where どこ、why なぜ、how どのように」という5W1H を使ったセンテンスでコミュニケーションが行われます。英語やドイツ語などは5W1H でやり取りする言語なのです。だから、視覚に訴えなくてもどんな場面か分かります。

　しかし、日本語はお互いに言わなくても済む状況ならば5W1H を省く傾向が顕著です。そのため、ドイツに住む日本語話者は、「（コンサートに行って来た知人に）どうだった？」などと言うとドイツ語社会では円満なコミュニケーションができないのです。もし、日本や韓国社会で親しい人や家族に主語や5W1H を省略しない話し方をしたら煙たがられるに違いありません。実際に、家族や友達との間で主語と5W1H をいつも使って会話をしている人が日本にどれほどいるでしょうか。

　ちなみに、主語を使って論理的に話すルールは次のとおりです。

① 段落の最初には必ず主語を入れる。

② 新しい主体が登場したら、必ず主語として明記する。

③ 同じ主語が続く場合、第1・第4の文に主語を入れる。

④ 後続する文に、1つ前の文の主語と異なる主語が現われる場合は（省略しても意味が分かっても）必ず主語を入れる。

⑤ 1つの文に複数の主語が現われる場合には、それぞれの主語を入れる。

（三森ゆりか、『論理的に考える力を引き出す』）

　理屈では分かるのですが、このような表現を使うと何故か日本語らしさからかけ離れてしまう気がするのは私だけでしょうか。日本語で主語と5W1H を連発すると「問いただす」意味が加味され、「敵対感情を持ってい

る」「理屈っぽい」と解釈されがちです。

　日本語では自分と相手が価値観を共有できるウチの間柄なら主語・5W1H
を省略しても問題にはなりません。逆に、ウチの間柄から遠のくにつれて主
語・5W1H が使われ始めます。ウチとは「主語や 5W1H を省略してコミュ
ニケーションできる間柄」だと言えます。

　韓国語にも「눈치를 보다 察する」という表現があるように、察する行為が
しばしば見られますが、やはり「ことば」を媒介にした意思疎通が好まれま
す。特に、自分自身やウリ共同体のアイデンティティーが否定されたり誤解
されたりした時、ほぼ例外なく自己の正当性を訴えます。「自分の考え・気持
ちを相手は察してくれるだろう」と思って沈黙を守っていると、無視される
か「認めたもの」と誤解されるのが落ちです。自分のアイデンティティーを
明確に伝えるコミュニケーションに重点を置くため、韓国語では日本語に比
べてより多く主語を使うのです。次は、韓国でよく見かける会話です。

例7)
　　お客：「この服、どうしてこんなに高いんですか。前はもっと安かったの
　　　　　に…。」
　　店員：「いいえ。お客様、これは去年からずっと同じ値段ですが。」
　　お客：「あなた、前にも同じことを言っていたじゃないですか。」
　　店員：「エッ、私がですか？ 私はそんなことをお話ししてませんが…。」
　　お客：「何言ってるんですか？ 去年、あなたが言ったじゃないですか。」
　　店員：「何かの間違いですよ。私はそんなこと言った覚えはありません。」

　思想家・東洋学者のオギュスタン・ベルクは「**日本語で文法上の主語が
はっきりしないのは、主体を環境に溶かし込み、自分と事物との一体化を尊ぶ文化
があるから**」と言いましたが、日本語の主語と 5W1H を省く背景には話し手
と聞き手が置かれた状況を共有することを良しとする意識が感じられます。

■「まだ来ませんでした」
　これは韓国の学習者がよく間違える「コパニーズ（コリアンジャパニー

ズ）」の１つです。日本語では「まだ来ていません」と言うべき状況を過去形
で表現するのです。逆に、韓国人の多くは、イベントや授業が終了した時に
日本語で「ありがとうございます」と言ったりします。日本語で「〜た」と
表現すべき状態を現在形で言ったり、「〜ています」と言うべき状況で過去
形を使ったりするなど、日本語と韓国語では「現在、過去」に対して異なっ
た感覚があります。

　「〜た」という表現は、ある行動が完了したことが確認済みの場面で使いま
す。韓国語でも「過去形＝完了意識の確認」という見方があるので、この点
において日韓両語は共通しています。

　一方、副詞「まだ」を使う時には「〜ている・ていない」で文を結ぶのが一
般的です。「まだ」には「完了していないが、いつか完了する可能性がある」
という「未完・継続」の意味があります。完了したことが確認できる場合に
は「過ぎ去った」現象として「た」を使って表現するのが日本語の発想なの
です。したがって、「まだ来ませんでした」と言うと、到着が完了していない
状況を到着したものとして認識してしまう矛盾が生じます。

　完了した状態で「ありがとうございます」と言ったり、今も続いている状
態を「まだ来ませんでした」などと完了表現で言ったりする表現には「過去
と現在は切り離せない」という韓国語の概念が反映しています。韓国社会で
は「現在は過去の一部であり、いつでも過去に戻れる」と考えるのです。韓
国語的に言うと「ありがとうございます」も「ありがとうございました」も
同じことなのです。

　金・平井（2015）は韓国文化の原型を「原点にもどること」と指摘します。
韓国人は「現在から過去に絶えずもどれる」と考えるのです。この文化性は
時として「歴史問題はまだ終わっていない」という見解に発展します。これ
に対して、日本社会では過去とは「過ぎ去ったもの、取り返しのつかないも
の」と考えます。「水に流す」という表現が象徴するように、過ぎたことは忘
却の対象になるのです。日本語が過去・現在という時間の流れを言葉ではっ
きりと区別することには、「過去は取り戻せない」という概念が影響してい
ます。この考えに「もののあわれ」を見出すのは感傷的すぎるでしょうか。

▌遠回しな表現

　日本社会では「受身表現」が頻繁に使われます。その中で、最も日本語的な表現は「迷惑の受身」です。

　　例8）　① 雨に降られました。
　　　　　② 社長に残業させられました。

　韓国語にも受身表現はありますが、能動態（非受身）で表現できる場合は受身形を使いません。例文8を韓国語に翻訳すると、「비를 맞았어요.（雨を当たりました）」、「사장님이 잔업을 시켰어요.（社長は残業をさせました）」となります。試しにインターネットの自動翻訳ツールで韓国語訳してみましたが、結果は同じでした。英語訳が気になり、自動翻訳してみたところ、①は「I fell in rain./ I was caught in the rain./ I got caught in the rain.」、②は「The boss made me work overtime./ I was made to work overtime by a president.」などと翻訳されました。

　迷惑の受身表現には、自分が置かれた状態・行動を第3者として主体に立てる発想があります。第3者とは自己の力ではコントロールできないか、しにくい存在です。

　国語学者・森田良行は、「**日本語話者は自分が受ける事態に他動的な言い方をすることを好まない**」と主張します。つまり、自分の意思で行動したのでなく、状況の影響でそうなる（なった）という状況志向的な発想を好むのです。「肌をすべすべにする薬」を「肌がすべすべになる薬」というふうにです。日本社会では相手と葛藤しない環境を作ろうとする配慮が反映した「遠まわしな表現」がたくさん使われますが、受身表現もその1つなのです。

　遠まわしな表現は相手に伝わるまでに空間・時間がかかります。そのため、話し手と聞き手を「包みこむ」ような感覚が加味されます。

　　例9）　① （ルールを守らない車に対して）「あんなことするから、皆に
　　　　　　嫌われるんだよ。」

②「私のどこが悪いって言うの？」「なぜって、みんなそう言っているよ。」

③（夫婦喧嘩の場面）「警察呼ぶわよ。」

①と②では発話の主体は「私（自分）」なのですが、私の存在をぼやかしつつ回りの人を巻き込む言い方をすることで「批判されて当然だ」という嫌悪感が強調されています。③のように夫婦間の問題に第3者（警察）を介入させることは、夫婦が向かい合える関係を削除してしまいます。相手をヨソと見なす態度を表出することで当事者が問題を解決できる可能性は弱まります。①～③の表現には、相手との関係に第3者を介入させることで、心理的に相手を「囲い込もう」とする心理が反映しています。

①～③に準ずる表現は韓国語にもありますが、韓国社会では言いたいことを直接的に表出する場合が多いのです。

直接的に投げかける表現は、矢を放つようなフランクな語感を醸し出します。自分が置かれた環境を考慮しつつも自己をダイレクトに主張する傾向の強い韓国社会では遠まわしな表現は日本ほど使われないのです。

■「お前、ゴリラが怖くないのか?」

韓国語には「男ことば」「女ことば」がありません。英語の「Ｉ」に当たる韓国語は男女の差がない「나、저（謙譲語）」ですが、日本語は「私、わたくし、俺、僕、わし、あたし」など数も多いうえ、状況によってこれらを使い分けます。

次は、韓流ドラマの一場面ですが、同じ学年では男女の区別なく二人称「너 お前・あんた・君」が使われています。

〈原文〉

女性　ここは一体どこ？ 起こさないで<u>どういうことですか</u>。

男性　……。

女性　何年生…<u>ですか</u>。

男性　2年生。

女性　<u>おい</u>、ゴリラが<u>恐くないのか</u>。2年生の中で<u>お前</u>みたいに度胸の
　　　ある子は<u>見たことない</u>。早く来ないで<u>何してるんだ</u>？　相乗りすれ
　　　ば、タクシー代<u>浮くだろう</u>！

（なるべく直訳に近く翻訳しました）

〈日本語字幕〉
　　女性　ここはどこ？　もう、起こしもしないでどういうつもり！
　　男性　……
　　女性　何年生？
　　男性　2年生。
　　女性　ちょっと、ゴリラが<u>恐くないの</u>？　2年生の中で<u>あなた</u>みたいに
　　　　　度胸の<u>ある子見たことないわ</u>

（ドラマ『冬のソナタ』より）

　原文と日本語字幕にはニュアンスの差があることが分かりますね。原文で
は初対面の男性が同級生だと分かった瞬間から女性は「おい、恐くないのか」
「お前（あんた）」などと尊敬度0の言葉遣いを使い出し、聞き手の男性も気
にしていません。
　大きな違いは日韓両語の敬語にもあります。1つ目は、家族にも敬語を使
うことです。

　　例10）　A「もしもし、お父様はいらっしゃいますか。」
　　　　　　B「いいえ、今、お父様はいらっしゃいませんが。」
　　　　　　A「そうですか。何時ごろ帰られますか。」
　　　　　　B「夕方には帰られると思います。」

　韓国語では年配の家族（特に親、祖父母、年配の親戚）に対して敬語を使
います。ただ、子どもはため口を使いますし、成人した後でも母親に対して
は敬語を使わない場合が多いようです。儒教思想が弱くなりつつあるとは言
え、敬語法は韓国社会の礼節として定着しています。
　韓国語の敬語は、原則的に相手が自分より年長か地位が高いかどうかを見

分け、状況に関係なく決まった言葉遣いをする「絶対敬語」です。一方、日本語の敬語は自分と相手との関係や情的な関係で言葉遣いを選ぶ「相対敬語」です。日本では次の場合には尊敬の表現を必ずしも使わなくてもいいこととされています。

> ①相手が明らかに年下の時
> ②客が注文する時
> ③家族同士で話す時
> ④親しい間柄で話す時

　例えば、タクシーに乗った時、運転手が年配の場合でも客は「運転手さん、○○までお願いね」と言えますよね。しかし、韓国では客は運転手に敬語を使います。私も韓国で年配の運転手はお客さんに敬語を使用せず、客が敬語を使用する場面をたくさん目撃しました。しかし、この敬語法が言葉の暴力に発展する場合もあるので、最近ではあらたまった場面ではお互いに敬語を使うよう啓蒙されつつあります。

　以上のように、日本語の敬語は、話し手と聞き手との環境の共有度によって言葉遣いが決定されます。家族や親しい知人は例外ですが、長い間、友人・同僚と連絡を取らなかった時、よそよそしい言葉遣いを使った経験はありませんか。また、退職した恩師が教え子に丁寧語を使う場面を見たことはありませんか。このようなことは韓国社会ではまずありません。

　日韓両語の敬語のもう１つの違いは、「公開性」です。日本では親しい間柄でも手紙やメールには敬語を使います。新年に交換される年賀状はその典型です。これはメッセージが残り、それを相手以外の誰かが見る可能性があるという心理が働くからです。韓国語にはこのような考えは極めて少ないのです。

　日本語の敬語は、話し手と聞き手の親疎関係・場面・相手に対する判断が敬語使用の条件になっている分だけ複雑で流動的です。これに対して、韓国語の敬語は、話し手の心理より相手との帰属的な関係（年齢、血縁・地縁）に重点が置かれます。この点で敬語法に関しては韓国語の方が定型的だと言え

ます。

　これらの違いは、韓国にお嫁に行った日本人を困惑させます。義理の両親に親しみを示そうとして「お母さん、おいしい？」などと言うと、「어른에게<ruby>는<rt>ヌン</rt></ruby> <ruby>존댓말을<rt>ジョンデンマルル</rt></ruby> <ruby>써야 지<rt>ッソヤジ</rt></ruby>.（目上の人には尊敬語を使いなさい）」と言われます。反対に、日本にお嫁に来た韓国人は尊敬語を使うため、「片苦しい性格」だと誤解されるケースが少なくありません。

5.2. 非言語表現

1. しぐさの比較文化

■ 相づち・ボディランゲージ

　日本からの観光客は、ガイドについてゾロゾロと集団で動く姿、そしてある共通した「しぐさ」ですぐ分かります。それは「相づち」です。世界の観光地のレストランやカフェを利用するアジア系観光客の中で、日本からの観光客は相づちをポンポン打ちまくります。

　『日本大國語辞典』（小学館）によると、相づちとは「**問いかけに答えること。相手の話に巧みに調子を合わせること**」です。日本式の相づちは「理解と関心」を伝える以外に「会話に参加していることを相手に伝える」潤滑油の役割をするのです。

　韓国でも相づちは重要なコミュニケーションのツールですが、ポンポンとは打ちません。韓国社会でよく見かけるボディランゲージは、「アイコンタクト」や「互いに話し続けること」「笑顔」です。極端に言うと、韓国社会では相手の話の内容に同意した時、話の内容に好奇心を覚えた時などに相づちを打つのです。もし、日本で韓国式の反応をしたら相手は「横柄だ」「生意気だ」「自分の話を聞いているのだろうか」「話に興味がないのだろうか」などと誤解されるに違いありません。

　私が韓国から日本に帰って驚いたことは「相づち」を頻繁に打つようになることです。相手の話が理解できない時ほど、相槌を打っています。そして、韓国に行くと相づちを打たなくなるのは不思議です。

次の文は、日本社会の相づちに関する逸話です。例外なく「そうだ」とは言えませんが、このような傾向が日本社会にあることは事実です。

> 「ある韓国人教師が日本人主婦たちに韓国語を教えた。主婦は10人だったが、その中の1人の主婦はいつも一番前の席に座って教師の言葉一言一言に熱心に耳を傾け、仕切りにうなずいた。最後の日に試験をした。驚いたことにその主婦の成績は10人のうちのビリだった。その韓国人教師はショックを受けたという。どこの民族にもその民族固有の動作がある。一般的に日本人は韓国人に比べ強くうなずく傾向があるようだ…」

　心理学者・アルバート・メラビアンは、「言葉が持つ影響力は7%、声のトーンや口調が38%、ボディランゲージが55%」という「メラビアンの法則」を発表しました。私たちは言葉をそのまま読み取ろうとする傾向がありますが、実は言葉を通じて伝わるメッセージは7%だけ。しぐさとは正直な（もしくは正直そうに繕える）「心の表情」なのです。

　日本社会の意思疎通では、言葉よりも自分と相手が置かれている状況を「察する」ことに重点が置かれます。だからこそ、意思・気持ちを形で表す相づちは、日本社会では必要不可欠なコミュニケーションの道具なのです。

■ アイコンタクト ～「目」で語り、応える～

　「がんつける」という言葉があります。歌舞伎の「眼付（がんつけ）」が語源で、もともとは「目をつける、ねらいをつける」という意味でした。歌舞伎の『五十三次扇宿附（おうぎのしゅくづけ）』の2幕に**大津でがん附けた上州辺の絹商人、安くふんでも一人前五十両にゃなる仕事**という場面があります。それが「相手の顔をにらみ、それをきっかけに言いがかりをつける」というやくざ・盗賊・不良仲間の隠語になりました。韓国語にも「ヌンッカラ！　目を伏せろ」という表現があります。「なにがんつけてるんだよ！」という意味で、「アイコンタクトしないでよ」と言い換えてもいいでしょう。

　国が違うとアイコンタクトの意味も異なります。フィリピンを訪れた観光

客が慌てるのは、どこに行ってもフィリピンの人たちが笑顔で見つめること
だそうです。陽気な国民性のためかフィリピンの人たちは初対面の人にでも
目を見つめて微笑むのです。それで、外国の観光客が「自分に関心があるの
かな」と誤解してしまいます。

　外国の人たちとコミュニケーションをする時の秘訣は、アイコンタクトを
取ることです。目を見つめて話すことは、関心があること、相手を受け入れ
ることを示唆するからです。

　ある日、ある心理学者は、仕事から家に戻った時、奇妙なことに気がつき
ました。妻と子どもがプレゼントを受け取る度に2人の目がピカピカ輝いた
のです。「もしかしたら…」と思った彼は、ある実験を行いました。その結
果、人の瞳孔はうれしい時、興味や関心がある時に大きく開くことが分かり
ました。瞳孔の開き具合は意識的には操作できません。文字通り「目は心の
鏡」なのです。

　人は関心・興味がある時、瞳孔が大きく開きます。そして、瞳孔の開き具
合は心と直結しています。「恋をしている女性の目はキラキラ輝く」と言い
ますが、それは瞳孔がいっぱいに開き、光を反射するからです。気が抜けた
り疲れたりした人の瞳がどんよりと感じられるのは、瞳孔が縮まって光を反
射できないからです。ですから、相手が会話に関心があるかどうかは、その
人の瞳の輝きを見れば分かります。

　日本社会は確かにアイコンタクトに慎重です。裏を返せば、「目つき」や態
度で語り、応える傾向が強いので、目を合わせたがらないのかもしれません。
言語学者の牧野成一は「五感を使って共感できる関係を「ウチ」、五感では共
感できない空間を「ソト」とし、日本には視覚的手がかりをふまえて「ソト」を「ウ
チ」に取り込む特徴が顕著な文化がある」と主張しました。

　日本社会では「ウチ」意識は目に表れます。「ウチ」の相手の目は見るが、
「ヨソ」だと意識する相手には「冷たい目（緊張した目）」を見せたり目を逸ら
したりするケースが多いのです。もちろん、受け取る側の誤認もあるでしょ
うが、日本社会には韓国社会より「冷たい目」が多いようです。顔は微笑ん
でいるのに、目は笑っていない。これは、環境が共有できない人、距離を置く
べき人に対する態度の現れです。家族同士が冷たい目をしているとしたら、

家族内のコミュニケーションに何か、問題があるのかもしれません。

■ ことば VS 表情・態度＝暴力

　表情には「自律神経系が作る自然な表情」と「意識的に表情筋を動かして作り出す表情」の２種類があります。前者は心の動きに沿って現われ、主に左右対称の表情を作る一方、後者は表情がゆがみます。特に顔の左側に感情が表れやすいと言われます。

　ことばと表情の不一致は「ダブルバインド」と呼ばれ、相手にストレスを与える原因になります。子どもが失敗を犯した時、親や大人が口では「大丈夫だよ」と言いつつ怒りの表情をすることがありますよね。この口と目の矛盾は圧迫として子どもに伝わります。ダブルバインドの提唱者であるグレゴリー・ベイトソンは、ダブルバインドがとられる家庭で育った子どもは、心身に異常をきたすと言います。たとえば、感情表現や意思決定ができなくなったり自分を過小評価するようになって自信が持てなくなったりします。身体にも異常が生じ、統合失調症に似た症状が現れやすくなります。子どもは親なしには生きられません。ダグルバインドをとる親の元で育った子どもは矛盾した環境から抜け出せなくなり、ストレスを受け、心身のアンバランスに悩むようになるのです。

　察するコミュニケーションが日常化している日本社会では、ダブルバインドによる同調圧力が加えられやすいのです。本来は、学校教育でコミュニケーションについて詳しく教えるべきですが、十分であるとは言えません。最も深刻な問題は、自分自身がダブルバインドを経験し、幸せを感じ切れていない教師が少なくないことです。

■ スキンシップ

　「あの人は情が深い」「情の厚い人だ」と言いますが、情の深い人は非常に魅力的です。情とは思わず相手の手を握りたくなる衝動だと既述しましたが、日本ではあまりいい意味ではとらえられない他人どうしの「スキンシップ」も情の発露であり、動機を正せば気持ちを伝達するコミュニケーションの道具になります。

「欲望」というと悪いイメージが浮かびますが、欲望がなければ「いいことをしよう」とか「人を愛そう・大事にしよう」とはしません。善なる行為も悪なる行為も見た目は相似しています。善か悪かを決めるのは行為に反映される私たちの動機・目的なのです。

韓国社会ではスキンシップを「ウリ共同体」としての疑似家族に対する情的な行動だと見なします。家族とは１つの屋根の下で暮らす存在です。親しくなるにつれて距離が縮まるのは「家族のように親しい仲になりたい」という思いが動機にあるからです。

そのスキンシップを悪用する事件が韓国社会で取り沙汰されていることは既に述べました。芸能界に限らず検察・大学・宗教団体など、セクハラとは関係ないと思われてきた業界が「Me too 運動」で揺れています。

では、なぜ、最近になって表面化してきたのでしょうか。実は、これらの事件はずっと以前からあったのです。主に男性によるセクハラでしたが、アメリカ・韓国だけではなく日本でもかなり深刻なセクハラが行われていました。男性優位の思考、またセクハラを社交的な遊戯行為ととらえる価値観が被害者に泣き寝入りを強いて来ただけです。

韓国や日本でも「Me too 運動」をフェミニズム運動の勝利だと鼓舞する人たちがいますが、私はそうは思いません。「Me too 運動」は「男女の価値は同等だ」という当たり前の価値観が、やっと表に出てくるようになったものなのです。

「男の歴史は戦争の連続だった」と言われます。融和・融合の社会を作っていかなければ、人類の歴史は破滅に向かうでしょう。これからの世界は、女性の母性愛が必要です。そのような流れに沿って男女がお互いに尊重し合える価値観の確立がなされる世界になってほしいものです。その意味で「Me too 運動」はその過程における現象として位置づけられます。

スキンシップとはお互いの絶対的な信頼関係がないとできない行為です。すべてのスキンシップがダメだという考えを持つ前に信頼関係を築く方法を議論すべきです。

■ ヘイトスピーチ・ヘイトシンボル

　2021年春、日本のある健康食品の有名メーカーが在日コリアンを卑下する広告を出しました。社会の批判が高まるやそのメーカーは広告を取り下げ、謝罪しました。

　在日コリアンに対するヘイトスピーチの原因は3つあります。1つは、政治的な意図。日本社会には在日コリアンだけが住んでいるわけではないのに、なぜ他の外国籍の人たちに対するヘイトスピーチやヘイトデモはされないのか？　2つ目は、内在文化に対する無知から来る誤解・偏見です。同時に、自己とは違う形を認めたくない日本社会の内在文化にも無知なのです。3つ目は、見物人根性です。見物人と言えば聞こえはいいですが、ある意味、個人的な感情・思い込み・信念から起こる「いじめ」です。ヘイトスピーチで社会に波紋を起こすことで、自己の存在をアピールするという動機も作用しています。

　ヘイトスピーチは社会に自己主張をしているように見えますが、ヘイトスピーチを発する個人・団体に対して世間はマイナスの評価をするようになります。人は批判する者・排斥せんとする者により大きな悪感情を感じるものだからです。ヘイトスピーチが繰り返される社会ではストレスが蔓延しているのです。

　ヘイトスピーチにはヘイトシンボルが伴います。ヘイトシンボルとは、差別・誹謗を表すジェスチャーのことです。気の知れた仲間同士で使う場合もありますが、気をつけたいのは「これをやったら関係は終わり」というヘイトシンボルです。例えば、アメリカ映画でよく見られる「中指だけを立てる」ポーズ。ヘイトシンボル自体に悪意が込められているので、人間としての尊厳性を否定し、屈辱感を与えたり挑発したりする意味を相手に与えます。

　アメリカ最大のユダヤ系の団体「名誉毀損防止連盟（ADL）」は、悪意性の高いジェスチャーをリスト化しています。2019年、そのリストに「オーケー」サインが加えられました。親指と人差し指で丸を作り、残りの3本の指を立てる姿が「白人至上主義」を意味すると解釈されています。そう言えば、2020年にニュージーランドのモスク（イスラム教の礼拝所）で銃器乱射事件を引き起こした犯人は、法廷で手錠を嵌められたままオーケーサインをして

表5-4　日韓社会のヘイトシンボルの例

日本	にらむ、「チェッ」と音を出す、人差し指で指す、両腕で「×」、両手で目じりを上げたり下げたりする、クルクルパー、アカンベェ　など
韓国	にらむ、「チェッ」と音を出す、側頭で人指し指をクルクル回す、両手で目じりを引き上げる、舌でアカンベェ、片方の唇の端を上げて冷笑　など

いました。

　それでは、日韓にはどのようなヘイトシンボルがあるのでしょうか。〈表5-4〉を見れば、両者でかなり似かよっていることが分かります。

　顔形や生活の様子が似ていても日韓両社会が持つ内在文化は違います。まず、この現実を理解する必要があります。北海道の生活を沖縄ではできないように両地域の生活や習慣、価値観をそのまま相手に当てはめることはできません。環境や考え方が違うことが分かっても「関係が持てない相手」だと決めつけたくないものです。日韓の内在文化には理解できる部分がかなりあります。実際、長い歴史を通じて、日韓両国は交流を行って来ましたし、その交流は形を変えつつ継続されているのではないですか。

2.　お返し文化

▌気持ちを形で表す

　ある知人から「韓国のＡさんにプレゼントを贈ったんだけど、何も返答がない…」という相談を受けたことがあります。気持ちを「形」で表す日本社会では相手に特別な事情がない限り、「お礼」や「お返し」が届くはずです。

　韓国社会も感謝の気持ちをお返しとして表わすのは日本と同じですが、受け取った物と同様の品や値段を気にするなど、神経を尖らせることはありません。Ａさんのように返答やお返しが来ない場合が多いのです。それは「感謝の気持ちを持てば、それでいいのだ」と思うからです。「誰かが贈り物やメッセージをくれた。私はそれを感謝して受け取った。つまり、贈った側も

受け取った側も気持ちのやり取りができればそれでいいのだ」と考えるのです。日本ではこのやり方はよっぽど信頼の置ける人でないとできません。

　私も韓国から帰ったばかりの時、お中元やお歳暮にお返しをしませんでした。メッセージを貰っても返答をしなかったこともたくさんあります。さぞかし相手は私を「失礼な奴だなあ」「常識がない奴だなあ」と思って気分を害したに違いありません。

　日本社会は「形にすること」を大事にする社会です。形にしなければ気がすまないし不安になりがちです。相づちも挨拶することも形に敏感な文化の現われです。相づちや挨拶は、「話をちゃんと聞いています」「貴方に敵意はありません」という気持ちを形で表すお返しの意志表示でもあります。お返し・返答をしないことは「共有する形を作らない＝拒絶・拒否・無視・軽視・否定」を意味するのです。

　日本の内在文化は、形による繋がりを重要視するため、繋がりが切れないように環境を共有する必要があります。そのため、「お返し」は相手との環境づくりに貢献するのです。

5.3. 文 芸

1. 定型詩

■「俳句・短歌・川柳」と「時調」

　定型詩とは「使う単語の数、単語の配列などにルールがある詩」で世界に10種類ほどしかありません。日本には「俳句・短歌・川柳」、韓国には「時調」があり、それぞれ長い歴史を持っています。前者は「5・7調」を、後者は「3・4調」のリズムを持ちます。

　「短歌」は、5-7-5-7-7のリズムが特徴です。日本で最初に定型詩を詠んだのは素戔鳴尊とされています。

　　夜久毛多都　伊豆毛夜幣賀岐　都麻碁微尓　夜幣賀岐都久流
　　曾能夜幣賀岐袁　　　　　　　　　　　　　　　『古事記』素戔鳴尊

『万葉集』には「ますらおぶり（客観的で男性的な雰囲気）」が漂う詩歌が収められています。『万葉集』では漢字の音と訓を借用した「万葉仮名」が使われましたが、万葉仮名から仮名に変化する過程において仮名書き和歌が普及しました。その後、『古今和歌集』（905 年）、『新古今和歌集』（1205 年）が編成される中で、次の歌のように「たおやめぶり（主観的で柔らかい雰囲気）」を帯びた詩歌が主流になりました。

　　　見わたせば花も紅葉もなかりけり　浦の苫屋の秋の夕暮れ　　　藤原定家

「俳句」は 12 世紀に成立された「俳諧」を松尾芭蕉が大成した定型詩であることは周知のとおりです。伝統俳句は 5-7-5 という世界で最も短い音数律と「季語」を使用することで有名です。

　　　古池や　蛙飛びこむ　水の音　　　　　　　　　　　　　　　松尾芭蕉

俳句は、男性が座って詩を交換する「句座」の集まりが主流だったため、女性はその世界に入りにくかったのです。しかし、19 世紀に起こった俳句進歩運動で女性詩人の登壇に拍車がかかり、「4T」と呼ばれる女性詩人（中村汀女・星野立子・橋本多佳子・三橋鷹女）が登壇しました。その後、「現実社会での経験を感覚に訴える心象」を表現した女性俳句は脚光を浴び始めました。

韓半島では早くから漢詩が普及しました。古代には万葉仮名のように韓国語の発音に漢字や漢字の一部を充てる表記方法「吏読・口訣」が官僚や貴族階級で使われました。

時調が成立したのは 14 世紀末（日本では室町時代）です。当時、文学性に秀でた庶民が詠んだ時調もありましたが、残っている作品は僅かで、初期には主に貴族である両班や少数の妓生（芸妓）が詠んだ時調しか残っていません。時調も俳句・川柳のように、時代と社会の変化によって、その形態と詩人層が庶民層へと広がりました。ただ、残念なことに、世界で時調の存在を知っている人は非常に少なく、俳句に比べて時調の国際化は大きく遅れています。

■ 時調のリズムとは？

　時調は「初章、中章、終章」の３章と「3・4調（または4・4調）」の音数律で構成される6句・文字数45字前後で構成される定型詩です。文字数には多少の幅が認められますが、終章の初出は必ず「3調、5調（6〜7調も可能）」にしなければなりません。

初章　3、4、3（4）、4　　　이몸이 죽어죽어 일백번 고쳐 죽어

中章　3、4、4（3）、4　　　백골이 진토되어 넋이라도 있고 없고

終章　3、5（6〜7）、4、3　　임향한 일편단심이야 가실 줄이 있으랴

鄭夢周『丹心歌』

　次の『カゴパ（帰りたい）』は日本の『故郷』にあたり、韓国では知らない人がいない歌ですが、時調のリズムで出来ています。

내 고향 남쪽바다 그 파란물 눈에 어리네

　　　我が故郷　南の海　あの青き波　目に浮かぶ

꿈엔들 잊이리오 그 잔잔한 고향바다

　　　夢にも忘れようか　あの波静かな　故郷の海

지금도 그 물새들 날으리 가고파라 가고파

　　　今もあの水鳥は飛び交っているだろうか　帰りたい　帰りたい

　韓国には3拍子の民謡が多いのも3という音数律が韓国の人たちの情緒にピッタリ合うからでしょう。

아리랑 아리랑 아라리요　アリラン　アリラン　アラリヨ

아리랑 고개를 넘어간다　(愛する貴方は)アリラン峠を　越えてゆく

나를 버리고 가시는 이는　私を置いて去り行く人は

십리도 못 가서 발병난다　10里も行けずに　立ち止まろう（足が痛くなるだろう）

民謡『アリラン』

　数は少ないのですが、日本にも『故郷』、『うみ』、『仰げば尊し』、『あかとんぼ』、『こいのぼり』、『ぞうさん』、『五木の子守唄』など、3拍子の歌があります。

■ 約束事に見られる俳句と時調の特徴

　俳句と時調の約束事の大きな違いは、語彙と句構造にあります。前者は「季語」使用の有無、後者は音節数と構造の違いです。中でも、「季語」の有無が最も大きな違いです。

　　柿食へば　鐘が鳴るなり　法隆寺　　　　　　　　　　正岡子規
　　千年を　また一つより　始めたり　　　　　　　　　　長谷川櫂

　俳句の主題は「季節」と深い関係があることはご存知だと思います。季語とは、句に込められた「季題」を表す内含性の強い言葉です。上の子規の俳句には「柿」という秋を象徴する季語が使用されていますが、2つ目の句には季語が使われていません。しかし、文脈を通じてこの句が2001年の元旦（冬）に作られたことが分かります。

　俳句には、季節によって変化する自然の美しさ・自然を愛でる人の心を主題とする句が数多くあります。言い換えると、読者と共鳴するための装置が「季語」なのです。季語は、季節の変化に伴う自然の美を愛する日本の情緒と共鳴を成す役割を果たしています。乱暴な言い方かもしれませんが、5、7、5という枠に季語を入れれば俳句になるのです。俳句は、季語と5・7調のリズムを使って、自然の中で生きる人間の喜怒哀楽を詠った優れた文芸です。

　　冬至ㅅ달 기나긴 밤을 한 허리를 버혀 내여
　　　　　霜月の長い長い夜を2つに断ち切り
　　春風 니불 아래 서리서리 넣었다가
　　　　　春風のように暖かい布団の中に畳み入れて
　　어른 님 오신 날 밤이여든 구비구비 펴리라
　　　　　恋しい貴方が来る夜になったら　ぐるぐる伸ばし

短い夜につないで長い夜にしましょう

黄真伊 『無題』

서러워 붉은 만큼	悲しきかな　赤きほど
붉어서 여윈 만큼	赤きため　やつれ細れるほど
단 하루 들불 속에	一日のみ野火の中で
속속히 들끓다가	煮えたぎり続けつつ
이제야 바람으로 온	時に遅れて　風となりてとぶらふ
너를 내가 어쩌나	汝は何を願へりや
조금씩 조금씩 더	少しずつ、もう少しずつ
조여 오는 통증에	締め上げらるる痛みに
간담이 끊어져도	内臓が立ち切られども
삭신이 비틀려도	五体が捻じられども
꺾인 채 꽃으로 피느니	折られしままの花と咲くのなら
네 가슴에 피겠다	汝の胸で咲かまほし

韓盼玉『장미 (薔薇)』

　一方、時調には季語を使うという約束事はありません。1つ目の時調は女流詩人であり妓女でもあった黄真伊が恋しい男性を想って読んだ有名な時調です。その詩には、冬を表す単語（霜月）が使用されています。しかし、2つ目の時調には夏を表す単語はなく、情熱に満ちた表現とタイトル（薔薇）が、季節が夏であることを暗示しています。

　伝統時調は「初章、中章、終章」の3段構造を45～48文字で作りますが、この構造を2つ、3つと増やしていく長い形態は、かなり早い時期から存在していました。この特徴は、後に時調から歌曲や童謡が作られていった要因の1つになっています。

　伝統時調から現代の時調まで、時調には一般的な単語から古語や詩人が創作した単語まで、多種多様な言葉が盛り込んであります。よって、伝統時調は3・4調というリズムと3段階構造という器に多彩な食べ物（単語）を盛っ

て味わう叙情性の強い詩になります。

　「川柳」は季語を必ずしも使わなくてもいい5・7調の定型詩で、「切れ字」
や「文体（文語調・口語調）」などの約束事もありません。川柳を「吐く・ものす」というように、作者の表現したい内容を自由に詠む詩です。そのような点で時調は俳句より川柳に近いと言えます。

■ 詩心の表し方

　俳句は詩人と読者が協力して作り上げる「協働制作」の文芸です。俳句を詠む「座」の参加者は、創作者であると同時に鑑賞者でもあります。詩人は受け手の想像力を信頼して句を詠み、受け手は詩人の詩情を推し量りつつ句を読み取ろうとします。

　普通、詩は短ければ短いほど情緒的になるのですが、俳句は短詩にもかかわらず写生的であるのはどうしてでしょうか。自我と自然との渾然一体を目指す俳句の世界では、その主体は自然に置かれます。言葉を通じて人の喜怒哀楽は自然と一体となるのです。俳句の持つこの究極の写生性は、自我と自然に対する深い洞察と愛情によってもたらされます。この境地は一日二日でなせるものではなく、生活の中で自然を愛でる生き方によって培かれるのです。それで、芭蕉は自然の中を徘徊したのです。

　俳句には「禅」の思想も流れています。禅宗では「本来無一物」を説き、欲・雑念を捨てて自分の本来の心を見ることを悟りとします。「禅問答」とは知恵を絞り、機知を交えた論争を通じて「捉われない心」を自ら悟ろうとする修行です。自然の中で自己を見つめ、簡素な言葉で自然と1つとなった姿を吟味する姿勢。これは俳人の詩心と合い通じる世界です。

　一方、「隠遁者の文学」「逃避の文学」と呼ばれる伝統時調の主なテーマは「自然、愛、忠誠心」です。時調詩人は「愛する者との別れ、権力闘争に負けた挫折感、王に対する忠誠心、外勢の侵略や圧政から逃れて理想郷を夢見る心、貴族社会の圧政で受けた心の傷」などを定型詩に込めました。詩情を象徴する単語を3・4調の器に盛る時調は、詩人自らの詩情をダイレクトに表出する詩だと言えます。

■ わび・さびと恨

　日本文化の美とは「さび、わび、数奇、いき」などを総合した概念です。中でも「わび・さび」はその核を成します。

　「さび」とは「変化する形の美しさ」です。この世の全ての物は時間が経つと汚れたりさびれたり欠けたりします。その姿に美を感じようとする時、独特な美しさが醸し出されます。

　「わび」とは物が劣化する変化に趣・もののあわれを感じる美意識です。向井去来が「さびは匂の色なり」と語ったように、「さび」とは俳人に「わび」を感じさせる美しさなのです。

　自然は人間の領域を越えた存在です。俳人は人生もまた然りと捉え、自己を超越した時空間の中で「さび」と「わび」を見出し、それを文字で表現するのです。

　芭蕉は「まず、形を表出し、心を裏に隠せ」と教えましたが、俳句とは詩情を隠しつつ表現する修辞性の極めて強い文芸なのです。形に隠された読み手の心を聞き手が吟味することは楽しいものです。形が変化する姿は１つの環境が別の環境に移動する姿です。その過程で趣を感じるためには、やはり形の変化に敏感な観察力が必要となります。

　もののあわれを表現する姿勢は、時調も同じです。しかし、時調が俳句と異なる点は、環境・運命を受け止めつつもそれを吐き出す態度にあります。このダブルスタンダードが「恨」を生じさせるのです。恨とは理想と現実のギャップを嘆き、かつ理想に憧れる感情だからです。半島国家として外勢の侵略に脅かされ、権力闘争が続き、厳しい身分制度による社会環境で恨を感じざるを得なかった韓国の人たちは、時調のリズムで自らの恨を表出したのです。

　無形の心を限られた言語形式を借りて具現化する定型詩ほど完成度の高い言語芸術があるでしょうか。これらの定型詩は文学ジャンルとしてはもちろん、その存在自体が文化遺産です。世界の文学でも類を見えない優れた定型詩を持つ日韓両国。日韓社会には定型詩を通して互いの文化を理解し、尊敬する共感帯を作り得る素材があります。日韓の定型詩の研究が進み、両国にそれぞれの愛好家が増えれば、日本と韓国の文化に対する本質的な理解が進

むに違いありません。日韓の間で政治、経済などの外的な交流活動が活発的に進めれば進むほど、本質的な文化交流が成されるべきです。

2. 翻案小説

■ 女性観は大きく変化した

　韓国社会では、1980年代から女性の社会進出が本格化しました。大学や陸軍士官学校、司法試験の主席の座を女性が占めるようになって久しいのです。

　古代〜三国時代（〜11世紀ころ）の韓半島では、男女の交際はかなり自由でした。中国の『後漢書』には「**彼らは歌舞を好み、夜には男女が群れをなして遊び … 結婚は男女がお互いに好きになってはじめて成立した**」と記されています。

　それが高麗時代〜朝鮮時代中期（11〜17世紀）になると男女の交際が規制されるようになりました。特に、元（モンゴル）の侵略により、多くの婦女子が暴行・略奪されたことをきっかけに女性を外に出さなくなりました。それでも、朝鮮時代の中期までは新郎が新婦の家で暮らしたり族譜に女性の名前を載せたり、親の財産を男女が均等に分配したり娘も先祖にまつる祭祀ができたりするなど、男女の格差はそれほど大きくはありませんでした。

　それが朝鮮時代後期（17〜20世紀初）に入り、外勢による2度の侵略（文禄・慶長の役、清による丙子胡乱）をきっかけに国力が衰退するや王朝は国の再建を「家庭」に求め、婦女を家庭に縛り付ける「内外法」を制定しました。女性は「烈女」として生きることが求められました。「烈女」とは「夫を愛し、貞操を守り、家門に尽くす女性」を指します。

　女性の外出は禁止され、親戚の男性以外は見ても話してもいけませんでした。もちろん、自由恋愛・結婚はタブー。「内外法」に違反した者は、鞭打ちの刑などの厳罰を受けました。結婚した女性は「出家外人」とされ、族譜からも外されました。

　その後、朝鮮時代末期に日本を通じて西洋思想が流入すると女性観に変化が現われ始めました。伝統を守りながらも自由な考えを持った「新女性」が

表 5-5　近世の韓半島における代表的な翻案小説

翻案小説	長恨夢 (趙重桓)	不如歸 (趙重桓)	雙玉涙 (趙重桓)	再逢春 (李相脇)	貞婦怨 (李相脇)	雪中梅 (具然学)
原作	金色夜叉 終編金色夜叉 (尾崎紅葉 / 小栗風葉)	不如歸 (德富蘆花)	己之罪 (菊地幽芳)	想夫燐 (不詳)	捨小舟 (黒岩涙香)	雪中梅 (末廣鐵腸)

現れてきました。新女性の生き方はこの時代に人気を博した多くの新小説や新派劇に描かれています。

　この時代相を象徴する文学ジャンルの代表は「翻案小説」です（表 5-5）。翻案小説とは「原作の全体的なストーリーを大きく損なわない範囲で登場人物と場面を変えた」小説です。その中で最も成功した作品は『長恨夢』です。

　当時の翻案小説のほとんどは日本の作品を原作とするものでした。しかし、翻案小説に対して「創造性の欠如」を理由に文学性を否定する評価が韓国の文学界にはあります。『長恨夢』も「日本統治下での生活を感傷的に受け入れる価値観を啓蒙する作品だ」と批判され続けて来ました。

■『金色夜叉』・『終編金色夜叉』と翻案小説『長恨夢』

　『長恨夢』（作者：趙重桓）には、伝統的な女性観と新しい女性観が交錯した20世紀初頭の韓国社会が赤裸々に描かれています（資料 5-1）。原作は尾崎紅葉とその弟子・小栗風葉が著した『金色夜叉』・『終編金色夜叉』で、当時の日本社会で一大センセーショナルを起こした長編小説です（資料 5-2）。

　『長恨夢』も同様に当時の韓国社会でセンセーションを引き起こしました。韓半島で初の新聞小説・長編小説である『長恨夢』は、新派劇にリメイクされることで爆発的な人気を得ました。『長恨夢』の名前は知らずとも、主人公の「李守一・沈順愛」の名前を知らない韓国人はいないほどであったと当時の記録は伝えています。

　「さらに、今日においても、この作品の主人公である「李守一」と「沈順愛」の名前を知らない人がいないほど知れ渡っている。近年、この作

166

資料 5-1　『長恨夢』
出典：한국민족문화대백과사전

資料 5-2　原作の1つ『金色夜叉』
出典：岩波文庫

品は演劇の台本や映画化されながら度々、上映されている」

（『韓国新小説全集』第9巻）

まず、原作の登場人物・時代背景とストーリーを紹介します。

- 主人公：間貫一（はざまかんいち）、鴫沢宮（しぎさわみや）（お宮）
- 時代：明治時代（19世紀末）
- ストーリー：お宮は、許婚の貫一を裏切り、銀行家の富山唯継（とみやまただつぐ）の結婚の申し込みを受け入れる。熱海の海岸で2人が別れる時、貫一が言った台詞は、あまりにも有名である。「ああ、宮さんこうして2人がいっしょに居るのも今夜限りだ… 一生を通して僕は今月今夜を忘れん、忘れるものか、死んでも僕は忘れん！ いいか、宮さん、1月の17日だ。来年の今月今夜になったならば、僕の涙で必ず月は曇らして見せるから、月が、月が、月が曇ったらば、宮さん、貫一は何処かでお前を恨んで、今夜のように泣いてると思ってくれ。」

　お宮は、貫一に対する罪悪感に苦しみながらも、富山の子供を産み結婚生活を続けたが、貫一に対する罪悪感にさいなまれ、ついに発狂してしまう。

　貫一は、財欲のために愛するお宮に裏切られた無念を晴らすため高

利貸し（悪徳金融業者）になるが、良心の呵責にさいなまれる。様々な経験をする中で人生の無常を感じた貫一は、過去を水に流し、富山と離婚したお宮を許す。

ラストシーンで貫一がお宮に言った「宮さん、2人は悲しいね…」という台詞には、資本主義が浸透しつつあった時代に愛と現実の狭間で生きた当時の庶民の虚しさが現れています。

原作を韓国風にアレンジした『長恨夢』の登場人物とストーリーは次のとおりです。

- 主人公：李守一、沈順愛
- 時代：日本統治時代（20世紀初）
- ストーリー：順愛は、銀行家と結婚するために、許婚の守一と別れる。（ここまでは原作と同じ）貫一に対する罪悪感に苦しみながらも結婚生活を続けたお宮とは違い、順愛は守一への罪滅ぼしとして、3年間、夫との夫婦関係を拒否しながら純潔を守ろうとし、それが夫によって無理やり奪われると投身自殺を試みる。しかし、橋の下を通りかかった船に助けられた順愛は、それ以降、夫と別居することになる。

  守一も原作の貫一と同様、高利貸しに転落するが、人生の虚しさに苦しむ。結局、守一は発狂した順愛を許し、順愛と結婚する。

■ 烈女としての理想を貫く女主人公

『長恨夢』は上巻・中巻・下巻から構成されています。原作と比較してみると、「翻訳・削除・省略・組み立て・引用・抽入」を繰り返す複雑なパターンで原作のストーリーが取り入れられながら原作にないストーリーと価値観が挿入されていることが分かります。

上巻では原作をほぼ翻訳する形が取られており、「金が愛に勝る」という価値観が継承されています。

中巻では原作を削除・省略するパターンが増え、原作にない新しいストーリーが挿入されています。それは、「ヒロインが許婚を裏切って銀行家の息

子と結婚した後でも貞操を守り続ける。それが夫によって奪われると投身自殺を試みる。たまたま橋の下を通りかかった船に救われる」というストーリーです。（非現実的ですが）このようなヒロインの行動を支えたのは、「許婚との間で壊れた愛の関係を取り戻すために貞操を守る」という贖罪意識でした。この態度は、原作の女主人公が妻または母として夫と同居し、子どもを生むという環境に同化した態度とは対照的です。

　中巻で形成された「愛か金か」という価値観の葛藤は、続く下巻で男女の主人公が再び愛を確認することで「やはり愛は金に勝る」という価値観を打ち立てることで結末を迎えます。同じ屋根の下に住みながら、新妻に拒否される男性の忍耐力もたいしたものですが、ヒロイン・沈順愛の生き方は現実を超越していますね。

3. 烈女は理想に生きる

▌パンソリ文学『春香伝』

　『長恨夢』のヒロインの本質は、現実という環境の中でも烈女（ヨルリョ）としての気概をもって理想を追求した生き方にあります。この姿勢が韓国の読者の共感を得たのです。

　韓半島を代表する烈女と言えば、『春香伝（チュニャンジョン）』のヒロイン・春香（チュニャン）です。この古典文学は、幾度となく映画化・ドラマ化され、カンヌ映画祭では監督賞まで受賞した韓国の古典文学を代表する作品です。もともとはパンソリで語り継がれた作品です。韓半島の伝統文芸であるパンソリは、気持ちをそのまま表出する唱法が特徴です。その歌声は、「あああー！」と心の底から嘆き悲しむ時に出す声と似ています。飾り気など全くない、腹と喉がはち切れんばかりの哀愁を帯びた発声です。

　文学のジャンルには、字で記録せず、口と耳を通じて伝承される「口承文学（伝承文学）」があります。『古事記』や『日本書紀』も口承されていた神話や歌謡を書き留めたものとされています。また、『古今和歌集』の約40%は民衆の間で語り継がれた「読み人知らず」の和歌です。『平家物語』も琵琶法師によって日本全国で語り継がれました。

『春香伝』のストーリーを紹介します。

- 主人公：李夢龍、成春香
- 時代：朝鮮時代中期（15世紀ころ？）
- ストーリー：朝鮮時代の南部地域で代官の息子であった李夢龍は、妓生（芸者）の娘・春香を見初め、2人は夫婦となる。父親の出世でソウルに上京することになった李夢龍は、科挙試験に合格し、妻として正式に迎え入れることを春香に誓う。

　夢龍が上京した後、赴任した悪代官は春香を妾にしようとする。しかし、春香は身分は卑しくても貞操を守り通すことが婦人の道理であることを主張し続け、牢に繋がれてしまう。

　一方、李夢龍は科挙に見事に合格し、国王より隠密に命じられて帰ってくる。ぼろ着姿でカモフラージュした夢龍は、牢に入れられた春香と再会する。再会を喜ぶ間もなく、翌日春香は処刑されることに。

　処刑の寸前、官僚の姿に身を整えた李夢龍が悪代官を逮捕し、身分の差を越えた2人のラブストーリーはハッピーエンドに終わる。

『春香伝』では夫と離れ離れになることで妻としての役割が果たせないこと、悪代官の妨害によって「1人の男性を愛する」烈女としての生き方を妨害されたことが「恨」となっています。ヒロイン・春香がこの恨を解消するために取った行動は、烈女としての道理を貫くことでした。韓国の聴衆は、春香が見せた「自己の道理を貫くことで恨を晴らす」態度と、烈女として夫を愛する生き方に女性の美徳を見出すのです。

　しかし、私は『春香伝』のクライマックスは、ボロ着でカムフラージュし、牢屋に訪ねて来た夢龍に春香が見せた姿にあると思います。「あんたのお陰で大事な娘が処刑されるはめになった。どうしてくれるんだい！」と嘆く母親に、春香は「お母さん、主人にきれいな服を着せ、大事にしてください」と言い、夢龍の身を案じました。迎えに来るのが遅かった夢龍を怨んだり、刑を受けることになった自分の運命を嘆いたりしてもおかしくない立場で、夢龍との再会を喜び、その身を案じた春香にこそ韓国の理想の女性像が見出さ

れるのではないでしょうか。

■ 韓国社会のヒロイン「烈女」

　「貞操」というと、現代では古びた思想、男女差別の象徴と批判されるかもしれません。日本の古典文学にも貞操をテーマにした作品はありますが、「貞操を守る→試練→不幸」というストーリーが顕著です。上田秋成が著した『雨月物語』の「浅茅が宿」には次のような夫婦の話が載っています。

　　戦国時代の下総に勝四郎と宮木という夫婦が住んでいた。身代をつぶした勝四郎は美しい宮木に「秋には必ず帰って来るから待っていてくれ」と言い残して上京して行く。美しい宮木に言い寄る男たちもいたが、宮木はひたすら夫を待ち続けた。

　　勝四郎の商売はうまく行ったが、下総に帰る途中、山賊に襲われ財産を奪われてしまう。親戚の家に身を寄せているうちに下総で大きな戦いが起こった。勝四郎は宮木は死んでしまっただろうと悲しんだ。

　　7年の月日が流れたある日、勝四郎は下総の家を訪ねた。すると、家はそのままの姿で残っており、やつれた宮木は勝四郎との再会を涙を流して喜んでくれた。一夜を過ごした勝四郎が目を覚ますと、天井が剥がれ、家はボロボロに荒れ果て、隣で寝ているはずの宮木もいない。家の中を探し回った勝四郎は、宮木が詠んだ歌を見つけた。

　　　さりともと　思ふ心にはかられて　世にもけふまで　いける命か
　　　（それでも帰って来るだろうと待ちわびる心に欺かれて、

　　　　　　　　　　　　今まで生きて来たこの命よ）

　　貞操を守り自分を待ち続けて死んだ妻を想い、勝四郎は泣き崩れるのであった。

　『源氏物語』に代表される王朝文学や町人文化を描いたに井原西鶴の「好色もの（浮世草子）」、近松門左衛門の「心中もの（人形浄瑠璃・歌舞伎）」には、男女の愛欲・愛憎の世界が官能的に描かれています。文学は架空性が強い芸術とはいえ、日韓の文学作品における貞操の扱われ方には明らかな違いがあ

ります。

　もともと、貞操は日韓両国の女性の生き方を象徴するキーワードの１つでした。旧百済の都・公州(ゴンジュ)には「落花岩(ナックアアム)」という崖があります。この名称は新羅軍の侵攻を避け、投身自殺をした数百の宮女たちの様子が花の散るようだったことに由来しています。

　日本と韓半島の貞操思想は、中国儒教から影響を受けました。儒教を国教とした韓半島では、朝鮮時代の前期までは自発的な社会倫理であり、未亡人の再婚も認められていました。それが日本と清国の侵略および国内の勢力争いによって国家の基台が揺らぐや、朝鮮王朝は「国家の基台＝家庭」という韓国儒教の考えに基づいて国家の再建を家庭に求め、女性に「烈女」として生きることを義務化したのです。後には、夫が死亡した場合、妻も自害する風習が拡散するに至りました（表 5-6）。

　韓半島の歴史においては、儒教思想に基づいた男性中心の時代が長く続きました。その過程で、女性は身を犠牲にして夫・家庭・家門に貢献すべき存在として位置づけられました。しかし、見方を変えれば、当時の韓半島の女性

表 5-6　時代別に見た貞操思想の様相

	古代 (三国時代)	中世 (高麗時代)	中世〜近世 (朝鮮時代前期)	近世 (朝鮮時代後期)	近代 (開花期)
影響した 思想	・良心的な 　信義 ・仏教思想	・仏教思想 ・戦争による 　混乱	・仏教思想 ・儒教思想	・儒教思想 ・戦争による 　混乱	・資本主義思想 ・儒教思想 ・キリスト教 　思想
烈女の 存在価値	羨望の対象としての観念的な 価値		儒教的な倫理 観を定着させる ための存在	・封建体制の安定 　を支える存在 ・運命的な生き方	倫理的な価値
主節の 様相	・夫の在世時にのみ守るべき ・義務ではない		夫の死後には 義務ではない	夫も在世時・死後 に義務	幸福な家庭生活 を築く
烈女の 基準	なし		守節	自決	なし
貞操の 動機	自発的			義務的	自発的
自由恋愛	可			不可	可
寡婦の 再婚	可			不可	可

たちは烈女としての人生を通じて男性以上に賞賛されたのです。そして、烈女たちによって家庭を中心とする心情文化が形成・継承されたのです。自己の運命を甘受し、信念を実現しようと身もだえした烈女たち。韓国の古典文学はこぞって烈女の生き様を描き、国民に生きる勇気を与えました。

その反動でしょうか。近現代における韓国文学では貞操思想を女性の人権を否定し、自我実現の追求を妨害する考えととらえています。問題は、女性をひとりの人間として認め、尊重しなかった男性にもあります。全ての男性がそうではなかったでしょうが、多くの男性が妻や娘を家門に隷属する存在として見ていたことは事実です。

しかし、愛を本質とした貞操意識は、家庭を形成・維持・発展させる重要な価値観でもありました。内外の葛藤と混乱が絶えなかった韓半島は、烈女の愛と犠牲によって支えられていたと言っても過言ではありません。

■ ビジョンを実現する喜びがテーマ

日本映画『リトル・フォレスト夏・秋/冬・春』(2014 年)をリメイクした韓国映画『Little Forest』(2018 年)は、「自然との共生」「癒しと気づき」の大切さを韓国社会に投げかけました。日本と韓国で独特な料理が登場するのも見どころの 1 つです。

原作・リメイク映画ともにヒロインは都会暮らしに疲れて田舎に帰って来ます。また、母親が忽然と家を出てしまいます。田舎の家に取り残されたヒロインは、自然の食材を使って様々な料理を創作します。

原作とリメイク作品の違いは、ヒロインの生き方にあります。原作では「地域の一員として生きる場所を見つけた」ことに喜びを見出す姿が描かれています。リメイク作品では故郷の家に 1 人残されたヒロインがレシピを開拓しつつ、自己の存在価値を発見するストーリーに脚色されています。

その違いの理由は何でしょうか。それは韓国の視聴者は、環境に適応することだけでは満足感を覚えないからです。故郷にとどまりながらも理想を求め、それを叶える生き方こそ韓国の視聴者が求めるストーリーなのです。原作の人生観が「自分の居場所を探すこと」ならば、リメイク版で強調された人生観とは「理想の実現」です。

韓国の「恨」とは現実と理想の狭間で葛藤する感情であり、本来の姿に憧れる情であることは既に述べましたが、この価値観は『長恨夢』や、『春香伝』韓国版『Little Forest』にも反映されています。

　恨を解消しようとする行為を「恨解き」と言いますが、これは韓国社会の至る所で見られます。日本における韓流ドラマの先駆けとなった『冬のソナタ』の主人公の生き方も恨解きでした。韓国ドラマには「一途に生きる」ことで恨を解こうとがむしゃらになって身もだえする主人公たちの姿が如実に描かれています。

〈コラム〉　愛を叫ぶ！

　韓国の葬儀に参席した方はお分かりでしょうが、日本の葬儀とはかなり違います。それは、故人に対する表現の仕方です。地域や家によって違いはあるでしょうが、日本の葬儀では悲しみを噛みしめ、耐え忍ぶ光景が見られますが、韓国ではほとんどの遺族が泣き叫びます。

　日本社会には人前で自分の感情をさらけ出すことを避けようとする傾向があります。一方、韓国では「悲しい時には泣き、うれしい時には笑う」のが人間の常情とされます。

　「ウリとナム」の壁が日本より低いことも感情を発しやすい原因です。ナム（他人）の関係でも気持ちを共有することで、一時的にでもウリ（擬似家族）の関係になりやすいのです。

　この韓国式の「気分を吐き出す」コミュニケーション法を、遠まわしな表現を使うことが相手に対する配慮だと考えるコミュニティーで使うと、多くの人は「非難された、否定された、空気が読めない」と思うでしょう。

　韓国語によるコミュニケーションで大切なことは、「相手とどのような言葉遣いで話すべきかを見極める」こと、「気持ち・考えを正直に伝える」ことです。前者は「年齢、社会的な地位」で尊敬語を使う儒教思想の影響です。後者も「性善説」を取る儒教の影響が大きく、韓国社会には「話せば分かる」という楽観的な人間観があります。韓国社会のこのようなコミュニケーションのスタイルは、「相手の気持ちを察し、場に合った発言すること」を良しとする日本社会でのコミュニケーション観とかなり距離があります。

　また、「自己の環境に踏み込まない」ことを礼儀・配慮と見る日本社会では、一方的な高音での発言は「環境に踏み込む＝否定・攻撃」と見なされがちです。特に、各々日本と韓国で育った夫婦がこのコミュニケーションの違いに気づかずに誤解をし、思いがけない悲劇に発展するケースも多々あります。

　この文化の違いを理解できないと、個人レベルや政治・外交レベルで葛藤と誤解が生じてしまいます。「No ○○！」を叫ぶ韓国のデモを目にすると、一連の言動を批判・憎しみの表れだと拡大して考えてしまい、「韓国人は日本（私）

を嫌っている・憎んでいる」と評価してしまいがちです。同じ言動を一方（日本）では受動的に受け取り、一方（韓国）では理解を得るための能動的なアクションと取るコミュニケーションのズレは、かなり大きな文化の違いを象徴しています。

第6章
大衆文化・レジャーと内在文化

6.1. 韓 流

1. 韓流ドラマのストーリーは恨解き

■ 韓国ドラマの4大ストーリー

　韓国ドラマのストーリーには、次の4つの要素が必ずと言っていいほど盛り込まれています。

  ① 事故や病気（不治の病・記憶喪失）

  ② 主人公の格差

  ③ 出生の秘密

  ④ 家族関係

　韓国社会の「家族関係」については前述しましたが、韓国人は良かれ悪しかれ家族に関心が高いのです。世界中で「親孝行」について公教育で教える韓国のような国はあまりありません。韓国人の話題の半分は家族だと言ってもいいほど、韓国社会の関心事は「家族」、そして「成功」です。しかし、その家族と成功ストーリーに葛藤が生じた場合、理想と現実に大きなギャップが生じます。

　①と②は韓国が直面している社会問題を反映しています。就職難・政治問題・南北分断など、視聴者を取り巻く日常的な社会問題がテーマであるケース、また主人公が「宇宙人」や「霊界人」、「アンドロイド」など現実と非現実に大きな格差をつけるケースは珍しくありません。さらに、主人公を妨害する想像を絶する超悪役が登場するのも韓流ドラマならではの特徴です。こ

の点、日常にありがちな主人公・ストーリーを設定する大部分の日本ドラマとはかなり異なります。

　日本の多くのストーリーが複雑である反面、ほとんどの韓国ドラマのストーリーは比較的、単純です。順調にいっていた主人公の生活は、①〜④の出来事により大きな試練か不幸に見舞われます。主人公はそれを克服しようと、持てる力を振り絞って這い上がり、目的を達成するのです。韓国ドラマのストーリーは、ほとんどこのパターンで出来ており、結末は例外なく①〜④から生じた困難を克服してハッピーエンドで終わります。

　日本における韓国ドラマの最大のヒット作で「冬ソナ」の愛称で呼ばれる『冬のソナタ』（2004 年）でも、ドラマの主人公「ジュンサン（ペ・ヨンジュン）」と「ユジン（チェ・ジウ）」の「出会い〜別れ〜再会〜別れ〜再会」のストーリーも、やはりこの４つの要素が見事にマッチしつつドラマが展開していきます。

・　登場人物：姜ジュンサン（李ミニョン　同一人物）、鄭ユジン
・　ストーリー：ジュンサンは父親が誰かを知るために母親の母校に転校する。そこでジュンサンは、明朗なユジンに出会い、２人はやがて深い愛情で結ばれていく。ところが、ジュンサンはクリスマスイブに交通事故に遭って記憶を失ってしまう。母親はジュンサンが死亡したと学校に言い渡し、彼の過去の記憶をすり替える治療を施しにアメリカに渡る。母親は再婚し、ジュンサンはイ・ミニョンという名で生まれ変わった。

　　幸せの絶頂でジュンサンを失ったユジン。深い悲しみと恋心を胸に秘めたまま 10 年の時が過ぎる。ユジンは同級生のサンヒョクと婚約をする夜、ジュンサンに瓜二つのイ・ミニョンに偶然、出会う。サンヒョクとミニョンの狭間で悩みつつ、ミニョンにジュンサンの面影を見出し悩むユジン。一方、ミニョンは自分がジュンサンであること、父親はサンヒョクの父親であることを知るが、記憶を取り戻せない自分はユジンを幸せにできないことを悟り、アメリカへ帰国することに。しかし、帰国の直前、ミニョンはまたもや交通事故に遭ってしまうが、その

お陰で記憶が戻り、ジュンサンとしてユジンと向かい合う。再会を喜ぶ
のも束の間、ユジンとは兄弟だというジュンサンの母親の嘘と、失明す
る可能性があることを知ったジュンサンはアメリカへ旅立ってしまう。
数年後、ユジンのために孤島に建てた家で、失明したジュンサンとユジ
ンは再会を果たすのだった。

■「恨」がコンセプトの韓流ドラマ

　以前、日本の某テレビ番組がタレントに「詩」を詠ませる企画をしました。
コンセプトは「人間は非日常的な状態になってはじめて優れた詩が詠める」
というものでした。そこで、3人のタレントに自分が最も大事にしている宝
物を箱の中に入れてもらい、その箱を爆破した直後に詩を詠ませたのです。
もちろん、品物は彼らが後ろ向きになっている間にすり替えたのですが、そ
れを知らない3人は蒼白になって「素晴らしい」詩を詠んでいました。

　韓国社会の恨は幸せの絶頂で理想が急に消えてしまった時、克服すべき問
題が大きければ大きいほど強くなります。それも急であればあるほど、運命
的であればあるほど強まるのです。恨をドラマに盛り込むには「不治の病・
事故、出生の秘密、身分の違い、家族関係」は持ってこいなのです。

　ストーリーが比較的単純で、ラストシーンは想像がつくケースが多い韓国
ドラマの魅力は、登場人物が喪失した理想を掴むためになり振り構わずがむ
しゃらに生きる姿をあからさまに描く点にあります。

　日本のドラマのストーリーは複雑・多彩、かつ奇抜です。これは多様な環
境や要素をストーリー化するのに長けているからです。既述したように日本
のアニメーションは、多彩で奇抜なストーリーが魅力です。また、ジブリを
はじめとする日本のアニメーションの映像は、本物のようでありながら、感
性的・情緒的です。「被写体にメリハリをつける陰影に優れた視覚技法」は、
環境を視覚で捉え、対象化することに長けた日本の内在文化の反映です。

2. アイドルグループはアーティスト

■ 練習生とオーディション

　K-pop の特徴は、「歌とダンスの完成度の高さ」「多国籍アイドルグループが多い」ことです。前者は「歌手の養成システム」の違い（練習生制度）、後者は内需に限界があるため早くから世界市場に目を向けたことと関係しています。

　韓国には 2,400 あまりの芸能企画社があります。芸能企画社は「歌手・タレント・声優・芸人・モデル・アナウンサー・放送作家・PD・作詞作曲」などを全般的に扱う総合企画社と、一部の分野のみを扱う企画社に分かれます。

　韓国の企画社はオーディションと練習生システムを採用しています。韓国で歌手としてデビューするには、オーディションに合格して練習生となる道以外ありません。

　練習生は、一般的に 2〜7 年間ほどの期間を練習生として過ごした後、オーディションに合格してデビューします。練習生には「食事代・レッスン費・医療費」などが所属の企画社から支給されます。ただし、その教育費はデビュー後に収入から引かれる場合がほとんどです。

　練習生は「ボーカル・ダンス・楽器演奏」のほかに「外国語・スピーチ」「健康管理」などを徹底的に学びます。企画社によって違いはありますが、基本的にある一定期間は恋愛禁止です。恋愛が発覚した場合は厳しい指導を受け、別れる場合がほとんどです。デビューするまで数多くのオーディションを受けますが、その結果が思わしくないと練習生をクビになります。

　デビューしたグループのメンバーは、企画社が管理する寮で共同生活をします。以前、私が住んでいた家の隣に 2 人組の某グループが住んでいましたが、よく歌声が聞こえて来ました。アイドルグループは 1 日 10 時間練習するのが一般的。アイドルも歌手であり、「歌手は歌で勝負する職業」というプロ意識が強い K-pop 界では、「アーティスト」としての技量が要求されます。

■ J-pop では珍しい多国籍アイドルグループ

　韓国で最初に結成された多国籍ガールズグループは「씨클 (1998〜2000

年）」で、韓国2人、日本2人、中国系日本1人の5名グループでした。現在、K-popの多国籍グループは、「Twice（韓国5人、日本3人、台湾1人）」、「Black Pink（韓国3人、タイ1人）」、「EXO（韓国8人、中国1人）」、「NCT（韓国9人、日本1人、中国4人、香港1人、タイ1人、アメリカ1人、カナダ1人）」を含み30数チームあります。一方、J-popには多国籍アイドルグループは数グループしかありません。そのグループも日韓両国が合同出資した芸能事務所の所属です。

　日本の歌謡界の特徴は、多彩な国籍を持つソロ歌手や男女デュオが活躍している（していた）ことです。出身地は「中国・台湾」などのアジア、アメリカ・ヨーロッパなど多彩です。2000年以降は、韓国籍の歌手の活躍が目立ちます。

　K-popに多国籍アイドルグループが多い理由としては、「男性は軍隊に服役しなければならない」という韓国ならではの事情もあると考えられます。韓国籍のメンバーが軍隊に服役すると、グループの活動が止まってしまうからです。

　K-popの代名詞ともなっている「BTS（防弾少年団）」のメンバーにも服役の義務が迫っています。彼らは、「2022ビルボード・ミュージック・アワード」の3部門を受賞し、2017年から2022年までの6年間、アジア出身の歌手として初めて「ビルボード・ミュージック・アワード」に名を連ねました。さらに、BTSは23個のギネス世界記録を達成しています。

　BTSのファンクラブ「ARMY」は世界中に存在します。彼らはBTSを通じて韓国文化に関心を持ち、韓国語を学び、韓国を訪れ、SNSを通じて韓国に対する情報を発信しています。韓国の威信を世界レベルにまで引き上げたのは、政治の力ではなく文化の力なのです。

　韓国には世界的な業績を上げたスポーツ選手・アーティスト・科学者に兵役を免除する法律があります（オリンピックで銅メダル以上、アジア競技大会で銀メダル以上、国際的な芸術コンクールで2位以上の受賞者など）。しかし、今までこの法律は歌手や俳優など大衆文化部門には適用されませんでした。BTSの活躍により「BTS兵役法」が国会で可決され、時期を遅らせての入隊が可能になりましたが、「兵役は国民に平等なる義務」という世論が沸き

起こりました。何よりも BTS メンバーの入隊に対する意思は固く、2022 年 12 月に最年長のメンバーが入隊しました。

この問題に関しては、日本にいる私たちはピンと来ません。兵役制度がない日本社会では、BTS をはじめ兵役を目の前にした韓国の男性の立場や気持ちを理解することは非常に難しいのです。

■ アーティスト志向の K-pop アイドルグループ

J-pop と K-pop のアイドルグループには認識の違いがあります（資料 6-1）。それは、K-pop のアイドルグループは「歌手・ダンサー」としての職業意識が高く、完成度の高い歌唱力・ダンス力が要求される点です。「アイドル歌手＝アーティスト」という考え方がアイドルグループとファンに顕著なのです。一方、J-pop のアイドルグループにはアーティストとしてよりも「タレント性」が求められます。つまり、J-pop では K-pop ほど歌手としてのスキルを重要視されず、「崇拝的な存在」としてのアイドル像が強調されるのです。

2019〜2020 年にかけて韓国の大手芸能企画社「JYP」と「ソニーミュージック」が『Nizi プロジェクト』というオーディション番組を合同企画しました。キャッチフレーズは「世界で勝負できるガールズグループ」。オーディションを指導した「J.Y. 朴（朴ジュニョン）」は、「歌唱力」「ダンス力」「タレント性」「人柄」を審査の基準としましたが、選ばれた応募者に求められたのは単なるアイドルやタレントではなく、この 4 つの要素を備えたプロのアー

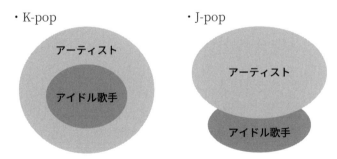

・K-pop　　　　　　　　　・J-pop

アーティスト

アイドル歌手

アーティスト

アイドル歌手

資料 6-1　K-pop と J-pop におけるアイドルグループの特徴

ティストになることでした。

　K-pop のアイドル歌手は、アーティストと認められる力量がなければ韓国社会では生きていけません。

■ アイドルグループも歌手だ

　韓国には日本ではなかなか見られない番組があります。歌唱力を競うバトル番組で、アイドルグループのメンバーも出演しています。『불후의 명곡 不朽の名曲』は、韓国 KBS が放映したロングラン番組で、歌唱力に定評のある歌手やミュージカル俳優、パンソリ（民謡）歌手などが出演し、懐メロをアレンジして歌唱力を競いました。アイドル歌手も幾度か優勝しました。『나는 가수다 私は歌手だ』は韓国 MBC で放送された高視聴率番組です。プロの歌手が披露する曲やパフォーマンスを 500 人の観客が評価し、順位を決め、1 年かけてチャンピオンを選びました。出場者はプロ中のプロばかりでしたが、評価が低かった歌手は次々と脱落し、中にはショックでしばらく活動を休止した歌手もいました。

　これらの番組が韓国国民に受け入れられている背景には、「歌手は歌唱力が命だ」というアーティスト志向があるためです。これは K-pop のアイドルグループも例外ではありません。歌手としての優れた歌唱力、ダンサーとしての卓越したパフォーマンス力を持った歌手だけがアイドル歌手として認められるのです。

　一方、J-pop のアイドルグループは「ファンとの関係性」を重要視します。「一緒に成長する」「応援したくなる」アイドルをファンは求めるのです。だから、あまりに自分たちと違いすぎると共感できないのです。J-pop のアイドルグループに求められることは「ファンとの関係性」です。言い換えると、ファンが望む関係性を醸成することがアイドルグループおよび芸能事務所の最大の仕事なのです。

　話は衣装に飛びますが、J-pop のアイドルグループはほぼ同じユニフォームを着ますが、K-pop のユニフォームには多様性があります。BTS を例にとれば、世界的に大ヒットした『Dynamite』を歌う時に同じスタイルのユニフォームではなく、7 人がそれぞれ色やスタイルが違った服を着ていました。

服装に「同一性」を強調する J-pop のアイドルグループと「多様性」を加味する K-pop のアイドルグループには似ているようで違うコンセプトがあります。

■ コンビニと一流料理人

　日本は、「ものづくり」が得意な国です。江戸時代の士農工商という厳しい身分制度の下にあって職人が作った優れたモノは身分に関係なく高く評価されました。ホワイトカラーに高い評価が置かれた韓国社会とは違い、日本社会は手に職をつけ、優れた技術を持つ職人＝ブルーカラーが安心してものづくりに専念できる社会でした。ここには「形」にすることを重要視し、「形」を継承することに価値観を置く文化的な背景があります。

　人間は無形のモノを有形化した時、モノを通じて自分の発想・構想をより具体的に実感でき、喜びを感じます。芸術家に限らず、ものづくりの醍醐味は「無形な自己・構想」を形として発現する点にあります。日本社会にはものづくりを通じた環境の形成・価値の具現化がしやすい条件が揃っているのです。

　日本にはコンビニのレトルト食品を一流の料理人が評価する番組があります。ある正月特集の挑戦者は日本の３大コンビニストアーでした。それぞれの社員が選んだレトルト食品を一流料理人が試食し、「合格」「不合格」の評価を下すというものでした。各社のレトルト食品を視聴者が見守る中で評価を受けるのですから社運を賭けた勝負です。

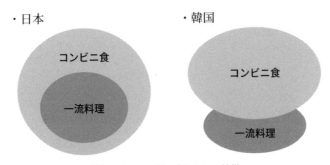

資料 6-2　コンビニ食における特徴

　この番組のコンセプトは、内容の違いこそあれ韓国で歌唱力を競うバトル番組と共通しています。違う点は、韓国は「人」を、日本では「もの」を競う点です。

　驚いたことに、日本・世界で一流だと太鼓判を押された料理人たちの多くは、コンビニのレトルト食品を「合格」と評価しました。コンビニ食品はただの食べ物ではないのです。そこにはものづくりに人生をかける匠の精神がしみ込んでいます（資料6-2）。その点において韓国のコンビニ食はまだまだ日本には及びません。

6.2. 観光・レポーツ

1. タイプが異なる観光客

■ バラバラタイプの韓国、ゾロゾロタイプの日本

　大体の韓国人は与えられた時間をフルに使いたがります。時間が許す限り、朝早くから夜遅くまで観光しまくってはじめて満足するのが韓国式の観光スタイルです。また、ガイドさんの後をゾロゾロとついて行くのが日本人観光客のスタイルならば、韓国人観光客はガイドについては行くものの、自分の関心があるものがあれば列から離れてしまいます。これには、ガイドさんも苦労させられます。

　「せっかく遊びに来たんだから、人からああだこうだ言われなくない」のだろうと思うかもしれませんが、韓国の観光客はガイドの説明をよく聞くし質問もよくします。「なるほど！」「どうして？」と、ガイドの話に耳を傾けるだけではなく、好奇心も旺盛です。

　彼らは、関心を持った事物に対して「好奇心を抑えられない（抑えたくない）」のです。実際、関心がないと態度にそのまま表れます。ある意味、正直なのです。ただ、ガイドは大変です。ガイドが説明している時もガヤガヤと話をしたりいなくなったり。反応がすこぶるいいのはいいのですが、声を張り上げて説明したり、いなくなった観光客を探しに走り回ったりと大変です。

▌おもてなしの違い

　一般的に、日本人は出された食事を「だまって」食べます。出された味・量の範囲で満足しようとする傾向が強いのです。料理を提供する側もお客が満足できるように味と量、色彩、サービスなどを工夫します。お客が気を使わず、安楽に過ごせる空間を用意することで客がストレスを感じないようにあらかじめ配慮し、準備しておくのが日本式の「おもてなし」です。これは「お茶」の作法が基本になっています。茶室に客を招き入れる以上、考えられる限りの配慮をして、最高の庭や茶室をセッティングしたり相手が喜びそうな茶道具を揃えたりしたうえで茶を振る舞うべきだという考え方です。客から見ると、まさに「おまかせ」です。

　一方、韓国の食堂では注文が飛び交います。注文時に「おいしく作ってくださいよ」とか「サービスで沢山ください」「あのう、キムチちょうだい」「ちょっと味が薄いんでコチュジャン持って来て」など、自分の欲することを要求したりしながら満足度を高めます。食堂の人もお客のこのような態度を当然のこととして受け止めます。当然、韓国からの観光客は、日本に来て同じことをします。この光景は、日本のおもてなし文化に慣れている人には異質に見えるでしょう。日本のおもてなしが「客が望みそうな事柄をあらかじめ配慮して環境を整えること」ならば、韓国のおもてなしは「客が欲することを受け止め、客の事情を共有して客が望むこと（物）を提供すること」が大事なのです。日本が環境を共有することに重きを置くのに対して、韓国では環境を客の要求に応じて作ることに重きを置くのです。

　日本の観光地には、記念品やお菓子などが所狭しと並んでいて、観光商品の数と質では世界でもトップクラスです。一方、韓国の観光商品にはもう一歩、満足できない感があります。これに対して私はこう考えます。商品化する技術やノウハウも関係しているのは確かですが、それぞれに好む観光スタイルが違うのです。韓国の人たちは人と深く交わることを殊の外好みます。この性質は、スペインや南米などラテン系の国の人たちとかなり似ています。韓国の観光客は、仲のいい仲間でワイワイと騒ぎ、気持ちを通わせるスタイルを好むのです。韓国人のこの趣向を満たすことができるような観光商品を開発することが韓国人旅行客誘致には必要です。

2.　レポーツ

■ 趣味が登山ですって？

　レポーツとはスポーツとレクレーションを掛け合わせた韓国の新造語です。ここで日韓両国と世界で参加人口が多いレポーツベスト10を挙げてみます（表6-1）。

　日韓両国で共通している点は、「サッカー・野球・バスケットボール」の人気が高い反面、伝統武道の「剣道・柔道・空手」、「テコンドー・シルム（「相撲」に相当）」はランキングされていないことです。中でも韓国で「ウォーキング、山登り」の参加人口が多いことにレポーツに対する日韓社会の違いが見えます。

　韓国で「趣味は登山だ」と言う人が多いのですが、登山とは「山登り」を兼ねたウォーキングを指します。山登り人口が多いのは「すぐ近くに山がある（韓国の国土の約70％は山岳地帯）」「誰でも手軽にできる」「健康にいい」「景色が楽しめる」「人生を感じる」などが理由です。

　韓国の人たちが山を愛する理由には「山神信仰」も影響しています。古より韓半島では山は神が居住する神聖な場所とされ、山に行けば心身ともにご利益が得られると信じられて来ました。そう言えば、古代韓半島の建国神話

表 6-1　日韓両国と世界のレポーツ競技（参加）人口

	韓国（2019年）	日本（2018年）	世界（2018年）
1位	サッカー	体操（器具を使わない）	バレーボール
2位	ウォーキング	ジョギング・マラソン	バスケットボール
3位	野球	トレーニング	卓球
4位	登山	水泳（プール使用）	サッカー
5位	水泳	ボーリング	クリケット
6位	トレーニング	卓球	Eスポーツ
7位	バドミントン	サイクリング	テニス
8位	ヨガ	バドミントン	野球
9位	ジョギング	ゴルフ（コース）	ラグビー
10位	バスケットボール	釣り	

のほとんどは山に関連しています。古代朝鮮を建国した檀君の父・桓雄は太伯山の頂上に降臨し、伽耶国の始祖・金首露王は亀旨峯に降臨しました。

　韓半島の山のほとんどは岩肌むき出しの岩山で、富士山に代表されるなだらかな八の字型の山とは対照的です。岩山の代表は「雪嶽山（韓国）」と「金剛山（北朝鮮）」。特に、金剛山は「金剛山も食事の後に見物を（「花より団子」)」と諺に登場するほど魅力ある山です。

　しかし、韓半島最高の山と言えば、「漢民族の発祥地」とされる「白頭山」です。現在、白頭山は北朝鮮と中国領となっているため、中国側から登山しなければ登れません。頂上にはカルデラ湖「天池」があります。この天池を眺めるのが韓国の人たちが「死ぬまでに一度はやっておきたい」ことの１つなのです。白頭山への登山には南北分断という地政学的な現実が反映しています。

■ サッカーと野球

　韓国のプロサッカー「Ｋリーグ」（1983 年に発足）は「Ｊリーグ」（1993 年に発足）より 10 年早く始まりました。しかし、アマチュアサッカーの歴史は日本が長く、アマチュアリーグ「日本サッカーリーグ（JSK）」は 1965 年に発足しています。

　サッカーと言えば、2002 年に開催された「FIFA ワールドカップ韓国／日本」大会が思い出されます。この大会は日韓両国お互いの好感度をアップさせる転換点になりました。

　私にはこのワールドカップに対して強烈な思い出があります。韓国の大学は 6 月に期末試験が行われますが、6 月に開催されたワールドカップの応援で学生も教員も授業する気になりませんでした。かわいそうだったのは大学受験や各種試験を控えていた受験生たちで、ワールドカップの応援で勉強が手につかなかったのです。

　街は「Be The Reds!（赤に染まろう）」というロゴが書かれた赤いＴシャツ一色。実は、この文句と赤いＴシャツは韓国社会においては画期的な事件でした。共産主義国・北朝鮮と対峙している韓国では「赤＝共産主義」という方程式があり、赤色に対する拒否感がありました。これがワールドカップ

で吹っ飛んでしまったのです。ちなみに、日本の応援団は「ウルトラニッポン」で、色はブルー。韓国は「赤い悪魔（プルグンアンマ）」でした。

　予選第1戦の対ポーランド戦で韓国チームがゴールを入れた時、家々から「ワー、キャー！」という叫び声が聞こえて来ました。韓国チームが2対0で勝った深夜、外はクラクションを鳴らしながら「テーハンミングック！（大韓民国）」と叫びながら行進する人たちで溢れていました。

　次は野球の話です。韓半島の野球の歴史は日本（1873年）より30年ほど遅れて始まりました。最初の野球チームは、1904年に宣教師フィリップ・ジレードが設立した「皇城（ファンソン）YMCA野球団」です。韓国初の試合は、1906年3月に行われた皇城YMCA野球団とドイツ語学校「徳国学校」間のゲームでした。韓国チームの初の海外遠征は、1912年11月に行われた日本への遠征です。その時、早稲田大学・明治大学・同志社大学などと7ゲームを行い、成績は1勝5敗1引き分けと振るいませんでした。

　韓国野球界の元老であり、野球解説者の第一人者である故河日成（ハイルソン）氏は、日韓のプロ野球について次のように解説しています。

「カウントが2ストライク3ボールになった時、日本のピッチャーの多くは変化球を使いながらバッターのタイミングを外そうとするが、韓国のピッチャーは勝負に走り、直球を投げて打たれてしまうケースが多い」

　これを聞くと、2009年のWBC大会での日本対韓国の決勝戦が思い出されます。3対3の同点で迎えた延長10回表。韓国チームはイチロー選手に逆転ヒットを打たれ優勝を逃しました。変化球で外すべきシーンでしたが、相手は天下のイチロー。「打ち取りたい」という気持ちが先走り、韓国チームのピッチャーはど真ん中に直球を投げてしまったのです。

3. スポーツに取り組む姿勢

▨ 体育・美術・音楽の授業はレクレーション？

　運動・スポーツに対する日韓両国の認識の違いは「社会体育」の普及度に現れます。日本では社会体育が盛んで、一般市民がスポーツできる施設や団体が多数ありますが、韓国では社会体育という概念が弱く、施設も日本ほど

多くありません。スポーツを大学進学やプロになるため、またはオリンピックで入賞するためのツールと捉える概念が未だに強いのです。

　歴史編でも述べましたが、韓国社会に大きな影響を与えている朝鮮時代には、武人（ブルーカラー）より文人（ホワイトカラー）の地位が高かったのです。この価値観は現代にも影響を与えており、韓国社会ではまだまだホワイトカラーが好まれる傾向があります。韓国の国家的な威信を上げ、成功すれば世間のスポットライトを浴びて高い経済力が持てるスポーツ選手の人気は高いのですが、「太く短い」ライフスタイルを懸念する人たちが多いのも事実です。

　それが端的に現れるのが学校教育における体育の授業です。改良されつつあるとは言え、韓国の教育内容は大学入試に全てのターゲットを置いていると言っても言い過ぎではありません。そのため、大学入試の科目ではない「体育、美術、音楽、家庭科」などの科目は主流から外されています。

　韓国教育の現状を端的に描いた映画に『私の学校のET』（2018年）があります。映画の舞台は、ソウルにある指折りの名門私立高校。その高校には生徒に「ET」と呼ばれる熱血教師がいました。ETとは「English Teacher（英語教師）」とスピルバーグ監督の映画『ET』をかけたニックネームですが、彼の担当教科は体育。

　　　ある日、保護者でもある後援会長が「入試に関係ない体育の代わりに国英数の授業を増やしてほしい」と校長に迫り、ETは解雇されるはめに…。しかし、彼は英語の教員免許を持っていました。苦戦の末、彼は英語教員（ET）として再デビューします。これが話題となり、テレビ局の公開授業を担当。大成功したかに見えましたが、生徒の反応は「ETの授業では英語の点数が上がらない。入試が心配だ」などとシビアでした。失望したETはついに学校を去りました。

　　　数年後、彼の教え子が教員採用試験全国トップの成績で教師になり、田舎の高校に赴任して来ました。校長は体育の授業を見せながら「うちの偏差値は地域で最低だが、英語だけはトップだ」と自慢げに話します。そこには英語で体育を指導するETの姿がありました。

この映画は入試で高い成績を取ることに重点を置く韓国の学校教育の問題点

が浮き彫りにされています。私も同じことを経験しました。娘たちが通って
いた小学校では毎年、運動会が開催されましたが、平日の午前中だけでした。
日本の学校で運動会と言えば、テントを立て、応援団が演技を披露し、家族
が共に参観する地域イベントですが、私が参加した韓国での運動会は授業の
一環でした。練習や予行演習はごく簡単に行い、平日なので会社勤めの保護
者は参観できません。

　音楽や美術、家庭科の授業の打ち込み方も体育と変わりません。子どもた
ちに健康な体と感受性・人間性を養う体育・美術・音楽の科目がレクリエー
ションのような位置づけとなっています。

〈コラム〉 ドラマ『愛の不時着』と『梨泰院クラス』に見る幸福度

　2020 年初、新型コロナウィルス感染拡大の影響を受けて自宅で過ごす時間が増える中、自宅で気軽にドラマや映画を視聴できる「N」サイトをたくさんの人が視聴しました。その時、爆発的な人気を博した韓国ドラマが 2 作あります。1 つは『愛の不時着』、もう 1 つは『梨泰院クラス』です。自宅で過ごすしかなかった数か月の間、世界中で大勢の人たちがこれらのドラマにハマりました。娘たちから「『愛の不時着』は絶対見た方がいいよ」と言われ、しぶしぶドラマを見た私と家内もハマってしまいました。コメディータッチでアクションもほどよく入っていて、真の愛を描くストーリー構成も優れていたのですが、北朝鮮という閉鎖された社会で生きる人たちの姿がリアルに描かれていて新鮮味を覚えました。製作者は北朝鮮から亡命して来た人たちから話を聞いたそうです。

　北朝鮮に漂流し、愛する李ジョンヨンに会うまで、ヒロインの朴セリの人生の目標は「社会で成功し、家族に認められること」でしたが、李ジョンヨンとの出会いで彼女の人生観は変わりました。

　ドラマ『梨泰院クラス』には「張家」という韓国一の外食企業が登場します。おかっぱ頭のなんとも不思議なヘアスタイルの主人公は、誠実で正義感が強い実直な男性です。一方、張家の創設者の息子は苦労知らずで、父親が創設した高校でもやりたい放題。主人公はその息子がいる高校に転校して来た日、会長の息子がクラスメートをいじめる姿を見過ごせず彼を殴ってしまいます。この事件が原因で主人公は退学、父親は息子をかばって会社を辞職します。ボンボン息子の怒りは主人公の父親に向けられ、父親を車ではねて死なせてしまいます。主人公は張家に対して復讐を誓います。

　主人公は、ソウルの梨泰院に小さな韓国料理店を開店し、張家を凌ぐ韓国一の飲食企業にすることを誓います。主人公は幾度とない試練に耐え、ついに張家を受け継ぎ、目標を達成するというサクセスストーリーです。

　サクセスストーリーには必ず試練と克服が伴います。韓国の視聴者が好む

のは、幸福な状態から脱落した主人公が試練を乗り越えて理想を掴むストーリーです。試練が大きければ大きいほどストーリーの展開は劇的となり、ハッピーエンドを迎える喜びも大きくなります。

　韓国ドラマのストーリーは「夢」が下地になっています。ドラマ『チャングムの誓い』や『トンイ』の制作を手掛けた名プロデューサー・李丙勲<ruby>李丙勲<rt>イ ビョンフン</rt></ruby>監督は、「韓国人は夢を最も大切にする」と言います。それは、「夢」が、半島国家として数多くの侵略を受けて来た韓国の人たちが、試練の中で持ち続けて来た原動力だったからです。

　ドラマ『愛の不時着』と『梨泰院クラス』は、夢に憧れ追いかける、韓国社会の理想志向的な内在文化が端的に反映された作品なのです。

第7章
「韓国人」「日本人」とは誰か？

7.1.「〜人」の基準とは？

1. 何が「日本人」「韓国人」を決めるのか？

▌私は「日本人」「韓国人」です

　「日本人」「韓国人」という言葉が普通に使われます。「僕は韓国人なので…」とか「日本人はそうはしないよ」など…。私たちは「国」「国民」に遺伝的・人格的・集団的な「境界線」があるという思いを持っています。もちろん、住んでいる地域が違えば価値観や生活習慣などが違うのは当然のことです。しかし、その違いとはいったい何なのかについて明確な答えはなかなか見出せません。日韓両地域に限らず、世界の人たちは同じ「人間」としての共通点を持っていますが、私たちは何かにつけ区別したがります。

　いったい日本と韓国に暮らす私たちを「日本人」「韓国人」と区別する基準とは何なのでしょうか。

　使う言葉が違うから？ しかし、韓国の人より韓国語を駆使できる外国人もいます。逆に、言葉による生活には問題がないのに（事情があって）読み書きができない人たちも存在します。

　生まれた場所が違うから？ それなら、日本で生まれ、日本の学校教育を受けた在日コリアンや外国籍の親を持つ子どもたちはどの国の国民なのでしょうか。

　「血筋」が違うから？ 韓国にも日本にも家系図があります。しかし、書き換えることは可能です。また、記録されている時代以前に「先祖」がどこに

住んでいたかは定かではありません。

　国籍や名前が違うから？「帰化」をすると、その国の国籍になり、名前も変わります。

　習慣や考え方が違うから？「秘密の〇〇 SHOW」というテレビ番組がありますが、日本でも地域が違うと習慣や考え方や言葉まで違うということを私たちは知っています。

　「愛国心」があるから？ この世には自分が生まれた国より他の国を愛する人たちもいます。

　ベネディクト・アンダーソンは、「**国民とは、イメージとして心に描かれた想像の政治共同体**」であり、「**ナショナリズムとは偽りの仮装**」だと主張します。

　一般的に「〜人」とはその国の国籍を有することが条件であり、個人の持つ考えや文化的な背景などは問われません。しかし、私たちは「日本文化」「韓国文化」などが当たり前に存在する既成事実として受け取りながら、それが何なのか深く考えようとはしません。

　冷静に考えてみれば、日本文化の代表と評される「俳句」「浮世絵」「歌舞伎」「能」「茶道」の創始者は、「日本文化を創造しよう」という動機でこれらの芸術活動を行ったのではありません。彼らは「自己表現」を試みたのです。自分の文化を作ろうとしたのです。つまり、日本文化が前提として存在したのではなく、自己表現が先行したのです。このように考えてみると、「韓国人・日本人」の定義は漠然としたものだと言うしかありません。

　私たちには、複雑な状況を単純化したいという心理があります。血液型や占いなどもそのような心理から生じたものです。同時に、私たちは複雑な環境を「群れ・グループ」という環境を作ることで連帯意識を持ちたがる存在でもあります。

　しかし、この単純化と連帯意識は、時には仮想的な限界を作り、感覚的・感情的な集団意識と差別意識を生み出します。昨今の日韓関係がまさにそれです。地政学的な特徴に拘った「〜人」という仕切りは、一律的でロマン主義的なナショナリズムを醸成し、漠然とした差別意識・優越感をあおり続けるだけです。

　文化とは「人」が作るものです。人には個性があるように、家庭・職場・趣

味・世代などには多様多彩な要素が混じり合っています。言い換えれば、文化とは個人の文化の集合体なのです。個人が集まって国民となり、国民が集まって国家を形成するように、文化とは「〜国の文化」ではなく「民衆の文化」なのです。

そうすると、「日本人、韓国人」と区別できる基準は国籍ではないことになります。「〜人」と抽象的な括りで個人を見るのではなく、個人を尊重する意識が必要になります。

■「国際人」とは？

韓国の姉妹大学に交換留学に行って来た学生は様々な思いで帰国しますが、最も多かった感想は「韓国の人たちは親切でした。でも韓国に住んでみて、納得できないところがたくさんありました」というものでした。彼らは様々な経験を積み、自分なりの価値観を形成して帰国します。決して韓国が嫌いになったというわけではありませんが、「韓国のいい点・悪い点の両方を消化して来てほしい」と願って送り出す私の願いを叶えてくれた学生は僅かしかいませんでした。中には韓国での生活に疲れ果てて帰って来る学生もいましたが、彼らは例外なく韓国語や韓国文化の研究から遠ざかります。

自己の「壁」を乗り越えることは、簡単なことではありません。しかし、国際人になるためには、納得がいかないこと・嫌いなことも好きになる必要があります。言語力は海外で1〜2年ほど過ごせば、現地の人たちとのコミュニケーションに困らないくらいの力をつけることができます。しかし、言葉が堪能だということだけで国際人と言えるでしょうか。国際人となるためには、日本以上に世界を愛せる（受け入れられる）度量が必要です。たとえ言語の面では韓国の人たち・日本の人たちに劣るとしても、彼らと同じくらい、またそれ以上に韓国・日本を愛し、慕うことはできるはずです。

そのような人材は「内的韓国人・内的日本人」と呼べると思います。そして、そのような人材こそ「国際人」なのです。在日コリアンの大きな課題もこの内的韓国人の育成にあります。外国語・文化を学ぶ究極の目的は、国際人になることだと言っても過言ではありません。外国語の力、社会事情・文化に対する知識が外的なものだとすると、心情面でどれだけ理解し、共感し

合っているか（＝好きになったか）が内的韓国人・内的日本人の資格だと言えます。簡単なことではないでしょうが、内的韓国人・内的日本人が各々の国にどれだけいるか、これが日韓関係の改善および日本社会と在日コリアンとの和合を左右するカギとなります。

　それでは、内的韓国人・内的日本人になったかどうかを判断する基準はあるのでしょうか。人によって基準は違うでしょうが、私は「〜さんは韓国の人みたいですね（日本の人みたいですね）」と言われて「嬉しい、嫌ではない」状態ではないかと思います。「誰かに親しみを感じているかどうかは、その人に似ていると言われた時、どれだけ嬉しいと感じるか」で自覚できます。友達関係、夫婦関係、親子関係もそうです。似ていると言われて「困る、嫌だなあ」と感じるのは、相手を下に見ているか、親しみを感じ切れていないからです。学校教育の外国語の授業で、この気持ちをどれだけ学生に伝えられているか、そして、学生はどれほど感じているでしょうか…。

2. 文化を学ぶ目的

■ 見物人では困ります

　幸いにも、現在、韓流は日本社会で一般化しています。中高生にも K-pop のファンがかなりいます。最近では男性を中心に韓国の歴史ドラマが人気です。韓流のお陰で韓国に関心を持ち、韓国語や韓国文化を学ぶようになった日本のファンは少なくありません。

　ただ、韓流はまた、世論・大衆に左右される流行モノでもあります。昨日まで韓流ファンを自称していた人たちが政治的な葛藤やマスコミの報道などで韓国に対してよそよそしくなることが多々あります。しかし、日韓、ひいてはアジアの未来を担う人材はこのような「見物人」では困るのです。見物人にならないためには、お互いの事情を知り、交流し、相互の違いを認めなければなりません。同質性にこだわる日本社会で内的韓国人（国際人）として生きるには孤独が伴うでしょう。しかし、「見物人」では韓国の人たちと在日コリアン、さらに世界の人々の気持ちは理解できません。

　歴史をさかのぼれば、16 世紀の朝鮮の役の折に韓国から 5 万〜20 万人も

の人々が日本に連れて来られたと伝えられています。しかし、彼らの痕跡は
ほとんど残されていません。さらに、この事実を知っていても話題にしよう
とはしません。韓国の人たちの恨は、事実を「知っていても隠すこと、認め
ないこと」に起因しています。本来の状態と現実がマッチしないことに起因
する恨。この恨を解くカギは、内的韓国人が握っています。

7.2. 直接経験と間接経験

1. 四季を過ごしてはじめて文化が分かる

▌ 直接経験こそ相互主義の基

　日本と韓国は自由民主主義の国であり、TV・新聞・雑誌・SNS を通じて多
様な意見を発信できます。日韓両国の政治が葛藤すると、画面や紙面は多種
多様な意見で賑わいます。しかし、マスコミで報道される内容は編集者の思
想や立場、視聴率という人為的なフィルターにかかった意見であることをど
れほどの人たちが意識しているでしょうか。

　2011 年に日本の東北地方一帯を襲った「東日本大震災」当時、私は韓国の
親戚や知人から「家族や家は大丈夫？」と安否を問うメールや電話を多数、
受け取りました。東北地方で被害に遭われた方々には非常に申し訳ないので
すが、私の実家がある九州では地震の被害はなく、現地の被害の深刻さは実
感できませんでした。その後、熊本地震を経験した私は、東北の方々の気持
ちが分かるようになりました。

　日本は韓国より 4 倍広い面積を有しています。九州から東北地方まではか
なりの距離があります。しかし、韓国に住んでいると日本のこの距離感は実
感できません。首都・ソウルから南の釜山まで KTX（韓国高速鉄道、時速 300
キロ）で約 2 時間半。高速道路で飛ばせば 5〜6 時間で縦断できる距離感で
は、九州と東北の距離間を実感するのは至難の業です。そのため、東北地方
で起こった災害が九州にいる私にも降りかかったのではないかと韓国の知人
が心配してくれたのだと思うのです。

　私たちは自分が直接的に体験したことのないことに出会った時、何か（誰

か）を通じて「間接体験」したように思うことがあります。間接体験する相手として一般的に活用する媒体は、知人であり、TVや新聞などのマスコミであり、SNSや書籍であり、自分自身の過去の体験・知識です。韓国に限らず、外国との外交的な葛藤が表面化した時、私たちは政治家や評論家、マスコミなど、「専門家」と呼ばれる人たちの主張を鵜呑みにしてしまう傾向があります。つまり、「専門家＝情報が確か・経験が豊富」という主観に従って専門家の主張を聞くという間接体験をすることで直接体験に替えようとするのです。

　しかし、マスコミに登場する専門家の人たちの中に「直接体験」をした人たちがどれほどいるでしょうか。彼らもまた、間接体験をつなぎ合わせて直接的に体験したような錯覚に陥っているのではないでしょうか。

■ 大衆文化は直接体験の入り口

　K-pop、K-foodなどの韓流は、世界の人たちに韓国文化を体験できる機会を提供してくれます。私もK-popのミュージックビデオを毎日のように見ていますが、聞くのと実際歌ってみるのとは天地の差があります。韓国語ができると自負していますが、K-popのリズムに乗るスキルは学生の方がはるかに上です。そして、彼らは韓流について色々な情報を持っています。

　K-foodの「モッパン（YouTubeなどでのグルメ放送）」は、新型コロナ感染で韓国に行けない悲しみを埋めてくれました。見るたびに「どんな味なんだろう？」「次は実際に食べてみるぞ」とワクワクさせてくれました。当たり前のことですが、料理は実際に食べてみないとその味は分かりません。ひょっとしたら、自分の口には合わないかもしれません。それがまた、楽しみでもあるのですが…。

　ソーシャルメディアは、私たちに間接体験の機会を無限に広げてくれました。さらに、直接体験につながる入り口になっています。しかし、ソーシャルメディアを通じての体験を直接体験したと錯覚することだけは避けたいものです。

2. 違いはあれど人は似かよっている

　私は韓国で 20 年近く暮らしましたが、実際に接した韓国の人たちの姿と日本のマスコミが伝える姿には違いがあります。もちろん、私が接した韓国の人たちの数は限られており、住んだ地域もソウルとその郊外、そして親戚や知人が住む都市に限られています。実際、韓国南部の釜山や蔚山（ウルサン）などの地方都市や済州島を訪れてみると、言葉遣いはもちろん、人の考え方や習慣、地域の事情がかなり違うのです。日本も同じです。私は九州・中部（愛知）・東京・東北に住んだことがありますが、地域によって地域性や習慣がかなり違いました。

　韓国での生活でいい出来事ばかり経験したわけではありませんが、韓国のいい点・悪い点を皮膚で感じることができました。その中で確信したことは「人間は個性や考えには差があれ、根本的には同じだ」ということでした。

　このことを実感できる端的な方法があります。それは車の運転です。私は韓国で運転免許を取得し、日韓両国で車を運転しましたが、実際に道路を走ってみると運転を通じて地域性を皮膚で感じます。バスやタクシーを利用する場合と自分が直接運転する場合とでは受けるインパクトが全く違います。もちろん、国や地域によって多少の違いはあるでしょうが、日韓両社会で運転してみて感じるのは「違いはあるものの似かよっている部分も多い」ということでした。

　韓国のドライバーはスピードをかなり出す方です。市内でもかなり飛ばしますし、クラクションをよく鳴らします。実は、私もそうでした。韓国の自動車学校の授業は簡単でした。当時、筆記試験は運転免許センターで受け、それに合格した後で学校に通いました。路上運転の練習も 3 回しかありませんでした。別途に路上運転を練習する人もいますが、私は 3 回だけでハンドルを握っていました。幸い、事故を起こしたことはありませんが、日本から見たらあり得ないことでしょう。

　日本と韓国との違いは日本では警察のパワーがすこぶる強く、交通違反した場合のペナルティーが韓国より遥かに大きいことです。接触事故を起こすと警察がやって来て現場検証をします。その物々しさに「もう事故は二度

と起こしたくない」と思わされます。極端な意見かも知れませんが、それが
セーブとなって日本では運転に気を付けるのです。韓国では事故を起こした
ドライバー同士が話し合い、解決しようとします。大きな事故はそうはいき
ませんが、できるだけ当事者同士で解決しようと試みます。時には自分の正
当性を大声で主張します。しかし、韓国と日本で運転してみて、ハンドルを
握る人の気持ちはあまり変わらないと感じます。日本にも韓国にも煽り運転
に近い運転をするドライバーがかなりいます。

　言葉や伝統文化、生活習慣が違っても、人間の本質は似かよっているので
す。この感覚を共通分母にして日韓両国や一般的に言う「外国人」を見ない
と、違いばかりが目につき、お互いが得体の知れない存在のように思えてき
ます。そして、マスコミの「刺激的な」報道を鵜呑みにしてしまうようにな
ります。

　また、「住む」ことと「旅行する」ことは違います。旅行者は「見物人」で
す。旅行者と国際結婚してその地に居住している人は、自ずと体験する内容
とその度合いが異なります。住人はその地の人たちと生活文化を共有せざる
を得ません。当然、良いことも悪いことも経験します。その地で最低でも四
季を過ごしてみてはじめて、その地の事情と現地の人たちの考えが分かるの
です。

■ 長期滞在する見物人

　しかし、外国に住めばいいのか、と言うとそうでもなさそうです。私は 7
年ほどソウルで勤めた外国語学校で、次のような経験をしました。

　外国語学校では英語圏出身のネイティブスピーカーが大勢働いていまし
た。中には韓国に長年、暮らしている講師もいました。しかし、彼らの中で
韓国語を駆使できる講師は僅かしかいませんでした。これは日本語や他の言
語の講師も同じでした。不思議に思っていた私は、ある日、彼らのおしゃべ
りを聞いてその理由が分かりました。英語教師の 1 人は仲間の講師たちにこ
う話したのです。「僕は韓国語を習うつもりはないよ。だって、英語さえ話し
てれば、それで学生が喜ぶんだから」。実は、私はその学校で採用される条件
として、経営者から「韓国語ができないふりをしてほしい。たとえ街で受講

生に会っても韓国語は話さないでほしい」と言われました。彼は、私たちに「インフォーマー（情報提供者）」として生きることを要求したのです。

　もちろん、インフォーマーは外国語の語学力を伸ばすためには必要な存在であり、外国語の講師としてインフォーマーとしての使命を果たすことは非常に重要です。しかし、インフォーマーは「虚しさ」を感じる存在でもあります。それは、人格を持った人間としてではなく、外国語を習うための手段・道具としてしか見てくれない学習者がいるからです。

　現地に住みながらも見物人になっている例として、大使や外交官、特派員などの「地位」が与えられた人たちが挙げられます。生活文化を共有するには、「対等の立場」「逃げられない立場」に身を置かなければなりません。前者は利害関係のない人間関係であり、後者は恒久性を備えた人間関係です。単に居住することで待遇を受けられる立場ではなく、一国民として生活する立場からその国を評価すべきです。文化とは対等の立場、避けられない立場に立ってはじめて理解できるものです。

第8章
どのように向かい合えばいいのか？

8.1. 日韓外交が直面する現実

■ 日韓外交の目標は共通している

　外交を担当する部署は日本では「外務省」、韓国では「外交部」です。日本は世界194か国、韓国は189か国、北朝鮮は160余国と国交を結び、それらの国にそれぞれ外交使節を置いています（北朝鮮国内に大使館を置いている国は2021年3月基準で13か国）。

　日韓両国の共通点は、「北朝鮮」と国交を結んでいないこと、アメリカと軍事的な同盟関係にあって北朝鮮を安保上の脅威と見なしている点です。異なる点は、韓国には北朝鮮を専門に担当する部署「統一部」があること、外務部長官とは別に「統一部長官（大臣）」が存在すること、韓国は「国家情報院」を設置して北朝鮮の動きを逐一監視している点です。韓国ではいざ北朝鮮と交渉する場合、大統領府を統率する大統領が直に指揮を執ります。何よりも韓国は長さ約240キロにも及ぶ「非武装地帯（DMZ, Korean Demilitarizes Zone）」を挟んで北朝鮮と対峙する環境下にあります。

　韓国と北朝鮮は、現在、休戦状態にあります。日本では想像もつきませんが、北朝鮮との国境はソウルの中心部から50キロほどしか離れていません。車で1時間ほどの所で武装した兵士が対峙しているのです。華やかなソウルの街を離れ、北朝鮮との国境に近づくにつれて幅数メートルの分厚い対戦車用コンクリート壁が道を塞ぎ、国境の町に設置された検問所では軍人に身分証明書を提示しなければ往来できません。

　この緊迫した環境に置かれている韓国が対北朝鮮との外交・安保に費やし

ている国防費は GDP の約 2.5%（2021 年基準）。2026 年には韓国の軍事費は日本を上回るとも予測されています。この支出が減れば減るほど、韓国は技術開発・社会福祉などに投資できるのです。韓国外交の第 1 の目標は、北朝鮮との関係を改善して「南北間の緊張緩和」を推進することです。

　韓国外交の第 2 の目標は、多様化する外交関係の構築です。東アジアのパワートライアングルは日に日に複雑化しています。半島に引かれた軍事境界線は、「自由民主主義」と「共産主義」が対立する一線であり、韓国・北朝鮮、日本、アメリカ、中国、ロシアをはじめとする諸国の利害関係が交錯する場所です。韓国は一方では北朝鮮・中国・ロシア、もう一方では日本・アメリカなどと外交関係の改善と推進に尽力せざるを得ません。この点で日韓両国は地政学的に運命共同体であると言えます。

　日韓両国の隣では北朝鮮を後押しつつ最大の貿易交易国である中国が睨みを利かし、台湾がアメリカを始めとする西側諸国と接近することで、中国に対する東アジアの政治的な緊張は高まりつつあります。あらゆる分野で大きな影響力を持ち続けるアメリカとイギリスをはじめとするヨーロッパ諸国がアジアへの影響力を強めつつある現在、日韓両国は舵取りを間違えば非常に困難な立場に立つことになります。

　残念ながら、外交はボランティアではありません。自国の国益を最優先するのが外交なのです。戦後 70 年間、日本社会はアメリカの傘の下、経済発展に専念できました。原料と燃料の補給ルートである生命線「シーレーン」を外国が守ってくれたお陰で世界トップクラスの経済大国に成長できました。韓国も在韓米軍の防衛網と日韓間の経済的な協力関係の下で対北安保を優位に推進しつつ、経済発展を成し遂げました。

　アメリカとイギリスが特別な関係にあるように、日本とアメリカ、韓国とアメリカも特別な関係にあります。思い起こせば、明治維新の前後を通じ、日本の運命を左右したのはアメリカとイギリスでした。最近ではインドの成長が著しく、国境を境にしてインドと中国は微妙な外交関係にあります。さらに、台湾がアメリカ・日本と連帯関係を強くし、そこにインド・オーストラリアも参加する形でアメリカを中心とした中国包囲網が私たちのすぐ近くで形勢されています。極東地域の外交関係は今後ますます複雑化することは

間違いありません。

　さらにウクライナ紛争によって、燃料・食料の値段が上昇し、世界的な経済問題に発展しています。今、日韓両国には政治的に葛藤している時間はありません。両国は刻々と変化する国際関係をお互いに協力しながらそれぞれが持つ外交スキルを共有する必要性に迫られています。

■ 外交政策には内在文化が色濃く影響している

　イギリス・日本では海洋文明が、アメリカ・中国では大陸文明が開花しました。韓半島は、海洋と大陸の中間に位置しています。地政学的に全く違う日韓両国の外交姿勢に違いがあるのは当然です。外交政策においては日韓両国で共通しつつも異なる文内在文化が介在しているのです。日本は形式・状況の安定にこだわり、韓国・北朝鮮は理想・理論にこだわるのです。

　日本の軍閥による40年間の統治時代に日本の内在文化が端的に現れました。「状況志向的」な内在文化が顕著な日本には環境を醸成し、維持・発展させるという建設的な側面がある反面、自己とは異なる環境を受け入れにくい側面があります。そのため、相手を自己の環境（歴史、思想、制度、文化など）と同じ（または似ている）環境にしないと不安になります。

　韓半島で行われた「創氏改名」制度はその典型的な例です。「創氏」とは日本式のイエの概念に基づいて苗字を登録することを義務化した制度でした。また、「改名」と言っても韓国式の名前に固執した人もいましたし、日本式の名に改名しても家系のルーツを示す「本貫（ポングァン）」の記録は残せました。しかし、日本の法律下に同化させる打算を孕（はら）んだ制度であったことには違いありません。韓国で今でも「賭（か）けに負けたら苗字を変える」とジョークを交えて言うように、苗字を変えることは自己のアイデンティティーの放棄を意味します。日本の統治方法には韓国の文化を無視する概念があったことは否定できません。

　理想志向的な内在文化が顕著な韓半島では、環境に同調しながらも理想・望みを叶えることに価値を置きます。日本統治時代に王朝の対応が遅れたのは、理論闘争と権力闘争が激化して政治に空洞が生じたからであり、日本からの親書に使われた敬語に神経を尖らせるなど、現実よりも理想を優先する

内在文化が裏目に出たことが影響しています。

　アジア大陸の隅に位置する島国・日本では、環境が安定してこそ国民は安堵します。昨今、岸田首相が主張する外国籍の人々を大勢受け入れる政策が政府主導で進めば、多文化社会に対する国民の不安は大きくならざるを得ません。それを消化するためには、「多文化社会になったが、以前と同じように安心して暮らせる」と感じられる環境作りが必須です。

　経済的な安定と安保体制の確立も急務です。国家機密にかかわるスパイ行為等を徹底して防止する法律がない日本では、開発した先端技術が簡単に海外に流出してしまいます。2020年にやっと政府は経済分野における国家安全保障の課題に取り組み出し、国家安全保障局に経済班を設置しました。2021年10月には「経済安全保障担当大臣」が設置されて「経済安全保障法制に関する有識者会議」が開催されました。2022年2月には「重要物資や原材料のサプライチェーンの強靭化」「官民で重要技術を育成・支援する枠組み」「特許非公開による機敏な発明の流出防止」などに対する法案化を目標とする『経済安全保障法制に関する提言』がなされました。世界において国家機密を守る具体的な取り組みは当たり前の行為です。形を重要視する日本社会では法案化して形にすることが何よりも国民・企業を安心させる基となります。

　同時に、自国の文化を自覚しつつ異文化を直接経験する内的な教育を実施する責任が国にはあります。知識と間接経験に依存する従来の傍観者的な教育は「絵に描いた餅」でしかありません。日本文化を自覚する教育ならびに多文化を消化・吸収する教育が失敗すると、日本はアイデンティティーを喪失した世界の孤児となってしまいます。特に、内在文化に対する相互理解がなければ、日韓の歴史問題・領土問題の根本的な解決は困難です。その意味で、これからの両国の内政・外交は「異質なことを受け入れる」異文化受容の推進が核になります。

8.2. 外交の解決方法とは？

1. 経済と安保の共有を

■ 経済活動の活性化

　良好な金融関係は外交関係を醸成させます。逆に、金融関係が崩れると政治・外交関係は崩れます。1920 年代の日米関係がそうでした。当時の日米関係は、ウォール街と日本の財界との信頼関係によって支えられていました。アメリカ側はモルガン商会のトーマス・ラモント、日本は井上準之助（日本銀行第 9、11 代総裁。元大蔵大臣）が信頼関係を築いていたのです。もちろん、2 人の関係は利害を中心とした関係ではありましたが、日米間には金融関係に基づいた信頼関係が構築されていました。しかし、1932 年に井上が暗殺されると、その信頼関係は崩れ、日米関係は急速に悪化し、第 2 次世界大戦が引き起こされました。

　これは日韓関係にも当てはまります。2019 年に安倍・文政権間で起こった「ホワイト国からの除外」「半導体の材料の輸出規制」「日本製品の不買運動」で日韓間の政治・外交は急激に冷え込みました。政治的な葛藤があったとしても経済的な信頼関係が維持されれば、国家間には甚大な摩擦は起こらないのです。衣食住を担当する経済活動、安全な生活空間を保障する安保が保障されていれば、内政は安定し、外交的な衝突は最小化されます。しかし、金融関係の悪化は戦争に直結します。もし戦争が起こるとすれば、金融関係（特にウォール街）との関係が悪化した場合でしょう。

　したがって、内政を安定させ、外交的な葛藤を起こさないためには相手国との信頼関係を築きつつ金融関係の緊張を緩和させることが必要です。韓国も北朝鮮もこの現実を無視することはできません。悲観的な見方かもしれませんが、統一された韓半島が利益になるとウォール街が判断した場合には統一は現実化するでしょう。南北韓はウォール街を始めとする世界の金融機関との「取引」を上手くコントロールしなければなりません。

■ 安全保障の共有

　東アジアの緊迫したパワーバランスの中では、安保の共有が外交関係の最後の砦になります。それぞれの国は経済力と軍事力の増強をもってパワーバランスを自国に有利に進めようとしています。北朝鮮の核開発もパワーバランスを有利に保つための手段なのです。北朝鮮が連発するミサイル１基の発射費用が国民の１年分の食料費に相当するという事実から、核開発やロケット発射はもはや北朝鮮の次元を超えた「グローバル」な利害関係と密接に関係していることが分かります。

　外交とは自国の国益を最優先するものです。そして、自分の国は自分で守ることが世界の常識です。自己防衛をしない国とは、よほど運がいいか、または他国に依存している非力な国なのです。「運、依存」とは不安定で不確かなものだからです。

　2021年９月、アメリカの下院軍事委員会では、軍事情報を共有する「５アイズ（Five Eyes、アメリカ５か国情報共有同盟。加盟国のアメリカ・イギリス・カナダ・オーストラリア・ニュージーランド）」に韓国・日本・インド・ドイツを追加する法案が可決されました。極東アジア地域で軍事力を増強する中国・ロシア・北朝鮮に対応するには、自由民主主義という価値観を共有する４か国の協力が必要だからです。

　内在文化が異なる日韓両地域は、お互いに理解する共感体を形成し、共栄する道を選ばなければなりません。最低でも地理的に近接する両国は敵国となってはいけません。日韓両国のコミュニケーションが断絶した時に不幸な歴史が起こることは「元寇」「朝鮮の役」「第１次・第２次世界大戦」で立証済みです。政治的に葛藤があるとしても、日韓両国は経済および安全保障で歩調を合わせるべきです。

　ただ、歩調を合わせるだけの共通の理念がないのが現在の日韓両国の課題です。安保上・経済上の関係は必要ですが、それが政治的な利害関係によって変化する可能性は否定できません。日本と韓半島の葛藤は大きな目で見れば、共通の理念、そして共通の目的を探せなかったために起こったと言えます。

2. 歴史・領土問題の解決方法とは？

■「○○平和祈念館」の設立を

　歴史は、国・地域が置かれた環境と密接な関係があるため自国を中心に捉えられ、伝承されます。

　この、歴史を解釈する態度にも日韓両国の内在文化が影響しています。日本は歴史資料の有無を基準にし、より客観的に捉えようとする態度が顕著です。日本では「資料がない」ことは、該当する歴史はなかったことになります。一方、16世紀末の「朝鮮の役」による侵略、20世紀初の日本軍閥による統治など、統治・侵略された歴史を持つ韓国社会では歴史をより啓蒙的・教育的にとらえようとする態度が顕著です。歴史問題が解決しない根本的な原因は、日韓両国の内在文化に基づく歴史観の違いを無視する態度にあります。

　さらに、韓国社会では「人」とその理想（理念）が価値観の基準判断になるので、人が変わると締結した歴史に対する解釈が変わり得ます。これが韓国に対して日本が持つ不信感です。

　私は、この歴史観の緩和のために日本社会に「○○平和祈念館」を作って「ミリタリー・ツーリズム」を推進すべきだと思います。「記念・博物」館ではなく「祈念」館にすることに意義があります。

　世界には戦争に関する記念館や博物館があります。イギリスには「ロンドン帝国戦争記念館」があり、韓国には「国立戦争博物館」があります。しかし、日本では憲法9条（平和憲法）のために戦争記念館は建設できません。戦争に関する日本の記念館は「平和」をつける施設だけです。広島の平和記念公園も然り、沖縄の県立「平和祈念資料館」も然りです。「戦争〜」とすると「戦争の美化」と批判を受けます。

　祈念館には日本が関与した国内外の戦争の資料を陳列することになるでしょう。当然、「白村江の戦い」（7世紀）や「元寇」（12世紀）、「文禄・慶長の役」（16世紀）、「日清戦争」（19世紀）、「日露戦争」「日中戦争」「第1次・第2次世界大戦」（20世紀）に関する資料が並ぶでしょう。同時に、「遣隋使・遣唐使」「新羅使・遣新羅使」「朝鮮通信使」などの友好交流のコーナー

を設けるべきです。

　この祈念館は学習の場、観光資源として活用できます。例えば、茨城県笠間市では「筑波海軍航空隊記念館」を観光資源としながら町の活性化と文化の育成を目ざす「プロジェクト茨城」が進められています。施設が映画のロケに使われたことも幸いして地域社会の復興に貢献しています。日韓両国で歴史問題とされる戦争を「〇〇平和祈念館」を通じて戦争の悲惨さと平和の尊さを伝える学習かつ観光資源として活用できるはずです。

　戦争は起こした国の国民も、起こされた国の国民も被害者です。もちろん、戦争を起こされた国の方が被害は甚大で、起こした国家は政治的・人道的に責任を負うべきです。韓半島は地政学的な位置により多くの侵略を受け、人的・物的な被害を被って来ました。一方、日本でも空襲によって一般市民に多くの被害者が出ました。「空襲被害者」は日本社会では忘れられた存在になっています。それは、敗戦国の国民だから保障が受けられないのは仕方がないという「受忍論」に起因します。

　しかし、戦争を引き起こしたドイツは、『連邦援護法』で「住宅地や工場の空爆被害者」「引き上げ中に被害をうけた国民」を国家が保障するシステムを設けています。イタリアでも『戦後年金に関する諸規則の統一法典』で「自国の被害者に対する保障」を「国が当然持つべき感謝の念と連帯の意を表すための保障」と規定しています。日本では一般市民に対するこのような保障制度はありません。

　なぜでしょうか？　ドイツ・イタリアには可視的な国境線があります。それ故、他国に踏み込んだ、また踏み込まれた歴史が実感しやすいのです。他国との戦争によって自他国の民衆が苦しむ様子を直に見てきたため、被害者－加害者という概念がはっきりつけられるのです。

　しかし、島国・日本には他国に踏み込まれた歴史はほとんどありません。踏み込んで来たのは非人為的な自然が大部分です。非人為的な被害を受けた国民にとっては被害者－加害者の概念を持ちにくいのです。自然を相手に被害補償を訴えることはできないからです。

　ある意味、日本の空襲被害者が訴える内容は韓国と共通しています。それは、「生活の保障」と「責任の明確化」です。しかし、この内容は戦争を経験

した人しか分かりません。戦争を通じて日韓の国民が受けた事実を「反省」と「未来志向」のメッセージとして祈念館を通じて発信することは、形に価値を置く内在文化を持つ日本に最もマッチした方法です。

■ 独島・竹島には多文化家庭が住む

　1905年、大日本帝国は大韓帝国から外交権を剥奪し、1910年8月22日に締結された「韓国併合条約」によって大韓帝国は歴史から消えました。同年、「独島」(日本では「竹島」)は日本領(島根県)に編入されました(資料8-1)。しかし、このことは『島根日報』と『官報』に掲載されただけで韓国国民はもちろん、ほとんどの日本国民も知りませんでした。独自の外交権を持てなかった当時の韓国は、「独島」が自国領であることを国際社会に発信できなかったのです。

　1952年1月、韓国の初代大統領李承晩は、独島(竹島)を含む海域を韓国の領海とする「平和線(俗称:李承晩ライン)」を宣布しました(資料8-2)。1952年1月は敗戦国・日本が占領軍の統治を受けていたため、独自的な外交権がなかった時期です。1952年4月に発効された「サンフランシスコ平和条約」には「**日本国は、朝鮮の独立を承認して、済州島、巨文島および鬱陵島を含む朝鮮に対するすべての権利、権原及び請求権を放棄する**」と規定されました。その条文には独島(竹島)の文字は見えず、曖昧な処理がされました。つ

資料 8-1　独島 (竹島)
出典：경북매일

資料 8-2　李承晩ライン
出典：島根県

まり、独島（竹島）の日本編入と李承晩ラインの制定は、日韓それぞれに外交権がなかった時期に引き起こされたのです。

その後、1965 年に「日韓基本条約」が締結され、「*1910 年 8 月 22 日以前に大日本帝国と大韓帝国との間で締結されたすべての条約及び協定は、もはや無効である*」ことが明文化されました。これによると、1905 年の独島（竹島）の日本への編入は無効となります。しかし、両国は独島（竹島）の領有権を巡って今日も葛藤し続けています。この問題をどうしたらいいのでしょうか。

私は、独島（竹島）に韓日間で結婚した家庭の子どもが住むことが最善の方法だと考えます。それが難しいのなら韓国－フィリピン、韓国－モンゴルなど、多文化家庭の子どもたちが住めばいいのです。

独島の問題を政治的に解決することは簡単ではありません。利益を介する政治・外交では解決できません。さらに、両国のプライドが問題解決の困難さに拍車をかけています。よって、文化的な方法が効果的な解決方法となります。それができるのは「内的韓国人」「内的日本人」もしくは多文化家庭で育った者しかいません。日韓両国の領土問題の解消は、異文化を共有できる人材がカギとなります。

■ 非武装地帯でオリンピックを！

南北韓の統一は、韓国と北朝鮮だけの力では成就しません。仮に韓国と北朝鮮だけの尽力で統一できたとしても長続きはしません。それは、韓半島は南北韓だけでなく、周辺国家（日本・中国・ロシア）とアメリカ・イギリスを始めとする西洋諸国の利害が交錯する場所だからです。これらの国の利害関係を包括するシステムを構築しない限り、南北統一は現実性を帯びません。もちろん南北統一の主人公は韓国と北朝鮮です。問題は統一に対する韓国と北朝鮮の国民の情熱です。これが南北間で歩調が合っていないことが最大の課題です。

南北分断の象徴は何と言っても「非武装地帯（DMZ）」です。1953 年の休戦条約以降、DMZ は 70 余年間人の手が入っていない「野生の大国」になっています。これは世界遺産に匹敵する自然環境です。ましてや南北が統一した場合、世界平和の象徴としてこれ以上の場所はありません。この地帯を「DMZ

「平和公園」にしようとする動きがあります。韓国の歴代大統領も公園造成について言及しています。南北統一が実現した場合、非武装地帯はそれ自体が世界遺産となります。

　問題は造成の目的と時期です。南北統一がなされたことを記念する公園にするのか、または南北統一を祈念するために造成するのか。南北韓の統一は韓国・北朝鮮のみならずアメリカ・日本・ロシア・中国などの後押しが必要です。その意味で、韓国・北朝鮮と日本を含んだ国々が関与し、それぞれが利益を得られるようにコーディネートする必要があります。そうでなければ、造成はもちろん、造成した建造物の維持さえ難しくなります。

　では、そのコーディネートは誰がしたらいいのでしょうか。国連でしょうか。しかし、強大国の利益関係が密接に絡んでいる現在の国連では無理でしょう。

　私は、非武装地帯を挟んで南北合同オリンピックを開催したらいいと思います。現代のオリンピックは先進国および開催国の利害関係が絡むイベントとなっていますが、オリンピックには全世界のアスリートが集まり、世界の人々の注目が集まります。オリンピックを非武装地帯で行うことで、韓国・北朝鮮をはじめとする周辺国家は利害を共有できます。

　そして、オリンピックの開催に合わせて、南北統一を最終目標としてインフラを整備すればいいのです。1964年の東京オリンピック時には「新幹線」が開通しました。それならば日本・韓国・北朝鮮・中国・ロシア・インドなどを結ぶ鉄道や道路をオリンピックに合わせて建設し、開通させたらどうでしょうか。「インフラの整備→オリンピック」の順になるのか、「オリンピック→インフラの整備」の順になるのかは分かりませんが、南北統一オリンピックは世紀のイベントになることは間違いありません。

8.3. 多くの共通点を持つ日韓の伝統文化

▌関心が気づきの基

　今まで内在文化をフィルターにして日韓両社会の相違点に焦点を当ててきました。しかし、日本と韓国には共通点が多いのです。「えっ、本当？」

と思う方も多いと思いますが、伝統文化を表す「文化象徴語」を比較してみると、2つの地域には沢山の共通点が見つかります。

『韓国文化基礎用語』((韓国)国立国語研究院)には235個の文化象徴語が掲載されています。これらの単語を下のパターンをフィルターとして日本語と比較してみたところ、同じまたは微妙に違うなど、共通点が見いだせる文化象徴語が約8割ありました。これは伝統文化において日韓両地域は相互理解が十分可能なことを示すものです。

では、実際に「衣食住」を表す文化象徴語を例にして日韓両国の生活文化を比較してみます。〈資料8-3〉の7つのパターンは、意味論を大成したOgden & Richards（1923年）が提唱した「意味の三角形」を応用して作ったものです。「事物」は衣食住に関係した事物を、「反応」は衣食住文化にどのように対応するのか（着る・食する・住む・使う・扱う…）を指します。

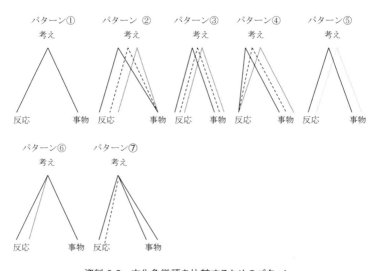

資料 8-3　文化象徴語を比較するためのパターン

216

【パターン①】日韓に同じ事物が存在し、それに対する考えも反応も日韓で
　　　　　　　一致する（ほぼ同じ）ケース。

例）ガマソッ（釜）、ドゥブ（豆腐）、コッカム（干柿）、インジュルミ（きな粉
　　餅）、ムルレバンア（水車）、ジョルグ（乳鉢・すり鉢）、白磁、青磁、四君子、
　　パドゥク（囲碁）　など

【パターン②】同じ事物であるが、それに対する考えが異なるため反応も
　　　　　　　異なるケース。

例）ヌルンジ（お焦げ）、コチュジャン、ベー（麻布）、タムベ（煙草）、ムグン
　　ファ（木槿）　など

【パターン③】事物およびとそれに対する考えが微妙に違う。そのため反応
　　　　　　　も微妙に異なる。

例）ミヨククク（ワカメ汁）、グクス（素麺）、トククク（雑煮）、スジョ（箸とさ
　　じ）、スンニュン（焦げ湯）、グッパプ（汁かけご飯）、キムチ（キムチ）、シッ
　　ケ（甘酒）、薬食（赤飯）、ピニョ（かんざし）、ゴルム（紐）、韓紙（和紙）、
　　花闘（花札）、オンドル（床下暖房）　など

【パターン④】事物も考え方も違うが、意図的な働きかけ・流行などが原因で
　　　　　　　同じ（似かよった）反応をするケース。

例）ギムパプ（海苔巻き）、ブルコギ、ビビムパプ、トッポッキ、カクテキ　など

【パターン⑤】日韓両国のどちらかに事物が存在しないケース。

例）補身湯、水正果、薬果、韓服、韓屋、農楽、四物ノリ　など

【パターン⑥】事物とそれに対する考えも同じだが、反応が異なるケース。

例）投壺、高麗人蔘　など

【パターン⑦】日韓で事物は異なるが、それに対する考えは同じで反応は多様なケース。

> 例）ブチェ（扇子・扇・団扇）、ジプシン（草鞋）、タル（お面）、ジゲ（背負子）、
> ビョンブ（屏風）、ナムル（和え物）、マクコルリ（どぶろく）、チゲ（チゲ）、
> メウンタン（あら鍋）、蔘鷄湯（サムゲタン）、ジャンアッチ（漬物／ピクルス）、キム（海苔）、亭子（東屋）、ドク（甕）　など

　上の区別は私個人の考えや経験に基づいており、人によっては異なった分類をすることもあり得ます。しかし、それも悪くはないのです。なぜなら「文化とは最終的に個人の判断にゆだねられるもの」だからです。大事なことは「関心を持つ」こと。関心がないと「気づき」は生まれません。

　これら7つのパターンを使って考えてみると、自分と相手の共通点と相違点に気づけます。その気づきを活かすと、相手と共感できるきっかけが掴めます。特に、考えや価値観、習慣などが異なる相手に対する最も理想的な態度はパターン③です。「もともと相手は違う」というスタンスが取れるからです。口で言うのは簡単ですが、このスタンスを取るのはかなり難しく、意識的な訓練が必要です。

　私たちは知らないうちに自分と相手を比較してしまいます。そして、違いが分からない・相手の行動が理解できないと、パターン⑤として自分と切り離して分類してしまう傾向があります。これらの姿勢は、体験を通じて「身をもって」気づく必要があるので、まずは関心を持って間接経験をしてみながら直接体験をしたいものです。幸いにも、現在の日本社会には韓国文化を体験できる機会が増えました。かえって、日本の伝統文化を体験することの方が大変かもしれません。

〈コラム〉　ウチ選挙とウリ選挙

　2021年8月、当時の菅首相が辞任を発表した後、自民党内では総裁選挙が始まりました。時を同じくして、韓国では2022年3月に行われる大統領選挙の候補者選びが始まりました。この選挙は日韓の政治文化を見極める絶好の機会となりました。

　日本の首相は、候補者が属する派閥のバランスによって決まります。2021年9月末に行われた自民党総裁選挙では、岸田文雄氏（岸田派）・河野太郎氏（麻生派）・高市早苗氏（無所属）・野田聖子氏（無所属）が立候補しました。第1回の投票で、自民党所属の国会議員382票と党員・党友382票を合計した764票の過半数を超えた立候補者がいなかったため、上位の岸田氏と河野氏が決戦投票を行いました。国会議員票382票と都道府県自民党の票47票を合計し、獲得票数が多かった岸田氏が新総裁＝新首相に当選しました。一連の選挙運動の中で自民党の派閥間の交渉が激しく行われ、日本の派閥政治が再認識されました。

　韓国も与党・野党でそれぞれ大統領候補者を選びますが、最終的には国民による直接投票が行われます。候補者が所属する政党の方針もさることながら、大統領個人の思想・考えが政策に直接的に反映されるので、大統領「個人」の政策をよく観察すべきです。

　既に述べましたが、日本の人間関係は「ウチ・ソト・ヨソ」の3構造、韓国は「ウリ・ナム」の2構造となっています。

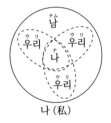

　この人間関係の特質は、両国の首相・大統領選挙にも反映しています。日本の首相は「ウチ」である与党内の派閥の意向で決まります。野党や国民は

「ソト」なのです。反面、韓国の大統領は国民が「ウリナラ」のリーダー、つまりウリ共同体のリーダーとして選ぶ形になっています。日本の首相候補者はまず、「ウチ」の組織（派閥）を固めようとしますが、韓国の大統領候補は民意をつかもうとするため候補者が可能な限りウリ共同体に出かけて行くことで有権者との共感を図ります。

　このシステムによって、日本の候補者の公約は候補者が属する「ウチ」である派閥の考えが反映されます。韓国は国民の願いを反映させた公約を掲げますが、日本より候補者個人の理念を全面に打ち出す傾向が強いのです。日韓の政治システムは、同じ自由民主主義国家でも異なっています。

第9章
結び ～日韓は共生を目指す～

9.1.「ウリ」と「ウチ・ソト」になる努力を！

　2021年・2022年の全国高校選抜野球大会の春・夏大会で画期的な事件が起こりました。京都代表「京都国際高校」が出場しましたが、当高校の校歌は韓国語。その校歌が甲子園と全国に鳴り響いたのです。批判的な意見もありましたが、韓国語で歌う高校球児と応援団の姿はテレビの画面に堂々と放映されました。日本社会も捨てたものじゃないのです。甲子園で見られたこの姿勢こそ韓国社会との風通しをよくし、「ウリ」の関係に発展させるものです。

　2001年1月26日にJR東日本山手線新大久保駅のホームから線路に転落した男性を救おうと線路に飛び降り、亡くなった李秀賢（当時26歳）さんは日本語を学ぶ留学生でした（資料9-1）。関根史郎（当時47歳）さんも李さんと一緒に救出を試みましたが亡くなりました。これは日韓交流史に残る、賞賛すべき出来事です。人が自分を犠牲にしてまでも「助けたい」という気持ちを行動に移すまでにかかる時間は0.2秒だと言われます。李さんと関根さんは「助けたい」という本心の発動によって瞬間的に線路に降りたのです。

　韓国の「ウリ」と日本の「ウチ」の間柄は、「衣食住を共にしたい、助けたい・助けられたい」と自然と思える関係です。「借り貸し」

資料9-1　李秀賢氏
出典：KOFICE

新大久保駅の追慕碑
出典：위키백과

が負担にならない関係です。このウリとウチになるためには政治の力では限界があります。本来、政治は民間交流の力が発揮される場を作ることに焦点を置くべきなのですが、昨今の日韓の政治は見物人を作る政策に躍起になっているように見えます。

　「ウリ共同体」とは「自分にとってなくてはならない価値を持つ」存在です。「一過性、代替性」を持った存在はウリ共同体にはなりません。ウリ共同体を支えるのは「疑似家族」としての信頼です。韓国社会はウリ共同体の利益を追求する社会なので、日本が韓国とウリの関係を築くためには「一過性、代替性」を取り除く必要があります。

　政治的に日本製品不買運動が展開されても、なお、日本製品が韓国社会で人気があるのは、日本製品に「なくてはならない品質」があるからです。日本のアニメーションやゲームの人気が衰えない理由も、ウリ共同体に「喜び」を提供し、生活を豊かにしてくれるからです。政治的には葛藤があっても経済的・文化的な交流は韓国のウリ共同体で必要とされ続けています。

　こう考えてはどうでしょうか。自分の子どもや家族が日韓両国に住んでいます。その子どもや家族は両国政府が不買運動や排斥運動をしている煽りで生活的・精神的に苦しんでいます。子どもまたは配偶者が勤める企業も経営状態が悪化し、子や家族が窮地に追い込まれています。このことを知っている人は、不買運動や反対運動ができるでしょうか。ウリ共同体の核は自己と家族です。子どもや家族を困難に陥れる言動を容易くとれるはずはありません。他人の不幸をいたみ、思いやる「惻隠の情」は日韓両社会に存在します。これを政治家やマスコミは無視したまま国民を「見物人」にして来ました。

　国は引っ越しできません。日韓が隣国として付き合う運命なら、「避けられなければ楽しむ」関係になるしかありません。そのためには、相手の違いを「そのまま」受け入れるしかありませんが、簡単ではありません。しかし、日韓両地域を取り巻く環境が複雑化を極めつつある昨今、これからはそうせざるを得ないのです。今、相手の理解できない言動・行動を最低でも否定しない思慮深い考え方・態度が必要な時を迎えています。

9.2. 外交政策は日韓両国の内在文化を
　　考慮すべき

　地理学者であり思想家でもあるオギュスタン・ベルクは、「文化は風土に影響されて形成される」と主張します。環境に同調することを良しとし、状況の構築と安定・拡張を志向する日本社会には、島国としての風土が反映しています。日本社会では環境の充実とその継続が望まれます。この環境を壊すことを日本人は何よりも恐れるのです。したがって、海外との交流がさらに活発になり、日本社会が多文化社会になるにつれて日本人が安楽・安全を皮膚で感じられる環境を作ることは非常に重要となります。

　昨今、日本と韓半島を海峡トンネルで連結しようという計画が韓国で話題になったことがあります。日韓両地域が海峡トンネルで陸続きになった場合、日本社会の生活環境、そして国民の意識は大きく変化します。日本は島国ではなくなるからです。これは歴史的な超大イベントに違いありませんが、生活環境の安定・維持を求める大部分の日本国民は、環境の変化に不安感を覚えるに違いありません。そのため、これを無視した経済優先論だけでは国民の賛同は得られません。大陸と陸続きになっても安楽な生活環境が侵害されるのではないことを日本社会が実感できるようにすることが重要です。そのためには法の整備と法執行の体制を充実させる必要があります。移民法をはじめ、先端技術の流出を防ぐ法律など、国民から企業までを視野に入れた法的な環境作りをしつつ事業を推進しなければ、国民は大陸と陸続きになるという新しい環境に順応できないでしょう。牽引車としてグイグイと話を進める「攻め」の環境と平行して「守る」環境を作るべきです。

　同じ海峡トンネルを建設したイギリスとフランスは歴史的に敵対関係にありました。当然、英仏海峡トンネル（正式名称は「チャンネルトンネル」、1994年開通）を建設するに当たっては国民的な反対運動が起こりました。

　チャンネルトンネルの建設は、19世紀の初めからすでに提唱されていました。しかし、2度の戦争や世論の変化などで建設が幾度か延長されました。1963年に英仏政府が合同で「ユーロトンネル政府間協力委員会」が発足した後も政治的な事情やオイルショックなどによる財政的な問題により再々延長

され、本格的に建設が着工したのは 1986 年でした。当時、トンネルの建設予定地には「侵略の経路になる！」「来るな！」などと書かれた大看板が立ち並んでいました。

しかし、イギリスとフランスは EU（ヨーロッパ共同体）を形成するというビジョンを共有しました。EU 設立に向けた具体的な法律も整理されました。何よりもそのビジョンの実現を推進したリーダーがいました。イギリスのサッチャー元首相とフランスのミッテラン元大統領です。サッチャー氏は**「ビジョンのないところに未来はない」**というメッセージで世論を牽引し、ミッテラン氏もこれに賛同しました。ヨーロッパ統合のシンボルとしてのユーロトンネルの価値をこの 2 人が共有できたことで、ユーロトンネル建設に政治的・経済的な名分がもたらされました。

今の日本には異文化が入って来てもそれを消化できる下地ができていません。日本の企業は国際的な交易が活発化すればするほど先端技術の流出に危機感を覚えます。これを防止する具体案が整備されない限り、企業は不安を感じざるを得ません。現在の「不正競争防止法」では、日本の大学が製品化されていない先端技術を公表した途端、海外に流出してしまいます。また、海外の企業や研究者が機密にアクセスできる人材かどうかを判断するスクリーニングも日本では十分に行われていません。日本社会の国際化を急ぐのであれば、「国家安全保障・投資法」および「経済安全保障包括法」（先端技術・機微技術の公開を制限）の制定を急がなければなりません。

日韓両国は、50 年後、100 年先のアジアを見すえた国家ビジョンを持つべきです。それは「和合と癒し」をアジア、そして世界が共有できるビジョンでもあるべきです。さらに、そのビジョンはお互いの内在文化を十分に理解したビジョンであるべきです。

9.3. 韓半島は「理論」に、日本は安定的な 「環境」にこだわる

日本社会に顕著な状況志向的な内在文化は、「環境を整える」ことを良しとする風土を生む反面、「長い物には巻かれろ」ことを良しとする風土も生

みます。これを悪用すれば、パワーを持った存在によって「国民は指示に無条件的に従うはずだ」「従っていれば安心して生活できる」という空気が形成されます。

　一方、韓半島の社会では環境に同調しつつも自己やウリ共同体の理想（望み）の実現を重要視する風土があります。政権に従いつつも政策が自己やウリ共同体の理想を実現できない、妨げになると判断した場合、自己の望みを主張します。韓半島の人々には理論を求める姿勢が強いのですが、これを日本社会から見ると理屈っぽく映るのです。

　理論にこだわる典型的な出来事が中世の朝鮮王朝時代に起こった党派闘争です。韓国の2大儒教思想家である李退溪と李栗谷が「理気学」（朱子学）の解釈を巡って論争し、それが基となって派閥が作られ、王朝を二分する勢力闘争に発展し、王朝末期まで続きました。朱子学では宇宙の森羅万象は理（principle、普遍性を帯びる法則・原理・論理・秩序など）と気（vital force、個別性・特殊性を帯びる心・知覚・精神活動・感情・感覚など）の関係で存在すると説きます。理と気の関係に関する2大思想家の論争がきっかけになって激しい政治闘争が起きたのです。

　このような理論にこだわる文化は、現在にまで続いています。現実に満足できなくともそれを感受しようとする日本社会とは似ているようで異なる文化です。

　しかし、現代の韓国社会には国民を幸福にできる理論はありません。その端的な例が韓国における左派（進歩派）と右派（保守派）の分裂・対立、そして主体思想を国是とする北朝鮮の全体主義です。残念ながら、韓国の自由民主主義思想も北朝鮮の主体思想も韓半島に平和をもたらしてはいません。

　韓半島が持つ内在文化は、日本との歴史問題にも影響しています。仮に歴史問題に対して日本政府が謝罪したとしても歴史問題は完全には解決しないでしょう。韓国社会は永劫性を帯びた理論を求める気質があるからです。その理論は状況によって変わる次元の内容ではなく、「なぜ日本による統治を受けたのか」「なぜ南北に分断されたのか」など、韓半島を含む様々な問題を根本的に解明する内容であるべきなのです。それがあってはじめて、韓国社会の「恨」は解消できるのです。

状況志向が顕著な日本は、韓半島での安全な環境構築をサポートすることができます。経済活動・文化交流はもちろん、外交関係を構築して東アジアにおける安保保障を協力して確保することができます。そうしてこそ、日本社会も安定的な環境を持つことができるのです。

　見方を変えれば、韓国には安定的な環境が必要であり、日本には理論が必要なのです。昨今の政治の有様を見ると、日本社会には国家運営に対する明確な理論がないことが分かります。日本社会には国民をリードする理論が、韓国には安定した環境の構築が必要です。その意味で、日韓両地域は相互補完できる存在なのです。

　環境が違えば、文化も異なります。しかし、異なるからこそ補い合って発展できるのです。無知や偏見に満ちた見物人根性から発展は望めません。日韓両地域に住む私たちは見物人にならないために、お互いの内在文化をもう少し真剣に見つめる必要があります。重要なことは相手の特徴を理解せずに、風評や固定観念に捉われて表面的な現象のみで相手を判断しないことです。もちろん、自己の基準で判断することは自由意志に従った自由行動であり、それによって世論が構築され、政治・外交姿勢に影響を与え得ます。また、批判は我々の知識欲を満たし、発展の原動力となり得ます。ただ、批判している自分が見物人の立場に立っていないかを考える余裕は持ちたいものです。

9.4. 内在文化を活用できる「脱・見物人」の養成を！

　日韓両地域は異なる内在文化を持つがゆえに誤解が生じやすい関係にあります。葛藤の原因を探し、相手が持つ事情を理解するためには、冷静かつ率直にコミュニケーションが取れる関係を構築することが必要です。特に、政治・言論は、国民や読者に相互主義に乗っ取ったコミュニケーションの機会を提供する責任があります。

　政府と政治家は、国民の安全と国益のため多様な政策を立てますが、自らの政権の維持のために言論を統制し、または忖度する政策を立てることもま

た事実です。ただ、他国を自己の視野で判断することは避けなければなりません。政治家およびマスコミまでもそのような姿勢を持つと多くの国民は見物人となってしまいます。

　コミュニケーションしたくないと言って国の位置を変えることは不可能です。しかも価値観が違うと決めつけてコミュニケーションを切ってしまうと葛藤関係は継続するしかなく、いつかはまた葛藤の火種がくすぶり出す——これは幸福な関係ではありません。

　私たちは満足した時に幸福を感じます。国と国が幸福な関係になるためにはお互いがどのような場合に満足するのかを認識しつつ共感できる関係を構築することが必要です。そのためには相手が何を望んでいるか、どうすれば満足するのかを知るスキルが必要になります。そのスキルとは「知識、客観的な見方、時間的な余裕、関心・意欲、言語・非言語力」、そして直接体験を経て自分なりの価値観を持つことです。要するに、自分で考えて気づくことが最も大切なのです。気づくためには、体験しながら考えることが一番の近道です。そして、間接体験だけにとどまるのではなく、何らかの機会を作って直接的な体験をしたいものです。

　最大のスキルは自己と相手の持つ内在文化に気づき、その気づきを活用できる力です。内在文化に関する内的なスキルがないと、可視的な現象のみを基準として相手と自分を見てしまいます。そこには誤解と葛藤が生じます。

　お互いの「内在文化」（隠れた文化）を知り、体感することは、最も日本・韓国らしい味を引き出してくれるでしょう。日本と韓半島で政治的な葛藤関係が表面化する時こそ内在文化を理解し、現象を冷静に観察しつつ判断できるオピニオンリーダーが必要です。オピニオンリーダーとは、日韓両地域に存在する内在文化を共感でき、活用できる人材です。日本と韓半島の問題を解決するカギは、オピニオンリーダーである「内的韓国人・内的日本人」の養成にかかっています。

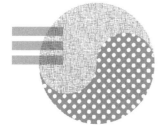

おわりに

　内在文化はスローモーション映像の役割をします。スーパースローモーションで見ると、見慣れた事柄の、普段は見えなかった姿が見えて来ます。内在文化は、また、ドローンでもあります。俯瞰することで、普段は決まった角度からしか見ていなかった事柄が立体的に観察できます。本書が皆さんに韓国社会と日本社会をスローモーションやドローンの視点から観察し、考えるきっかけになれたのなら幸いです。

　日韓両社会は、人々の顔かたちも似ていて、文化的にも共通する部分も多い反面、違いがあります。その最も大きな違いとは、地政学的な違いとその影響を受けて形作られた内在文化です。そのため、歴史も政治システムも外交スタイルも異なるのは当然ですが、私たちは自分の観点でお互いを表面的な現象で判断する「見物人」になりがちです。内在文化という深層部分では異なる日韓両社会を見物人の立場で表面的に理解できるはずがありません。日本と韓半島は隣国です。嫌いでも好きでも付き合っていかなければならないのです。そのためには脱・見物人になるしかありません。

　本書は、「幸せ実現欲」と「環境に働きかける意識」を日韓が共通して持つ内在文化としました。その下位的な要素として日本社会には状況志向的な価値観が、韓国社会には理想志向的な価値観が顕著であるとした上で、日韓両社会の諸現象を観察してきました。本書が提示した内容だけで日韓両社会を全て包括できるとは言いきれないでしょうが、日韓両国を理解するための礎石にはなったと思います。

　文化とは人間が主体となって創造され、変化・継承・発展していく生き物です。よって、文化は「主観的・客観的」「能動性・受動性」などの固定した観念だけでは定義できない、個別性と普遍性を内包しています。ある地域の文化を観察するためには、個別性と普遍性がミックスした多様性に注目しつつ、均衡と調和を繰り返しながら形成される「生きた文化」としてとらえる必要があります。文化とは交流するものであり、変化するものであり、模倣されるものであり、究極的には個人の選択の問題なのです。

日本と韓半島が文化的にさらに接近していくと、日本文化・韓国文化を理解する上で深層的な内在文化に対する接近がさらに重要になってくるでしょう。文化とは、自己と他者の文化的な特徴を理解してはじめてバランスの取れた認識が可能になります。

　私たちは見物人になって 21 世紀を過ごす愚を冒してはいけません。ただの見物人にならないためにも自分と相手に関心を持って深層に隠された姿を見つめる必要があります。何よりも韓半島の内在文化を知り、体験することは、日本に住む私たちの内在文化に気づくヒントをも提供してくれます。

主な引用・参考文献

青木高夫（2009 年）、『ずるい!? なぜ欧米人は平気でルールを変えるのか』、ディス
　　カバー携書

阿部孤柳（2006 年）、『日本料理の真髄』、講談社 +α 新書

阿密利麿（1996 年）、『日本人はなぜ無宗教なのか』、ちくま新書

アルビン・トフラー著、徳岡孝夫訳（1982 年）、『第三の波』、中公文庫

李御寧（2007 年）、『「縮み」志向の日本人』、講談社学術文庫

石井威望（1997 年）、『日本人の技術はどこから来たのか』、PHP 新書

イザベル・ナザル＝アガ著、田口雪子訳（2001 年）、『こころの暴力　夫婦という密室
　　で』、紀伊国屋書店

伊藤順子（2020 年）、『韓国　現地からの報告』、ちくま書店

李炳銑（2003 年）、『日本古代地名の研究』、東洋書院

任栄哲・井出里咲子（2004 年）、『箸とチョッカラク』、大修館書店

植木理恵（2018 年）、『人間関係の困った！が 100% 解決する行動心理学』、宝島社新書

宇治谷孟（1988 年）、全現代語訳『日本書紀』上・下、講談社学術文庫

エドワード・バーネイズ著、中田安彦訳（2010 年）、『プロパガンダ』、成甲書房

NHK（2000 年）、DVD『日本と朝鮮半島 2000 年』、NHK E-TV

大島正二（2006 年）、『漢字伝来』、岩波新書

大森亮尚（2012 年）、『日本人の謎 20』、PHP

オギュスタン・ベルク著、篠田勝英訳（2011 年）、『風土の日本』、ちくま学芸文庫

小倉紀蔵（1998 年）、『韓国は一個の哲学である』、講談社現代新書

小倉紀蔵（2017 年）、『朝鮮思想全史』、ちくま新書

柏木博（2004 年）、『「しきり」の文化論』、講談社現代新書

亀口憲治（2003 年）、『家族療法的カウンセリング』、駿河台出版社

かゆみ歴史編集部（2021 年）、『神社と神々』、西東社

唐須教光（1988 年）、『文化の言語学』、勁草書房

河合隼雄（1999 年）、『中空構造日本の深層』、中公文庫

川田浩志（2017 年）、『長生きの統計学』、文響社

姜尚中（2020 年）、『朝鮮半島と日本の未来』、集英社新書

韓美卿・梅田博之（2009 年）、『韓国語の敬語入門』、大修館書店

木宮正史（2021 年）、『日韓関係史』、岩波新書

君島和彦その他（2004 年）、『若者に伝えたい韓国の歴史』、明石書店

金両基（1989 年）、『物語　韓国史』、中公新書

串田久治（2003 年）、『儒教の知恵』、中公新書

剣持武彦（1978 年）、『「間」の日本文化』、講談社現代新書

司馬遼太郎・ドナルド・キーン（1984 年）、『日本人と日本文化〈対談〉』、中央公論新社

上念司（2019 年）、『経済で読み解く日本史 安土桃山時代』、飛鳥新社

ジョセフ・ショールズ著、長沼美香子訳（2013 年）、『深層文化』、大修館書店

新城道彦その他（2018 年）、『知りたくなる韓国』、有斐社

鈴木孝夫（1973 年）、『ことばと文化』、岩波新書

鈴木英夫・吉井哲（1999 年）、『歴史に見る日本と韓国・朝鮮』、明石書店

高山陽子（2017 年）、『多文化時代の観光学』、ミネルヴァ書房

武光誠（2003 年）、『日本人なら知っておきたい神道』、河出書房新社

田崎真也（2010 年）、『言葉にして伝える技術――ソムリエの表現力』、祥伝社

田中英道（2022 年）、『日本国史』上・下、育鵬社

田中宏・坂垣竜太（2007 年）、『日韓新たな始まりのために』、岩波書店

鄭大聲（1984 年）、『朝鮮の食べもの』、築地書館

出羽弘明（2004 年）、『新羅の神々と古代日本――新羅神社の語る世界――』、同成社

ドナルド・キーン著、足立康訳（2002 年）、『果てしなく美しい日本』、講談社学術文庫

中井政嗣（2004 年）、『やれるやんか！』、潮出版社

西川長夫（2001 年）、『国境の越え方』、平凡社

日本語教育学会（1982 年）、『日本語教育辞典』、大修館書店

長谷川淳史監修（1999 年）、『サーノ博士のヒーリング・バックペイン』、春秋社

朴一（2016 年）、『僕達のヒーローはみんな在日だった』、講談社＋α文庫

パトリシア・エバンス著、水沢都加佐訳（2004 年）、『夫の言葉にグサリときたら読む本』、PHP

樋口清之（2002 年）、『日本の風俗 起源を知る楽しみ』、大和書房

古川愛哲（2008 年）、『江戸の歴史は大正時代にねじ曲げられた』、講談社＋α新書

古田博司・小倉紀蔵編（2002 年）、『韓国学のすべて』、新書館

ベネディクト・アンダーソン著、白石さや・白石隆訳（2004 年）、『増補想像の共同体』、NTT 出版

孫埼享（2019 年）、『日本国の正体』、毎日新聞出版

松川るい（2019 年）、「克服すべき、韓国のトラウマ」、月間『Hanada』、飛鳥新社

松原孝俊編・梅田博之監修（1998 年）、『ハンドブック韓国』、東方書店

松村紀高（1997 年）、『過保護な大人たち』、JMAM

馬淵睦夫（2021 年）、『2022 年世界の真実』、ワック株式会社

三森ゆりか（2002 年）、『論理的に考える力を引き出す』、一声社

三宅和子（1993 年）、「日本人の言語行動とウチ・ソト・ヨソの概念」、『日本語教育方法研究会誌』、日本語教育方法研究会

毛利嘉孝（2012 年）、『ポピュラー音楽と資本主義』、せりか書房

森田良行（1995 年）、『日本語の視点』、創拓社

山岸俊夫（1996 年）、『安心社会から信頼社会へ』、中公新書

山極寿一（2020 年）、『京大総長ゴリラから生き方を学ぶ』、朝日文庫

山本七平（1977 年）、『「空気」の研究』、文春文庫

山本博文（2015 年）、『武士はなぜ腹を切るのか～日本人は江戸時代から日本人になった』、幻冬舎

尹学準（1992 年）、『朝鮮の詩ごころ』、講談社学術文庫

柳景沃（2013 年）、「韓国文学に表れた貞操思想の時代的様相と役割」、熊本大学大学院

国立国語研究院（2000 年）、『한국 문화 기초 용어』、（韓国）国立国語研究院

金容雲（1976 年）、『한국인과 일본인 4』、（韓国）한길사

나카가와 아키오（2003 年）、「『長恨夢』의 翻案形態에대한 一考察」、『比較文学』30、韓国比較文学会

朴英順（2002 年）、『한국문화론』、（韓国）韓国文化社

서울대학교 동아문화연구소編（1978 年）、『韓國學』上・下、（韓国）成甲書房

慎根縡（1995 年）、『韓日近代文学의 比較研究』、（韓国）一潮閣

王汝鏐・閔賢植（1993 年）、『국어 문법론의 이해』、（韓国）개문사

유상철 그 외（2005 年）、『한류 DNA 의 비밀』、（韓国）생각의 나무

李基文（1968 年）、『國語史概説』、（韓国）탑출판사

李圭泰（1983 年）、『한국인이 의식구조 1』、（株）신원문화사

李栄薫 그 외（2019 年）、『반일 종족주의 反日種族主義』、（韓国）（주）미래사

일상문화연구회（1996 年）、『한국인의 일상문화』、（韓国）한울

정병헌（2002 年）、『판소리와 한국문화』、（韓国）亦楽

黃炳淳（2002 年）、『말로 본 우리 문화론』、（韓国）도서출판 한빛

MARK・HUDSON（1999 年）、『RUINS OF IDENTITY』、Univ of Hawaii Pr

など

■ 著者略歴

中川 明夫（なかがわ あきお）

1959 年に熊本県に生まれる。ソウル大学校大学院師範大学国語教育科修了。前ソウル保健大学（現乙支大学校）講師。現在 尚絅大学現代文化学部教授。研究テーマは日韓言語・文化比較。韓国の定型詩「時調」詩人でもある。著書に『문법 교육의 이론과 응용（文法教育の理論と応用）2』（共著、太学社）、『生きた表現を味わおう〜中上級韓国語読本〜』（単著、青山社）、『ベーシック韓国語』（共著、現代図書）、翻訳本に『沈香 침향』、『願往生歌』、『帰還』、『月の門下』、『日本語で読む韓国の児童文学』（単著、以上 DK 出版社）などがある。

脱「韓国傍観論」入門 日韓の「内在文化」の発見

2023 年 6 月 24 日　初版第 1 刷発行

著　者　　中川 明夫
発行者　　池田 廣子
発行所　　**株式会社現代図書**
　　　　　〒 252-0333　神奈川県相模原市南区東大沼 2-21-4
　　　　　TEL　042-765-6462　　　FAX　042-765-6465
　　　　　振替　00200-4-5262
　　　　　https://www.gendaitosho.co.jp/
発売元　　株式会社星雲社（共同出版社・流通責任出版社）
　　　　　〒 112-0005　東京都文京区水道 1-3-30
　　　　　TEL　03-3868-3275　　　FAX　03-3868-6588
印刷・製本　株式会社アルキャスト

©2023 Akio Nakagawa
ISBN978-4-434-32344-7 C3036
Printed in Japan